网络经济中的消费行为：
发展、演化与企业对策

ANGLUO
JINGJIZHONG
DE XIAOFEI
XINGWEI
FAZHAN
YANHUA
YU
QIYE DUICE

黄 璐 / 著

四川大学出版社

责任编辑:段悟吾
责任校对:罗永平
封面设计:墨创文化
责任印制:王　炜

图书在版编目(CIP)数据

网络经济中的消费行为:发展、演化与企业对策/黄璐著.—成都:四川大学出版社,2018.5
ISBN 978－7－5690－1787－8

Ⅰ.①网… Ⅱ.①黄… Ⅲ.①网络经济－消费者－行为分析 Ⅳ.①F713.55

中国版本图书馆 CIP 数据核字（2018）第 096681 号

书　名	网络经济中的消费行为：发展、演化与企业对策
著　者	黄　璐
出　版	四川大学出版社
地　址	成都市一环路南一段 24 号 (610065)
发　行	四川大学出版社
书　号	ISBN 978－7－5690－1787－8
印　刷	四川和乐印务有限责任公司
成品尺寸	170 mm×240 mm
印　张	14.25
字　数	269 千字
版　次	2018 年 6 月第 1 版
印　次	2018 年 6 月第 1 次印刷
定　价	60.00 元

◆读者邮购本书，请与本社发行科联系。
电话:(028)85408408/(028)85401670/
(028)85408023　邮政编码:610065

◆本社图书如有印装质量问题，请
寄回出版社调换。

◆网址:http://www.scupress.net

版权所有◆侵权必究

前　言

　　研究消费行为是一件非常有趣的事情，我们观察消费者的言行，通过访谈与他们交流，描述他们的行为，洞察行为背后的心理，并试图寻求影响行为的各种因素。这不仅仅是源于学术研究的需要，其实也是为了让我们更好地了解自己，因为我们每个人都是消费者，每天都在进行着各种各样的消费行为。这些消费行为有些经过了深思熟虑，看起来具备充分的理性，而有些却是因一时冲动，或受情绪影响、或在特定场景下所做出的非理性决策。我们意识到消费者理性的确是有限的，尤其是随着信息技术的日新月异和网络经济的迅猛发展，我们需要更好地认识和理解这些新的消费行为。本书正是在这一背景下展开研究的，以期探索网络经济中消费行为的新发展、新趋势和企业的新对策。

　　第一章研究了网络经济的经济本质及其所催生出的个性化消费。网络长尾经济的发展使个性化消费得以实现，而企业匹配个性化消费需求的最佳方式就是大数据营销。大数据营销中，企业的多重定价策略将带来企业的收益增长和效率提升，同时会不可避免地带来对消费者不利的价格歧视。

　　第二章研究了互联网经济中的从众消费行为。与传统的从众行为不同，互联网经济中决定从众影响力的是用户网络，这一用户网络遵循需方规模经济原则，具有网络外部性，并能在达到一定规模阈值后产生自我加强的正反馈。为促进从众消费行为，产品主流化和赢得口碑是非常关键的两个策略。

　　第三章研究了网购促发的非理性消费行为。本书重点关注在线冲动性购买和在线过度消费这两种典型的非理性消费行为。通过实证研究，讨论了社会临场感、情绪对在线冲动性购买行为的影响，以及在线过度消费行为的影响因素。进一步基于归因理论，分析了网络促销对企业与消费者之间关系质量的影响，得出了利他性动机归因有助于提升关系质量的结论。

　　第四章研究了"双11"背后的策略型消费行为。一直以来，消费者的策略型消费行为给企业带来了不少的经营难题。本书从一个新的视角——解释水平理论来研究策略型消费行为。在回顾前人研究成果的基础上，本书研究了时间距离对策略型消费行为的影响，并探索了运用社会距离对策略型消费偏好进行反转的可能，从而为企业应对策略型消费行为提供了新的思路。

第五章研究了情境效应与绿色消费行为。本书通过实验法探讨了如何运用选择集中的吸引效应、幻影效应和折衷效应对延迟购买偏好产生影响，由此提出企业营销中应用情境效应的相关建议。进一步对如何应用情境效应促进绿色消费行为进行了实证研究和策略探讨。

第六章研究了分享经济时代的协同消费行为。在分享经济中，不同于一般消费行为，协同消费行为还需要考虑与他人的合作与互动。因此，本书基于计划行为理论构建了协同消费行为的影响模型，并从合作博弈论的角度探讨了协同消费如何实现博弈均衡，从而实现分享经济的持续发展。

本书中，每一章都从网络经济中现实的消费现象入手，然后对这一消费现象中的消费行为进行理论探讨和实证研究。通过解读消费行为、洞察消费心理、探寻影响因素，从而期望对企业的网络营销策略提供建议，并为消费者合理、科学、可持续的消费提供指引。

目 录

第1章 从规模经济到长尾经济：个性化消费的繁荣时代 …………（1）
　1.1　网络经济的经济本质 ……………………………………………（2）
　1.2　个性化消费需求与长尾经济 ……………………………………（8）
　1.3　迎接大数据营销时代 ……………………………………………（14）
　1.4　用大数据实现个性化定制营销 …………………………………（17）
　1.5　个性化消费与企业多重定价 ……………………………………（24）

第2章 互联网经济中的从众消费行为 ………………………………（31）
　2.1　"从众"由来已久——从众消费行为的相关研究 ……………（33）
　2.2　从众消费行为的决策过程 ………………………………………（35）
　2.3　决定从众影响力的用户网络 ……………………………………（39）
　2.4　从众的自强化：网络外部性和正反馈 …………………………（47）
　2.5　促进从众：产品主流化策略 ……………………………………（56）
　2.6　赢得口碑：IMC与口碑 …………………………………………（63）

第3章 网购促发的非理性消费行为 …………………………………（70）
　3.1　社会临场感、情绪与冲动性购买 ………………………………（71）
　3.2　冲动后遗症：在线过度消费行为的思考 ………………………（88）
　3.3　网络促销与关系质量——基于归因理论的视角 ………………（101）

第4章 "双11"背后的策略型消费行为 ……………………………（116）
　4.1　认识策略型消费行为 ……………………………………………（117）
　4.2　关于策略型消费行为的相关研究 ………………………………（120）
　4.3　一个新的视角：CLT理论与策略型消费行为 …………………（128）
　4.4　时间距离对策略型消费行为的影响 ……………………………（137）
　4.5　运用社会距离反转策略型消费偏好的实证研究 ………………（143）

第5章 情境效应与绿色消费行为 ……………………………………（154）
　5.1　基于选择集的情境效应 …………………………………………（155）
　5.2　选择集对延迟购买偏好的影响研究 ……………………………（160）

5.3　应用情境效应促进绿色消费行为的研究 …………………（173）
第 6 章　分享经济时代的协同消费行为……………………………（187）
　　6.1　分享经济与协同消费 ……………………………………（188）
　　6.2　基于 TPB 的协同消费行为研究……………………………（194）
　　6.3　协同消费的博弈均衡——基于合作博弈论的视角 …………（211）
后　记……………………………………………………………………（219）

第1章　从规模经济到长尾经济：
个性化消费的繁荣时代

故事1：

每天在上班的地铁上，Emily一打开手机就会接收到很多推送信息。这些推送信息有的来自电商网站，比如昨天她刚买了一个投影仪，今天就收到了投影仪相关的支撑架、散热器的促销信息；有的来自头条新闻，前两天她在该APP中搜索了某影片的点评，今天就自动弹出来几条和该影片相关的新闻花絮。Emily觉得这些个性化推荐信息有些也挺有用的。比如，她一直想去希腊旅游，她关注的某航空公司的官微，突然有一天推出了希腊的特价机票，于是她赶紧抢购。之后，她用手机里的旅游APP轻松搞定了酒店、交通，为自己定制了一个完美的假期。旅游不用再像以前，要到旅游社一家一家去咨询，接受旅行社安排的酒店和行程。这样的旅游定制花费不贵，更重要是很自由、很惬意。

故事2：

网友"途师傅"在自己的微博上吐槽了最近遇到的一件怪事。他经常通过某旅行网站预订一家自己出差常住的酒店，其价格长年在380~400元左右。即便在淡季，自己的账号查到该酒店的价格还是380元，但朋友用其账号查询时，价格显示仅为300元。无独有偶，另一位网友也发文称，自己在某电影票订票平台上体验到了同样的被"大数据杀熟"。她表示，用新注册的小白账号、普通会员账号和高级别的会员账号同时选购同场次电影，最便宜的是小白账号，其次是普通会员账号，而高级别账号的一张票要比小白账号贵5元以上。另外，自下半年开始，该电影票平台价格显示均价30~40元，而一年前均价为20元。

作为消费者，一方面，我们经常会收到和自己相关的、感兴趣的信息，也逐渐学会了运用各种网络平台服务更好地安排自己的生活。互联网、大数据让企业更懂消费者，为我们提供了更多个性化的消费服务。但另一方面，"大数据杀熟"也引起了消费者的担忧，价格歧视是网络经济中企业常用的价格伎俩吗？要了解这一点，就需要从网络经济的本质说起。

1.1 网络经济的经济本质

1.1.1 网络经济起源与发展

近代以来，人类社会已产生过 3 次大的科技革命，每一次新的科技革命都会有尖端技术和先导技术，并产生完全新型的系列产业。第一次科技革命 17 世纪产生于英国，在 18 世纪形成现实的生产力；第二次科技革命产生于原子能和电子的发现，形成了电力、航空、钢铁等超级产业；第三次科技革命从第二次世界大战以后开始，围绕计算机的应用形成新的产业群。而正在发生的第四次科技革命则是源于计算机和互联网的结合，网络产业形成、网络经济萌芽，揭开了 21 世纪"信息和智能社会"的序幕。

网络经济的发展要追溯到 20 世纪 90 年代，互联网呈现出指数式的爆炸性增长，全球的互联网用户在 1996 年尚不足 4000 万，但到 1997 年底就已超过 1 亿；同年，互联网注册域名也在 1 年之内增长了 1 倍，达到 150 万个。此后，互联网的通信量和交易量正以每 100 天翻 1 倍的速度增长，1998 年互联网上只有 3.2 亿个网页，但到 1999 年底时网页数已达到 30 多亿，在短短两年间增长了近 10 倍。互联网和信息技术的飞速发展为人类社会带来了一场深刻的数字革命，也带来了一个全新的经济——网络经济。

网络经济最初是随着美国新经济的产生而产生和发展的。从 1991 年起，美国经济开始呈现持续的高增长、高就业和低通胀的发展态势，其经济运行和经济发展的新特点区别于传统经济，引起了全世界的关注。当时，新经济学家 Michael J. Mandel 将网络经济的崛起作为新经济的开始，他指出：美国新经济发轫的具体日期是 1995 年 8 月 9 日，因为当天网景公司在 Nasdaq 上市。这家投资 1700 万美元、成立 16 个月仍未赢利的公司开市伊始便大受追捧，收市当天股价便翻了 1 番，成就了互联网时代的第一个神话。在这之后，门户网站雅虎的股票在上市 1 年之后达到了 450 美元，而著名的网上书店亚马逊在上市后的一年半时间内，股票更是涨了 2300%，由此开始了长达 5 年的网络神话。

我国网络经济的发展更是引发了世界的关注。从 1994 年国际互联网进入我国开始，不到 4 年的时间我国就建立起了"中国商品订货系统"，拉开了我国电子商务的序幕。此后，得益于互联网技术的发展，尤其是移动互联网的发展和渗透，中国互联网经济得到飞速的发展，网络经济和实体经济的融合加速。截至 2017 年 6 月，中国互联网络信息中心（CNNIC）在北京发布的第 40 次《中国互联网络发展状况统计报告》显示，中国网民规模已达到 7.51 亿，占全球网民总数的 25%。互联网普及率为 54.3%，超过全球平均水平 4.6 个百分点。

《2017 中国电商年度发展报告》显示，中国电商占了全球市场份额的 40%，成为全球最大的互联网市场。实际上早在 2013 年，中国的网络零售额就达到 1.84 万亿元，居全球第一，而同年美国的网络零售额约为 1.57 万亿元，整个欧洲才不过 1 万亿左右；2016 年，我国网络零售交易规模超过 5 万亿，占社会消费品零售总额的比重超过 10%。每年的"双 11"所爆发出的市场潜力让世界瞠目结舌，以天猫为例，2015 年天猫"双 11"全天总交易额为 912.17 亿元，2016 年突破 1207 亿元，2017 年更是达到 1682 亿元。

如今，互联网已经渗透到生产与生活的方方面面，并深刻影响着人类文明的发展前景。以互联网产业为代表的信息技术产业，与传统产业渗透交融，成为产业变革和转型升级的领军力量，并不断催生新产业、新业态。中国作为后发者，不仅培养了全球最大的互联网市场，更逐渐成长为全球瞩目的互联网产业"高地"。例如，以 ofo 小黄车、摩拜单车为代表的中国共享经济模式走向了海外；在移动支付领域，据易观智库发布的数据显示，2017 年第一季度，中国第三方支付移动支付市场交易规模达 188 091.2 亿元人民币，环比增长 46.78%，很快，中国移动支付市场将达到百万亿元规模。伴随着互联网市场的繁荣，中国互联企业的创新在不断进行。

1.1.2 网络经济的运行规则——边际收益递增规律

传统经济学是从研究物质经济出发的，因此经济学研究的前提背景是资源具有稀缺性，并在此基础上提出了边际收益递减规律。而在网络经济中，由于信息资源生产的无竞争性和消费的非独占性，资源的稀缺问题得到了很大的改观，因此在网络经济运行中起重要作用的不是边际收益递减规律而是边际收益递增规律。

在传统物质经济中，边际收益递减规律指的是：当我们连续地把同单位的可变投入量增加到一定数量的某种其他固定投入量上时，我们所得到的增加的产出量是递减的。该规律其实是对物质经济中短期生产力的一种描述。进一步而言，这一规律指出了短期内当把可变生产要素用于不变生产要素时，可变生产要素投入表现出收益递减的倾向，边际生产成本将上升。而在网络经济中，由于信息成为主要的不变生产要素，信息产品成为主要经济品，因此在生产过程中将表现出来的是边际收益递增的规律。

这是因为，信息产品的生产存在边际成本递减的规律。在信息产品的生产过程中，固定生产成本主要是以沉没成本形式出现的第一个信息产品的创作成本，而生产除第一个产品以外的产品的复制成本，也即是变动成本和边际成本通常很低。因此，信息产品的生产成本是由高固定成本和低变动成本构成。例如，对电影这种信息产品的消费，创作成本是电影的拍摄和制作的成本。当一部耗资 1000 万的电影录制成功以后，复制电影拷贝的成本相比之下几乎可以忽略不计。同时，与传统的物质资源所不同的是，信息资源用于生产时具有无竞争性，作为高固定成本投入的信息资源可以被无限制地重复利用。因此，生产规模不再受到不变要素投入的限制，从而使平均成本一直保持递减，边际成本也递减（见图 1-1）。边际成本递减意味着边际收益递增，由此形成了网络经济中的边际收益递增规律。

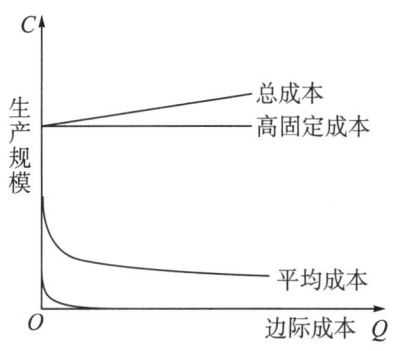

图 1-1　信息产品的生产成本

另一方面，信息消费所具有的非独占性，也使网络经济运行中的边际收益递增规律更为显著。因为对信息产品的消费和使用几乎不会产生物质消耗，同一信息资源可以被无数多的个体所共享。在上面的例子中，电影可以同时放映给 1 个人观看，也可以放映给 1000 个人观看，从而在成本（主要是电影院的放映成本）不变的情况下，随着观看人数的增加而获得递增的收益。因此，从信息消费的非独占性和可共享性来看，在信息消费阶段同样也能实现边际收益递增。

需要说明的是，边际收益递增和边际收益递减规律并不矛盾，因为在传统的物质经济中也存在边际收益递增规律。保罗·A.萨缪尔森在他著名的《经济学》一书中曾指出："收益递减规律是一个经常观察到的经济和技术的重要规律。但是，它并不是普遍正确。往往在你加入相当多相等份量的可变因素之后,它才生效。换句话说,可变因素一开始可能生产出递增的额外收益。"①可见,边际收益递增规律和边际收益递减规律是同时存在于经济中的,无论是在传统物质经济还是在现代网络经济。更确切地说,随着不变生产要素从未充分利用—充分利用—过度利用(此时需要再投入不变生产要素)这一过程的推进,边际成本通常开始是递减然后再递增,而边际收益则相应地先递增然后再递减。由此,可以将边际收益递增规律和边际收益递减规律作用的范围分为两个区域(见图1-2)。从图1-2可知,在传统物质经济区域,不变生产要素是固定资产等可以被"消耗"完的资源要素,由于短期内不变生产要素将最终被充分利用并趋于过度利用,因此主要是边际收益递减规律起主导作用。而在网络经济区域,主要的不变生产要素是可以被不断重复利用的信息资源,由于不变生产要素一直无限地趋于充分利用,因此边际收益递增规律在经济中起主导作用。

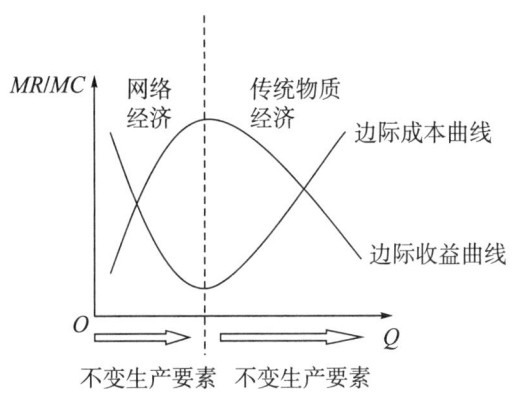

图1-2 边际收益递减和边际收益递增规律的作用区域

1.1.3 网络经济资源配置——帕累托改进

(1)资源配置效率的帕累托条件。

经济学中关于资源配置最优的"帕累托效率"可以由一组"边际条件"来定义,它们也称为"经济效率的帕累托边际条件",简称"帕累托条件"。这一组条件包括以下3种。

帕累托条件1:任何两种商品的边际替代率对于任意两个消费者来说都是相同的。用公式表示为:

$$MRS_{a,b}^{i}=MRS_{a,b}^{j}$$

---

① 保罗·A.萨缪尔森.经济学[M].北京:中国发展出版社,1992.

$MRS_{a,b}^i$：消费者 i 消费 a，b 两个商品的边际替代率；

$MRS_{a,b}^j$：消费者 j 消费 a，b 两个商品的边际替代率。

帕累托条件 2：对任意两种生产要素来说，在任何场合、出于任何目的使用它们的时候，其边际技术替代率相等。具体包括两个内容：

①生产两种产品（A 和 B）的两种要素的边际替代率相同，表示要素在不同用途之间实现了最优配置。即：

$$MRTS_{L,K}^A = MRTS_{L,K}^B$$

$MRTS_{L,K}^A$：用任意两种生产要素 L，K 生产产品 A 的边际替代率；

$MRTS_{L,K}^B$：用任意两种生产要素 L，K 生产产品 B 的边际替代率。

②生产同种商品的不同生产者（α 和 β）所使用的两种要素的边际替代率相等，表示产业内部要素实现最优配置。即：

$$MRTS_{L,K}^\alpha = MRTS_{L,K}^\beta$$

$MRTS_{L,K}^\alpha$：生产者 α 用任意两种生产要素 L，K 生产某一商品的边际替代率；

$MRTS_{L,K}^\beta$：生产者 β 用任意两种生产要素 L，K 生产某一商品的边际替代率。

帕累托条件 3：任意两种物品的边际转换率（MRT）与它们在消费中的边际替代率（MRS）相等。其涵义在于实现社会生产结构是与消费结构相适应的最优结构。即：

$$MRT_{a,b} = MRS_{a,b}$$

$MRT_{a,b}$：对于两种物品 a、b，一个经济体多生产 1 单位的 a 必须减少生产 b 的数量；

$MRS_{a,b}$：一个消费者在效用不变的情况下，增加 1 单位 a 的消费必须减少 b 的消费量。

(2) 网络经济对帕累托条件的实现。

上文已经论证了网络经济中资源配置只能实现一种次优化而不能实现最优化，但这并不意味着网络经济的效率比传统经济的效率更低。在比较网络经济与传统经济的经济效率时，我们仍可以将帕累托效率作为一种理想的比较标准。因此，如果网络经济能比传统物质经济在经济效率上更接近于帕累托最优的实现，那么就可以认为网络经济相对于传统经济而言是一种帕累托改进，具有更高的经济效率。具体解释为以下 3 点。

①对于帕累托条件 1，网络经济以更高的交换效率实现了消费品的更优配置。

哈耶克曾反复论证过：使经济资源得以有效配置的信息总是以分散的方式存在于千百万个人当中，任何集中配置方式都在一定程度上扭曲了信息，从而损失了一部分资源配置效率。而相对于传统物质经济，网络经济正是通过一种分散化配置方式提高了经济效率。例如，在 eBay 网站上，一些消费者通过互联网可以将他们原本打算丢弃的二手商品出售给需要它们的人，这不仅减少了消费品的浪费，通过再配置提高了消费品配置效率，而且从另一个角度讲，这种更优配置是以很低的交易成本进行的。在传统经济中，搜寻需要二手商品的消费者可能会花费很多的精力和成本，而在 eBay 网站上，这一成本只是交易金额的 10%。因此，从交易成本大幅减少的角度来看，网络经济比传统物质经济更有交换效率。

②对于帕累托条件 2，网络经济能提供比传统物质经济更高的要素配置效率。

帕累托条件 2 说明的是不同生产者所使用的要素的边际替代率相等，可以表示为社会生产处于"生产可能性边界"上（见图 1-3）。在图 1-3 中，处于生产可能性边界以内的 O_1 点的生产是无效率的，而在生产可能性边界上的所有点均是最优点。例如，在 E、F 这两个点上，由于不可能做到扩大一种物品的产出而使另外一种物品的产出不减少，因而此时的经济是有"生产效率"的。而在网络经济时代，由于显著的技术进步，将使社会的生产可能性边界向外移动，在图中用 GH 曲线表示网络经济条件下的生产可能性边缘。此时，当实际的社会生产处于 K 点时，虽然它相对于新的生产可能性边界是缺乏"生产效率"的，但对于传统物质经济而言，社会生产的效率却是大大提高了（因为 K 点处于 EF 曲线之外）。更进一步而言，正如前面所论述的，信息要素具有对价值创造的倍乘效应和对传统资源的置换效应，由此可推断出：随着网络经济的生产，可能性边界会向外拓展，网络经济将具有比传统经济更高的生产效率。

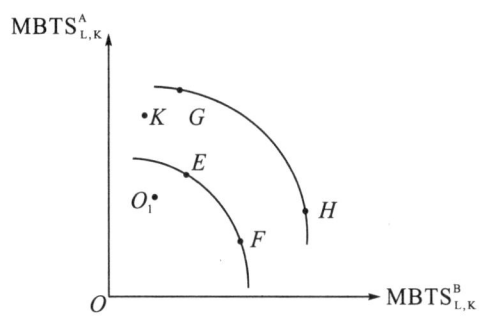

图 1-3 网络经济中生产可能性边界向外移动

③对于帕累托条件3，网络经济实现了社会生产结构与消费需求结构的更佳组合。

网络经济在匹配社会生产和市场需求方面明显比传统物质经济更具有优势。首先，网络经济是需求驱动的经济。以网络经济中蓬勃发展的定制生产模式为例，定制方式非常好地解决了传统经济中容易出现的供给失衡、结构性生产过剩等问题。因为在顾客定制模式下，所生产的产品无论从总量上还是结构上必定是所需要的，市场甚至可能没有库存，而将始终保持"出清"。其次，帮助实现生产结构与消费结构相匹配的市场信息是可以获得的，正如上文所提及的，网络经济采用的是一种将资源进行分散化配置的机制，互联网提供了资源分散化配置所需的信息技术平台，并且获得信息的成本是相对低廉的。最后，网络经济还将通过灵活的价格机制实现供给和需求的对接。例如，在Priceline网站上，飞机票的价格就一改传统经济中的单一价格形式，变得灵活多变。潜在的乘客可以"拍卖"他的需求，然后由供给方——航空公司来决定是否按需求价格来"出清"产品和服务。所有这些都有助于生产结构与消费结构相适应。

总之，无论是从消费品的配置效率、生产要素的配置效率，还是从生产与消费的关系上来看，网络经济都比传统物质经济具有更高的效率。因此可以说，网络经济是更有经济效率的，相对于传统经济而言，它是一种帕累托改进。

1.2 个性化消费需求与长尾经济

1.2.1 长尾经济中的机会

在传统的市场上，几乎很多行业都有些小企业，它们专心致力于市场中被大企业忽略的某些细分市场，在这些小市场上通过专业化经营来获取最大限度的收益。这些小市场被称为"利基（Niche）"市场，也称为小众市场、缝隙市场。它针对的是被忽略或细分的数量较小的客户群，这部分市场虽然规模不大，但由于传统营销无法满足此类需求，因此蕴含丰富的市场机遇。而互联网的发展对市场带来的最根本的变化，恰恰是小众市场乃至个人市场得到关注，以小众为单位到甚至以个体为单位的利基市场需求被充分释放出来了。

2004年，《连线》杂志主编Chris Anderson最早关注到这种现象，当听说在数字音乐领域，听众对98%的非热门音乐有着无限的需求，非热门的音乐集合市场无比巨大时，他敏锐地发现这个现象背后可能存在规律。于是他开始系统研究亚马逊、狂想曲公司、Blog、Google、eBay、Netflix 等互联网零售商的销售数据，并将其与沃尔玛等传统零售商的销售数据进行了对比，结果数据统计显示：亚马逊有超过一半的销售量都来自于在其排行榜上位于 13 万名开外的图书；美国最大的在线 DVD 影碟租赁商 Netflix 公司有 1/5 的出租量来自于其排行榜上 3000 名以外的内容；而在线音乐零售商 Rhapsody，其排行榜 1 万名以外的曲目下载数量甚至超过了在排行榜前 1 万名的曲目。于是 Chris Anderson 把他发现的这种符合统计学中幂律（Power Laws）和帕累托分布（Pareto distributions）特征的现象称为长尾（The Long Tail）。如以数量、品种作为二维坐标来勾勒一条需求曲线，这条需求曲线拖着长长的尾巴，向代表"品种"的横轴尽头延伸。（如图 1-4 所示）

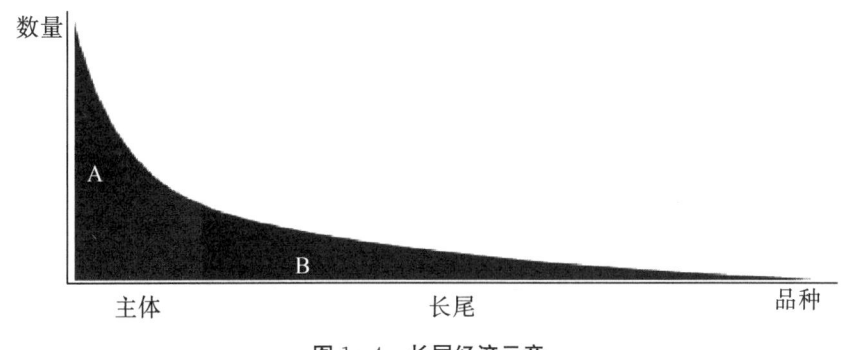

图 1-4　长尾经济示意

长尾理论认为，由于成本和效率的因素，当商品储存流通展示的场地和渠道足够宽广，商品生产成本急剧下降以至于个人都可以进行生产，并且商品的销售成本急剧降低时，任何以前看似需求极低的产品，都可能有人购买。这些需求和销量不高的产品所占据的共同市场份额（图 1-4 中所示黑色部分），甚至可以和主流产品的市场份额（图 1-4 中所示灰色部分）相同，甚至更大。因此，长尾理论提出：商业和文化的未来不在于传统需求曲线上那个代表"畅销商品"的头部，而是那条代表"冷门商品"的经常为人遗忘的长尾。

长尾理论的提出和传统企业经营中的 20/80 定律（即企业 80%的利润通常来自于企业 20%的客户）并不矛盾，它们相互补充，在不同的情境下都具有各自对经济模式的解释力，共同构成了一个完整的理解品种和规模、传统经济和网络经济之间关系的认知模型。所以，图 1-4 中 A 类市场需求和 B 类市场需求都是共存的，只不过它们在不同供给水平和技术条件下各自表现。

1.2.2 从规模经济到范围经济

以往,市场需求是企业根据一定的细分维度,按照相似性进行聚合而形成的各种被营销"规范"成的不同细分市场,这是传统物质经济下企业认知的市场需求(见图1—5中A)。但它却可能不是完全真实的市场需求,只是在选择有限的情况下,消费者和市场进行的其中一种有效匹配,这种匹配可能牺牲消费者的个性化需求,让消费者在有限选择的产品和服务中来匹配自己的需求。但互联网提供了各种选择,如淘宝有几亿件商品,而且每天变化近千万,随时都在不断上新更换中,这就给消费者提供了更多选择,使他们的个性化需求得以彰显,并得以迅速匹配到其所需要的商品,因而互联网时代的市场需求就呈现为高度的离散化和个性化(其图1—5中B)。因此,互联网的发展不但使得个性化需求得以彰显,更重要的是互联网技术还提供了有效地将利基市场的市场资源聚合起来的商业模式,这使得小众、个体市场也能产生可观的利润。

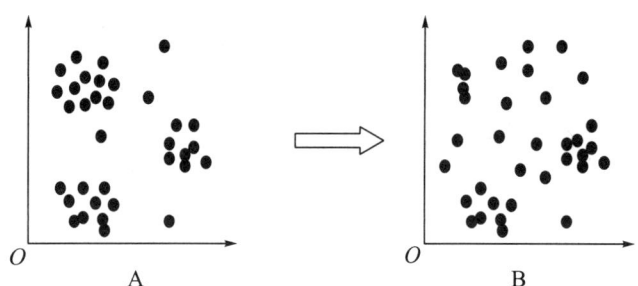

图1—5 传统经济与网络经济中的市场需求

需求特点的变化也催生了经济形态的变化。传统物质经济处于销量-品种曲线的头部,品种有限,主流产品销量最多,这符合规模经济的特点。在具有明显的规模效应的产业中,企业应该采用这种头部经济模式,用少品种、低成本来获取优势。而在曲线的尾部是网络经济中的范围经济,品种多,每个品种的销量并不多,企业经营的是多品种、少批量的产品。没有对主流的迎合,而是对个性化的满足和匹配。两种经济形态如图1—6所示。

第1章 从规模经济到长尾经济：个性化消费的繁荣时代

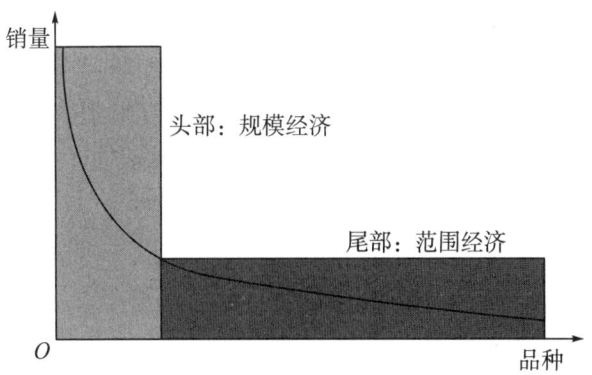

图 1-6 头部与尾部的两者经济形态

需要说明的是：一是这两种模式都追求更低的成本，只不过实现的路径各有不同。规模经济是通过较少品种减少生产运营成本，从而尽快让边际成本与边际收益平衡；而范围经济是通过大量品种来实现更多销量，通过销量扩张来实现成本分摊和经济收益的提升。二是两者并没有绝对的优劣之分。虽然，在工业经济时代规模经济效果显著，而在网络经济时代范围经济异军突起。不同的行业有其不同的特点，应该采用最适合的经济模式。三是两种经济模式并不矛盾和对立，甚至也有企业试图追求两个方向的平衡，并在不同的经营领域将两种经济模式加以融合。例如时尚服饰行业的Zara，追求的是量小款多来满足个性化服饰需求，但同时也通过运营上的不断优化来追求规模经济效益。

1.2.3 个性化消费在网络经济时代的发展

个性（personality）在心理学的定义是指决定和折射个体如何对环境做出反应的内在心理特征。个性具有3个特点：一是个性的独特性与共同性。个性既反映个体的差异性，又反映了人类、种族和群体的共同心理特征。二是个性的稳定性与可塑性。个性具有一致性和稳定性，如胆小的人遇事往往表现出同样的胆小，但个性并非完全不可改变。生活中的某些重大事件都可能导致个性的改变。三是个性的自然性与社会性。个性是在人的先天素质的基础上形成的，并和遗传有关，但同时后天的学习、教育、环境对个性影响巨大。

2017年，波士顿咨询和阿里巴巴联合推出的《中国消费新趋势：三大动力塑造中国消费新客群》报告中就指出，当前崛起的富裕阶层、新时代消费者以及全渠道的普及，将在中国社会中催生出越来越多新的细分消费客群。他们总结了6类新客群：年轻潮男新客群、老年消费新客群、环保消费者新客群、单身族新客群、体验至上者和"渴望成为大师者"新客群。同时，他们利用大数据分析中国消费者升级趋势，挖掘出诸多消费行为变化亮点，可以用五大关键词来概括：人设自由、独乐自在、乐活绿动、玩物立志、无微不智。新客群和新消费趋势表明：在网络经济中，个性化消费方式是社会发展和消费升级的必然，它通过消费折射出了个体独特的内在心理特征，使得消费更具可持续性。

（1）消费动机：从消费炫耀表达到愉悦自我。

通常来说，消费可分为物质性消费与象征性消费两类。象征性消费有两层含义：其一，是"消费的象征"。即借助消费者消费表达和传递某种意义和信息，包括消费者的地位、身份、个性、品位、情趣和认同。消费过程也是社会表现和社会交流的过程。其二，是"象征的消费"。即消费者不仅消费商品本身，而且消费这些商品所象征的某种社会文化意义，包括消费时的心情、美感、氛围、气派和情调等。例如，星巴克消费享受的是小资的情调、品位，以及美国文化中精致的部分。

传统线下消费往往有一定的显示度，更具有标签化的含义，从而成为消费者自我表达、表现自我概念的一种很重要的方式。因此，在国人经历了物资相对匮乏的计划经济时代之后，市场经济的繁荣催生了消费主义在中国的蔓延，追求奢侈品消费、上瘾性消费、叠加性消费等许多消费异化、炫耀消费的现象出现。而网络经济中，消费更多具有私密性、匿名性，而且在网络市场上更多的是不具有很高知名度的商品，因此，消费的炫耀通常不存在，因而人们的消费动机也从原来向外的消费炫耀逐渐回归到更成熟的、以满足自己需求或追寻体验价值等愉悦自我的向内倾向。

（2）消费方式：从独自网购到分享交互式。

最开始的网购是人—机—人的交互，更多的情景是消费者自己淘商品、比价格，最多与网上客服有一些沟通和交流，然后默默地下单、购买。但随着微博、微信等社交媒体的普及，社交电商开始兴起，用户与用户之间的交流与相互推荐带来了更稳定的购买量。因此，2016年，各大电商纷纷升级，如天猫启动"品牌旗舰店升级"计划；京东推出了"京享街"；唯品会开展了社交类营销活动，比如网红直播、开放直播入口等。

因此，网络经济中的个性化消费虽然是个人化的消费选择，但也受到了来自SNS（社会化网络）的影响，个体在个性化消费的同时，也愿意将自己的消费经历、消费经验分享出去。因此，网络经济中的个性化消费也呈现出分享交互型的特点。

（3）消费升级：从价格至上到关注品质、服务。

第1章 从规模经济到长尾经济：个性化消费的繁荣时代

互联网市场最初引起人们兴趣的是其低廉的价格，但随着消费升级，越来越多的消费者更加关注的是商品的品质。例如，中国电子商务研究中心《2016年中国消费者网络消费洞察报告与网购指南》调查研究发现，2016年消费者网购时最关注的因素是品牌、品质、价格、品类、服务及物流。其中品牌的重要性凸显，它影响着51.5%的网购用户的购物决策；45.6%的消费者在购物时更看中品质，商品质量左右消费者的决定；40.9%的消费者更看中价格，性价比对他们来说比较重要；35.4%和21.5%的网购用户更看中服务与物流。由此可见，单纯的价格驱动购买时期已经过去，品牌、品质取胜才是关键，这同时也说明网络购物市场走向了成熟、理性，消费升级成为大趋势。来自2017年凯度消费者行为研究的调研数据也表明了这一消费高度化的趋势，而且网络市场比传统的大众化市场在这方面变化表现得更为显著（见图1-7）。

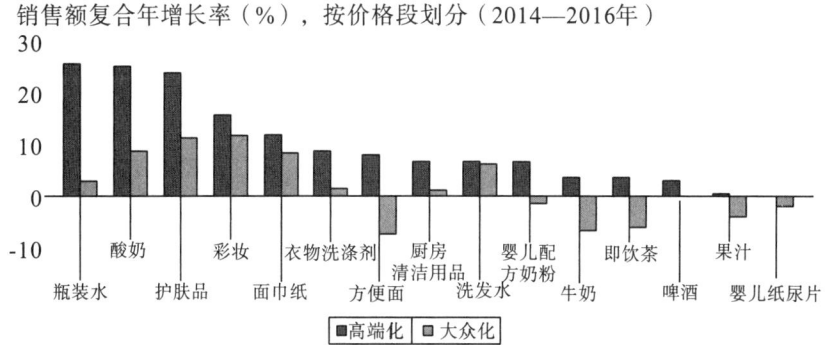

注：通过消费者自行记录促销产品购买比例和类型来收集促销数据。
资料来源：凯度消费者指数研究；贝恩分析。

图1-7 凯度调查——品类的高端化市场与大众化市场的比较

（4）个性表达：从物质商品到生活方式。

来自2017年凯度消费者行为研究的调研数据同时还表明了网络经济和传统物质经济中，消费者购买在品类分布上的不同。如图1-8所示，线下的采购品类不断增多，不仅传统的商品和服务上线（Offline to Online），还有大量基于互联网的创新催生出的新行业、新品类、新服务、新产品，如知识分享、在线教育、网络直播，大大丰富了网络经济的市场广度。

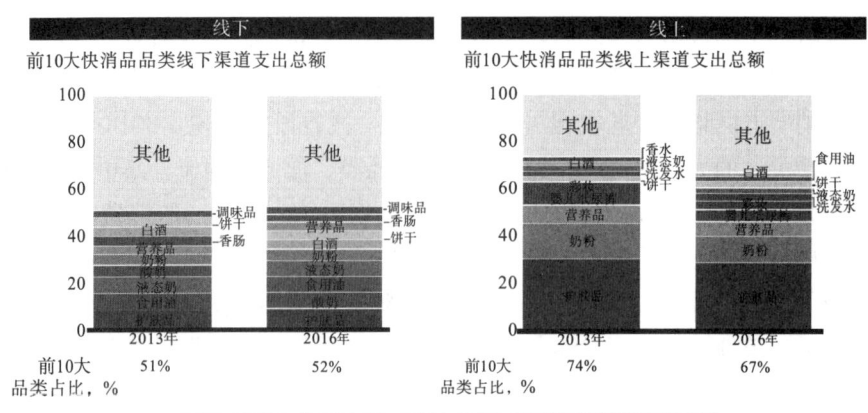

注：快速消费品整体支出包括凯度定义的106个品类；不包含香烟（最大的线下品类），因为政府禁止在线上销售烟草产品。
资料来源：凯度消费者指数研究；贝恩分析。

图1-8 凯度调查——线上和线下购买渠道的品类比较

此外，基于网络经济的商业模式创新、产品服务创新，围绕消费者的痛点提出解决方案、挖掘隐性需求和潜在需求，极大地延展了网络经济的市场深度。从马斯洛需求层次理论来分析，网络经济不仅仅从生理、安全等基本物质需求来满足消费者，更能从社交、自我实现层面为消费者提供全维度、场景化的产品和服务解决方案，使得个体得以用各自特立独行的、鲜活的生活方式来表达和丰富自我。

1.3 迎接大数据营销时代

1.3.1 拥抱大数据：大数据的4V

麦肯锡报告定义的大数据（Big data）为：数据量大到无法用传统数据库软件工具进行抓取、储存、管理与分析的数据集合。而研究机构Gartner则对于"大数据"给出了这样的定义："大数据"是需要新处理模式才能具有更强的决策力、洞察发现力和流程优化能力的海量、高增长率和多样化的信息资产。

大数据的特点被业界归纳为4个"V"：Volume（数据体量大）、Variety（数据类型繁多）、Velocity（处理速度快）、Value（价值密度高）。

（1）Volume（数据体量大）。

全球在2010年正式进入大数据时代，预计到2020年，全球将总共拥有35ZB的数据量，如果把35ZB的数据全部刻录到容量为9GB的光盘上，其叠加的高度相当于在地球与月球之间往返3次！从TB级别跃升到PB级别：

1TB=1 024 GB=1 048 576 MB； 1 PB=1 024 TB=1 048 576 GB

1EB=1 024 PB=1 048 576 TB； 1 ZB=1 024 EB=1 048 576 PB

1YB=1 024 ZB=1 048 576 EB； 1 BB=1 024 YB=1 048 576 ZB

1NB=1 024 BB=1 048 576 YB； 1 DB=1 024 NB=1 048 576 BB

（2）Variety（数据类型繁多）。

大数据的数据类型繁多。每时每刻都在产生的大数据包括各种网络日志、视频、图片、地理位置信息、聊天信息、支付信息、浏览数据等。而各类数据的综合分析往往能产生意想不到的结果。例如，2010年10月23日《卫报》利用维基解密的数据做了一篇"数据新闻"。将伊拉克战争中所有的人员伤亡情况均标注于地图之上。地图上一个红点便代表一次死伤事件，鼠标点击红点后弹出的窗口则有详细的说明：伤亡人数、时间、造成伤亡的具体原因。密布的红点多达39万，显得格外触目惊心。该新闻一经刊出立即引起朝野震动，推动英国最终做出了撤出驻伊拉克军队的决定。

（3）Velocity（处理速度快）。

大数据的处理速度快，其中有一个"1秒定律"，即1秒便可从各种类型的数据中快速获得高价值的信息，这一点是和传统的数据挖掘技术有着本质的不同。例如，为了帮助考生更好地备考，百度高考作文预测通过对过去历年的高考作文题及作文范文、海量年度搜索风云热词、历年新闻热点等原始数据与实时更新的"活数据"进行深度挖掘分析，以"概率主题模型"模拟人脑思考，反向推导出作文主题及关联词汇，从而为考生预测出当年高考作文的六大命题方向。与人脑不同的是，百度所掌握的数据比30年教学经验的名师要多很多，除了作文题目，还有历年热点新闻数据、现有数据和实时数据相结合组成了作文预测的大数据库，再通过技术百度发掘出其中的内在关联，提供素材，供考生灵活运用，提升知识储备。

（4）Value（价值密度高）。

只要合理利用数据并对其进行准确的分析，将会带来很高的价值回报。例如，美国最大的连锁百货商梅西百货在旧金山的创新实验室开发出梅西图像搜索技术概念，并迅速研发应用。使用该应用，消费者可以拍摄并上传任何一件日常生活中见到的产品，系统立即会为消费者找到梅西网站对应或相似产品。这个过程看似简单，但背后却有着大量的数据处理。这个软件模拟人类视觉皮质分析图像的过程，将产品的颜色、质地、样式和形状作为参考。比如，可以拍摄一张花或者有花的衬衣，应用就会搜索"库存里我们符合这两项的商品"，列出可供选择的带有相似图案的衬衣和裙子。这个功能也可用来在高档商店拍摄昂贵的服饰,然后寻找同款的平价商品。

1.3.2 大数据分析的三个规则

《大数据时代》一书的作者——牛津大学网络学院互联网治理与监管专业教授、大数据权威咨询顾问维克托·迈尔·舍恩伯格博士在这本具有影响力的书中指出,大数据带来了思维变革、商业变革和管理变革,其中,思维变革尤其值得关注。他还指出,大数据将从3个方面转变我们理解和组建社会的方法。

(1) 样本渐趋于总体。

传统的市场研究往往是依赖抽样调查。而在大数据时代,研究中可以分析更多的数据,有时候甚至可以处理与某个特别现象相关的所有数据,而不再依赖于随机取样。一个有名的例子就是2009年,在甲型H1N1流感暴发的几周前,谷歌的工程师们公开发表了一篇论文,不仅预测流感即将暴发,并且其预测还精确到美国特定的地区和州。和官方机构相比,谷歌能提前一两周预测到流感暴发,预测结果与官方数据的相关性高达97%,这让人们感到十分震惊。其实,依托大数据,这种分析很简单,就是基于谷歌庞大搜索记录的样本数据,通过分析大量用户的搜索记录,比如"咳嗽""发烧"等特定词条,并加以判断分析,谷歌公司能准确预测美国冬季流感的传播趋势。因此,每天30亿条搜索指令,足够的数据资源就能形成精准预测。这就是大数据的力量。

(2) 精确让位于模糊。

维克托·迈尔·舍恩伯格博士认为,数据如此之多,以至于研究者不再热衷于追求其精确度。虽然在传统市场研究中,研究者试图搜集一些非常干净的、高质量的数据,并需要花费很多金钱和精力来确定这些数据是否是高质量的数据。可是在大数据时代,一方面,海量数据的清洁、处理和精确分析需要耗费大量的时间和精力,有些甚至是不可行的;另一方面,因为数据量庞大,误差的影响会相对较小,使得大数据本身能够呈现其应有的规律,因此就不用去追求那种特别的精确性。

(3) 相关性重于因果。

在传统市场分析中,研究者不仅关心对市场行为、客观规律的描述,还试图探讨其行为和规律背后的原因。而大数据时代,研究者不再热衷于寻找事物之间的因果关系,而是注意寻找事物之间的相关关系。因为相关性就足以为企业提供有效的建议。例如,大数据研究发现人们在雨天喜欢买面包,而在天气晴朗时喜欢买蛋糕。这是一种天气和购买行为之间的相关性研究,不用进一步分析人们为什么喜欢在雨天买面包,在天气晴朗时买蛋糕。数据分析到此已足够,其结果就可以指导面包店该如何根据不同的天气调整产品供给。

1.4 用大数据实现个性化定制营销

从下面一组数据中能够看出,数字化时代的消费者呈现出与以往截然不同的行为特征。根据不同来源的数据统计,2017年中国有9.27亿的活跃移动互联网用户,7.07亿的活跃微信用户,2.72亿的活跃支付宝用户,2.31亿的活跃酷狗音乐用户,以及5 900万的活跃滴滴打车用户。这说明消费者的很多行为痕迹都可以被数据化,每时每刻发生着的消费行为汇聚成了大数据,从而帮助企业更好地去理解消费者,更好地去适应消费者。

1.4.1 基于大数据的产品定制

大数据首先可以帮助企业判断消费者的偏好,从而定制他们所需要的市场产品。例如,美剧《纸牌屋》的走红就是大数据分析在具体行业成功应用的经典案例。投资方Netflix在策划阶段就进行了大量的大数据分析。

Netflix是一个视频网站,它可以记录用户的视频观看行为,比如记录下用户点击了哪些视频、视频播放的时间、进度,在播放中暂停、快进、回放等具体行为,包括看了几分钟就关掉视频,或者停了一段时间又重启,这些都会被详细记录下来。单个或一些数据也许并不能说明问题,但当足够多的人在整段视频中的同一个地方做了相同的举动,那么数据就显露出意义了。

Netflix在下决定投资翻拍《纸牌屋》前,通过大数据之间的关联分析发现,喜欢观看1990版《纸牌屋》影迷们同时喜欢看导演David Fincher的作品。同时,他们会经常观看奥斯卡影帝Kevin Spacey的作品。因此新版《纸牌屋》邀请了David Fincher作为制作人和Kevin Spacey作为男主演加盟这部作品的翻拍。有了大数据作为基础,Netflix还买断了《纸牌屋》两年的独家播放权,用户只能在Netflix上付费观看。另外,在播放形式方面,传统连载美剧通常是每周播放一集。而Netflix根据用户观影行为习惯的数据分析发现,更多人并不喜欢在固定时刻收看电视剧,而是"攒起来",直到全剧播放完毕再一次性看完。因此,Netflix这次选择了一次性地播放13集《纸牌屋》。该剧播出后,获得了市场的热捧,可对Netflix而言却一点也不惊奇,因为在投入前,他们已经知道了这一点。正如德鲁克曾经对市场营销的一个注解:"营销的目的就是要使推销成为多余。"大数据时代让营销者可以轻松做到这一点,基于消费者行为的分析,可以为他们量身定制喜欢的产品。

1.4.2 基于大数据的消费者画像

大数据时代,每个消费者的网络购买行为都会被记录下来,并汇聚形成了一个全过程价值链的用户数据,这些数据包括浏览、交易、客服、配送和物流等所有有关数据。随着移动互联网的发展,利用移动支付入口还将线下的地理位置信息、交通行为信息、酒店机票订单等线下商品购买和服务交易等内容纳入用户数据,通过整合这些数据,就可以精确描绘用户的全方位特征,也就是精确的用户画像。

因此,在大数据汇集的一端,每个用户都会根据自己的消费行为被贴上不同的标签。例如,某用户喜欢在网上购买瑜伽等运动服饰,喜欢购买适合3—8岁孩子的童书和文学类书籍,定期购买海外的保健用品,喜欢用手机浏览新智能家电产品,每周1~2次走路10 000步以上,常去星巴克并是电子会员,出行软件显示工作日每天早上会打专车到城东CBD,晚上通常7点左右打车回家,常使用手机支付餐饮到店消费(泰国菜居多),很少点外卖,喜欢看电影(文艺片居多),每年寒暑假期间会选择境外自由行并通常订特色的民俗酒店……根据这些行为,这位用户就可能被贴上爱阅读、喜欢舒缓运动、有低龄子女、关注健康、关注新事物、注重生活品质、喜欢旅游、白领、文艺等标签(见图1—9)。据悉,一些品牌电商为用户设立的标签已经达到300以上,覆盖用户基本属性、购买能力、行为特征、社交特征、心理特征、兴趣偏好等多个方面。有了用户画像,可以使用户得到更个性化的搜索推荐、广告推送,也能在很大程度上提高用户购买的转化率和重购率。

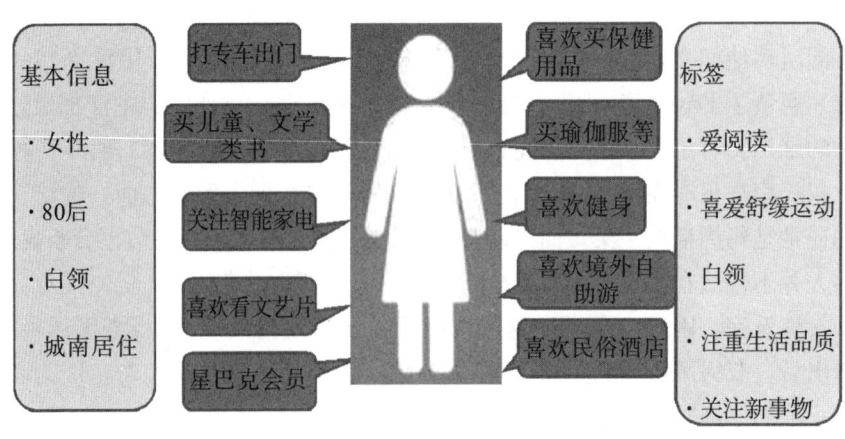

图1—9 大数据时代的消费者画像

1.4.3 基于大数据的个性化推荐

传统线下购买时，消费者并不知晓所有的商品（品牌），而是在所知晓的商品（品牌）中遴选，有意向购买的会进入考虑集，而通过商品评价之后，最终只有一个商品（品牌）有幸被选中，这就是传统购买过程。而在互联网中，由于信息过于丰富和庞杂，消费者往往是通过搜索来找到自己的目标产品。所以，对于网络卖家而言，首先需要优化商品标签和店铺标签，使其在搜索中容易被找到。其次，可以采用网页付费展示、购买竞价排名等促销方式来尽可能在搜索结果或主页中暴露在消费者的视野中，进入消费者的可触集。而所有呈现到面前的商品（品牌），有部分会被消费者点开、仔细看，这些才算进入了考虑集，最终进入了考虑集的商品（品牌）才有可能真正被消费者选中。因此传统购买和线上购买的商品（品牌）选择过程是有差异的（见图1-10）。

传统经济中线下商品选择过程：

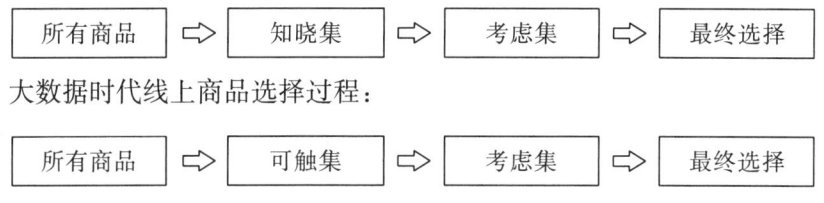

大数据时代线上商品选择过程：

图1-10 线上和线下购买商品选择过程的比较

可见，网络经济中，首要需要的是如何让消费者接触到相关的商品信息。除了付费展示、竞价排名等促销方式外，基于大数据的个性化推荐就是一种更主动的方式。个性化推荐在电商网站被广泛应用，它们以顾客的兴趣作为切入点，根据顾客画像的结果，以及顾客浏览的记录等数据，可以马上产生一个推荐列表，也就是你所熟悉的那些"猜你可能会喜欢"。

亚马逊是零售网站中使用个性化推荐技术的先驱，其个性化推荐系统是其核心机密。据分析，亚马逊有35%的销售额是来自个性化推荐。国内的淘宝、天猫、当当、京东等电商网的销售额也有很大部分间接受到了个性化推荐的影响。

购物网站个性化推荐运用的是数据挖掘中的"个性化算法"。它依据一定的逻辑与公式，计算出用户的个人偏好，发掘出他们无法正确表述，甚至还未成形的需求。通常有以下五种方式。

一是关联推荐。这种方法最为简单直白，计算时将用户搜索、浏览、购买、已评级的商品视为一个整体，分解出相关主题、品牌等关键词，进而搜索与此商品最直接相关的东西。例如，用户浏览了影星 A 代言的产品，那么系统会认为你对 A 感兴趣和对该类产品感兴趣，然后会将 A 相关的和该类产品相关的信息推荐给你。但这种方法过于简单粗暴地理解用户需求，已经渐被淘汰。二是基于用户的个性化算法。该算法的逻辑是人以群分。如果一群消费者常在网站购买同样的商品，那么这些人应该有相似的偏好。所以，系统就会把有相似购物或浏览记录的用户分为一群，然后把他们还不曾拥有的东西相互推荐。三是基于商品的个性化算法。该算法的逻辑类似前面一种，就是物以类聚。亚马逊个性化部门的共同创始人 Greg Linden 设计和开发了"从商品到商品的协同过滤"技术。其原理是先判断哪些商品之间具有潜在相关性，然后根据用户的购买记录，把那些和购买记录中关联度高的商品推荐给用户。例如，购买了投影仪的人还购买了支撑架、散热器等，在网页上也会显示"购买过此商品的人还购买了……"四是基于内容过滤的算法。主要是根据用户关键词搜索来进行，根据这些对商品的描述（也就是商品的标签）来为你推荐商品，甚至是匹配店铺。五是基于云计算的个性化推荐算法。个性化推荐的算法一直在不断创新，未来有可能消除数据孤岛，整合用户在多个数据库中的购买、支付、出行、偏好、社交、娱乐等各类数据，形成用户行为偏好大数据中心，建立基于用户全网兴趣偏好轨迹的精准云计算分析模型，从而不断追求能完美匹配每个消费者的需求。

1.4.4 基于大数据分析的行为预测

大数据的作用不仅在于它描述了行为趋势，描述了偏好的距离，大数据还可以有效地用于行为预测。在大数据分析中有一个众所周知的经典案例，就是美国的塔吉特，这家零售超市居然比一个父亲更早知道他女儿怀孕。事情的经过是有一位男性顾客到一家塔吉特店中投诉，商店竟然给他还在读书的女儿寄婴儿用品的优惠券。但最后的结果是父亲最终发现自己女儿真的已经怀孕了，而这家零售商竟然比女孩的亲生父亲更早知道，这背后就是大数据的力量。到塔吉特购物的顾客都有会员卡，会员卡会有他们的购买记录，这些日积月累的记录最终形成了大数据。塔吉特的统计师们依托大数据，通过对孕妇的消费习惯进行一次次的测试和数据分析，建立了孕妇的消费行为模型。他们甚至精准地选出其中的 25 种商品，对这 25 种商品进行同步分析，基本上可以判断出哪些顾客是孕妇，并可以进一步估算出她们的预产期。因此，塔吉特会给她们发放定向的广告和优惠券，以提高商品成交率。仅发放一次，就有了如上的经典案例。

可见，大数据时代对企业带来的帮助之一就是可以利用大数据对消费行为进行合理的预测。虽然大数据更关心数据之间的相关性而非因果性，但消费行为模型的建立在一定程度上也可以利用因果关联，用数据进行判别分析，从而预测行为是否会发生、如何发生，以及相关的行为结果。

例如，每年"双11"的销售数据都是媒体和公众关心的话题。2017年，有关机构根据当年日均交易额、当日历史数据、实时交易数据3种方法进行预测，基本确定2017年的"双11"销售额在1488亿~1516亿元的区间，结果"双11"的实际销量以1682亿元收官，超出了预测值但基本也在合理的范围。此外，关于"双11"的预测还可以利用购物车的大数据，因为"双11"前很多消费者都会计划性地购买，早早把商品纳入购物车，然后等促销时下单。因此，依托购物车数据也可以对未来的购买行为进行合理预测。

有了对消费者未来购买行为的合理预判，对企业而言就可以更好地准备生产、调整库存和安排物流配送等，从而实现对消费者需求的积极、合理的响应。

1.4.5 基于大数据的CRM

客户关系管理也是大数据营销非常重要的一个方面。基于大数据的CRM实质上要求实现的是一对一的管理。一对一营销专家唐·佩珀斯与玛莎·罗杰斯曾提出IDIC模式（见图1-11）作为企业进行顾客关系管理的基本参考架构。其中，以下4个阶段至关重要：

（1）Identify（识别客户）。他们认为认识你的顾客非常重要，而且越详细越好，能够在所有的顾客接触点、所有的媒体、每一条产品线、每一个地点、每一部门认出他们，建立详尽的客户大数据库。

（2）Differentiate（区别对待客户）。客户对企业而言有不同的价值，而他们也有不同的需求。因此，区隔他们，分出优先级，向最有价值的顾客争取最大的利益。

（3）Interact（与客户保持互动）。通过每一次的互动，转换为对顾客更了解的洞见。同时，每一次互动也是对客户关系的积累。

（4）Customize（专门化对待客户）。为顾客提供量身定做的贴心服务，针对顾客需求之不同，为其提供大量客制化或个人化的产品或服务。

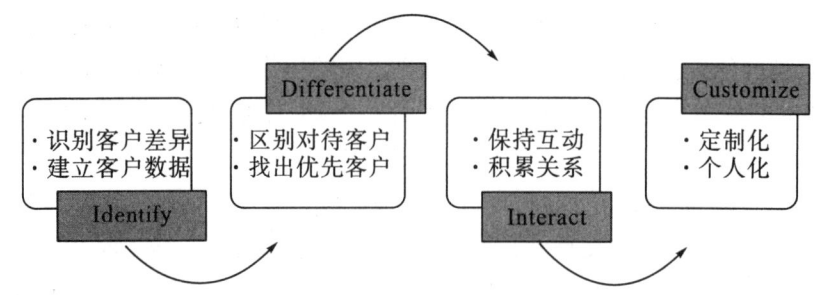

图 1-11 客户关系管理的 IDIC 模式

基于大数据的客户关系管理,也要抓住关键的数据指标。根据美国数据库营销研究所 Arthur Hughes 的研究,客户数据库中有 3 个神奇的要素,他们由此构建了 RFM 模型,该模型有 3 个关键指标:

(1) 最近一次消费 (Recency):表示客户最近一次购买的时间有多远。一般而言,距离上一次消费时间越近的顾客与企业的关系相对更紧密,对他们提供后续的商品或服务也最有可能会有反应。

(2) 消费频率 (Frequency):消费频率是顾客在限定的期间(最近一段时间内)内所购买的次数。消费频率越高,极有可能是满意度高、忠诚度高的顾客。

(3) 消费金额 (Monetary):客户在最近一段时间内购买的金额。根据"帕雷托法则"(Pareto's Law),交易金额越大的顾客也就是企业最重要的顾客。

根据这 3 个指标,该模型可以通过一个客户的近期购买行为、购买的总体频率以及花了多少钱三项指标来描述该客户的价值状况。如果将这 3 个指标和平均值对比,还可以把企业客群分成 8 类,如表 1-1 所示。

表 1-1 RFM 模型

Recency	Frequency	Monetary	客户类型
↓	↑	↑	重要价值客户
↓	↓	↑	重要发展客户
↑	↑	↑	重要保持客户
↑	↓	↑	重要挽留客户
↓	↑	↓	一般价值客户
↓	↓	↓	一般发展客户
↑	↑	↓	一般保持客户
↑	↓	↓	一般挽留客户

注:"↑"表示大于均值,"↓"表示小于均值。

根据表 1-1 中的分类，使用三维坐标系展示 8 类用户，如图 1-12 所示，图中 X 轴表示 Recency，Y 轴表示 Frequency，Z 轴表示 Monetary，坐标系的 8 个象限分别表示 8 类用户。

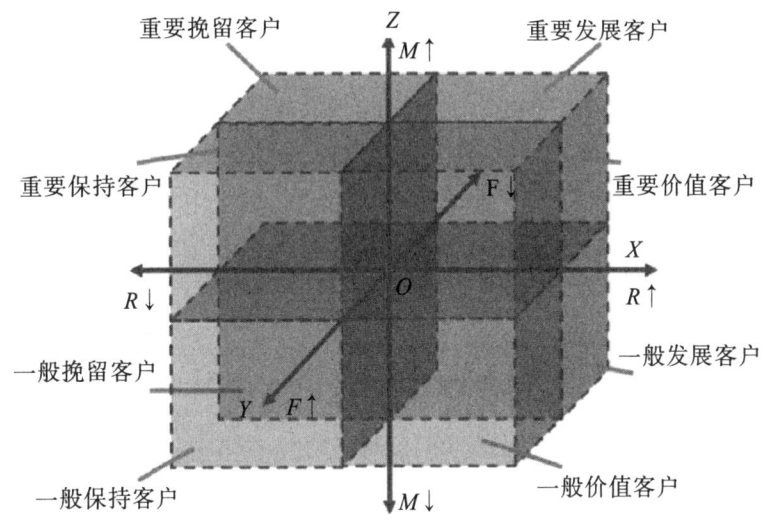

图 1-12　基于 RFM 的客户分类

RFM 模型是 CRM 中衡量客户价值和客户创利能力的重要工具和手段，除了可以帮助企业服务好他们的重要客户以外，RFM 模型还可以对可能的客户流失进行预警，找到并促进低价值客户提升购买欲，挽留即将和正在流失的客户。例如，移动运营商通过客服电话向流失的客户介绍最新的优惠资讯；餐厅通过会员留下的通讯信息推送打折优惠券来提醒久不光顾的老客户消费，等等。

未来，大数据专家正通过不断创造新的算法来优化 CRM。例如，通过大数据分析，美国知名电子商务技术公司 Monetate 知晓 97% 的用户在离开网站时不会发生任何购买行为，90% 的销售可能会在消费者首次接触网站内商品后的 15 天内发生。基于此，他们用算法引擎帮忙引导 15 天内可能转化为消费者的 "潜在消费者"，去返回他们首次访问网站时所浏览的商品，并最终产生购买行为。另外，他们也会追踪距上次访问 400 天内的流失用户，根据他们的浏览行为和兴趣爱好做分析再向他们推荐商品，让这些更早以前的访问者或休眠用户能够再次与网站产生互动。

1.5 个性化消费与企业多重定价

1.5.1 网络经济时代的定价难题

网络经济中的许多产品和服务的成本构成具有和信息产品类似的特点，就是前期需要投入高额固定成本，而且这一高额固定成本是一种沉没成本（Sunk Cost），后期由于网络效应的存在，还有网络经济的产品和服务本身的特点，达到一定规模后的单位变动成本相对较低，通常只需很低的边际投入便可以提供大量的同类产品和服务。例如，以软件等信息产品为例，前期的研发费用投入非常高，如编制一个软件程序可能需要上千万美元，而刻录（复制）一张光盘却花费不到1美元，边际成本几乎为零。又如，当共享出行达到一定应用规模后，新增一位共享出行提供者对整个系统而言的成本增加也几乎可以忽略不计。

网络经济时代的产品和服务在成本构成上的这种特点使其定价遇到了困难。因为依据传统经济学理论，竞争市场均衡时厂商定价的根据是 $MR=MC=P$（其中，MR 是边际收益，MC 是边际成本，P 是产品价格）。但事实上，由于这类产品边际成本通常都很低而且大多恒定，因此，如果采用边际成本的定价方法，那么生产所耗费的前期高额的固定成本就难以得到补偿，生产者为减少损失只得将产量缩减至远小于均衡产量的水平，从而导致供不应求并造成社会效率的损失。因此，这类产品的定价遇到了一个难题：如何确定一个合理的价格，在能对生产者提供激励和对消费者提供保障的同时，尽可能地实现社会效率。

在实践中，许多生产商便采用垄断定价方式，以超过均衡价格的高价来补偿前期生产的耗费并获取高额利润。这样定价的依据在于：

首先，这类产品的生产具有自然垄断性。根据鲍莫尔等对自然垄断的定义："如果产业成本函数在相关产出范围内是次可加时，产业是自然垄断的。"其中，次可加性是指一起生产各种不同产品比分别生产它们所花成本更低。而网络经济中的这些产品和服务在生产中由于存在巨额的沉没成本和很低的变动成本，使其生产的平均成本总是递减的。"平均成本总是递减的就意味着次可加性"[1]（Baumol，1982），所以这类产品和服务的生产成本是具有次可加性

---

[1] 泰勒尔. 产业组织理论 [M]. 北京：中国人民大学出版社，1997：25.

的。由此推断出：它们的生产具有自然垄断的特性，其定价也适用垄断定价。

其次，由于网络经济中的这些产品的生产需要前期投入高额的沉没成本，这使得在未形成规模经济的初期，或在产量较小的情况下，平均生产成本显得非常高。一方面，依据成本加成定价的原理，企业必须将价格制定在成本线以上，这导致了这些产品在初期的高价。另一方面，为尽快弥补生产耗费，在不能形成巨大产出来分摊巨额的固定成本的情况下，企业只有采用高价策略，以高额利润来帮助补偿前期巨大的生产耗费，以便尽快收回投资成本。

最后，网络经济中的一些产品，如软件、数字音乐、共享知识等多为人们智力的创造性劳动成果，为激励创新就必须保护这些智力成果。因此，这类产品大多受到了版权、专利权、著作权等知识产权的保护，这在一定程度上赋予了数字产品生产和经营的垄断权力，也赋予了生产者对数字产品的购买者索取高价的权利。同时，由于对数字类产品的价值在判定中存在着量化的困难，也给生产者获得超额利润提供了机会。加之数字产品之间存在较差的可替代性等因素，使得数字产品垄断价格的存在更具合理性，并都在一定程度上使垄断价格得以实现。

可见，对网络经济中的产品和服务制定垄断价格是有一定理论依据的，在这种定价模式下厂商的耗费得到了补偿，从而使生产和消费得以延续下去。然而，对这类产品制定单一的垄断价格却会造成净损失（Deadweight oss）。如图1－13所示，图中曲线S和D分别表示产品的供给曲线和需求曲线。在完全竞争条件下，市场均衡于O点，均衡产量和均衡价格分别为Q_0和P_0。$\triangle AP_0O$和$\triangle BP_0O$的面积分别代表完全竞争条件下的消费者剩余和生产者剩余。但是在实行垄断价格P_1（$P_1>P_0$）的条件下，社会产出将减小为Q_1。

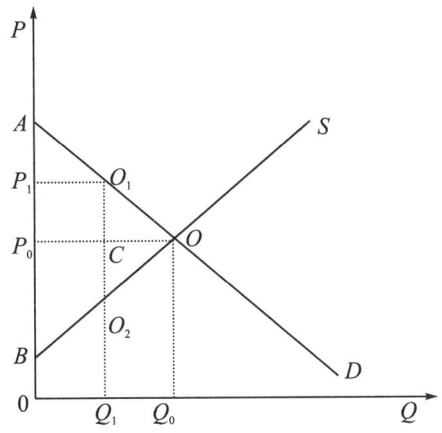

图1－13 信息产品单一垄断价格造成的净损失

结果一方面导致了消费者剩余的减少，减少的消费者剩余一部分变为生产者剩余（用长方形 $P_1P_0CO_1$ 的面积表示），一部分则成为社会性的净损失（用 $\triangle CO_1O$ 的面积表示）。另一方面，除去侵占的消费者剩余的那部分，生产者剩余也减少了（用 $\triangle CO_2O$ 的面积表示），并也成为净损失的一部分。可见，实行垄断价格 P_1 导致了社会总剩余的减少，产生了社会净损失（用 $\triangle OO_1O_2$ 的面积表示），它即是垄断定价所产生的社会效率损失。所以，实行单一垄断定价的直接结果是：

（1）产出低于市场均衡水平，边际购买意愿较低的消费者被排除在市场以外，在图 1-13 中表现为（$Q_0 - Q_1$）数量的消费者需求未被满足。

（2）生产者获取的利润是以经济效率的损失为代价的（在图 1-13 中表现为 $\triangle OO_1O_2$ 的面积所代表的净损失）。

因此，为减少净损失，增加社会产出和社会效率，在存在自然垄断的前提下需要寻找一个比单一垄断定价更为合理的定价模式，而多重价格定价模式便是其中的选择之一。

1.5.2　多重价格的经济学描述

多重价格就是对同一商品或者相似商品制定不同的价格来出售给消费者的一种价格行为。泰勒尔认为，"当两个单位的同种实物商品对同一消费者或不同消费者的售价不同时，我们就可以说生产者在实行价格歧视"①。经济学家埃德温·曼斯菲尔德（Edwin Mansfield）进一步指出，"即使产品完全不相同，也会形成价格歧视，如果非常相似的产品以根据边际成本的不同比例确定的价格来出售的话"，也即"当价格的不同不反应成本的不同"② 时，就会产生价格歧视。由于多重价格正是以不同的价格来销售同一商品或相似商品，并且不同的价格并不反应成本的不同，因此，多重价格本质上就是价格歧视。

庇古（Pigou，1920）曾将价格歧视分为 3 类：

（1）一级价格歧视，也称完全价格歧视。即生产者以不同的价格向每位顾客出售产品或服务，并将消费者剩余全部转换为生产者剩余。

（2）二级价格歧视。即生产者向顾客提供不同的消费包或消费组合（packages or bundles），通过顾客自我选择机制，让顾客选择所需的产品。

---

① ［法］泰勒尔. 产业组织理论［M］. 北京：中国人民大学出版社，1997：166.
② Edwin Mansfield. Managerial Economics：Theory, Applications, and Cases（3e）［M］. New York：W. W. Norton & Company, Inc. 1996：525.

(3) 三级价格歧视。即生产者利用与需求相关的直接市场信号,将顾客(市场)划分为不同的群体,并对不同群体的顾客设置不同的价格。

事实上,"价格歧视"并不是一个贬义词,凭教师证享受购书优惠和对经常购买的顾客实行优惠的频繁营销规划(FMP)等都是一种价格歧视。网络经济学家 Carl Shapiro 和 Hal Varian 就将价格歧视运用到信息产品定价中,并且生动地将庇古的 3 种价格歧视表述为"个人化定价、版本划分和群体定价"[①]。其中,个人化定价是以不同的价格向每位用户出售商品。比如网上数据库供应商 Lexis-Nexis 对每个顾客实施不同的要价。版本划分则是对应于二级价格歧视的,即通过提供一个产品系列,让用户选择最适合自己的版本。例如,软件产品分为家庭版(Home Edition)和专业版(Professional Edition)两种版本供用户选择。最后是群体定价,即对不同的消费群体设置不同的价格,如对学生实行折扣等。在这 3 种定价方式下,产品价格均是一种多重价格,产品价格上的不同并没有反应成本的不同,因此仍是一种价格歧视,只不过它是为企业实施营销策略和价格策略而进行的价格歧视。

1.5.3 多重价格带来的效率提升

泰勒尔曾论证过:"对于整个社会来说,价格歧视更为有利的必要条件是它能够提高产量(即它减少了传统的垄断定价造成的扭曲)"[②]。而多重价格策略正是通过提高社会产出改善了单一垄断价格时的净损失,提高了社会效率。它是一种"更为有利"的价格歧视。为简单起见,先论证两重价格定价时的情况。

众所周知,总需求曲线 D 是指具有不同支付意愿的消费者需求的总和。当价格制定在比较高的水平上时,市场满足的只是具有较高支付意愿的那群消费者的需求,而具有较低支付意愿消费者的需求却不能被满足。正如图 1-14 所示,当价格定在较高的垄断价位 P_1 时,产出为 Q_1,而数量为 (Q_0-Q_1) 的具有较低支付意愿的消费者被排除在市场之外。此时的净损失用 $\triangle O_1AO$ 的面积表示。而实施两重价格定价时,则必须制定一个相对较低的价格 P_2 ($P_0<P_2<P_1$)。之所以制定比 P_1 更低、比 P_0 更高的价格是因为在这个价格区间的定价才能保证产出的扩大,从而保证价格歧视是有利的。同时实施 P_1 和 P_2 的双重价格扩大了产出,产出水平由 Q_1 增加至 Q_2,从而使 (Q_2-Q_1)

---

① Carl Shapiro, Hal Varian. 信息规则 [M]. 北京:中国人民大学出版社,2000:36.
② 泰勒尔. 产业组织理论 [M]. 北京:中国人民大学出版社,1997:172.

数量的消费者的需求得到满足，净损失也减少至△O_2BO的面积所代表的水平。可见，双重价格定价能使净损失得到改善，减少的净损失（由四边形O_1ABO_2的面积表示）一部分转变为增加的消费者剩余（用△O_1CO_2的面积表示），另一部分则成为增加的生产者剩余（用四边形$CABO_2$的面积表示）。

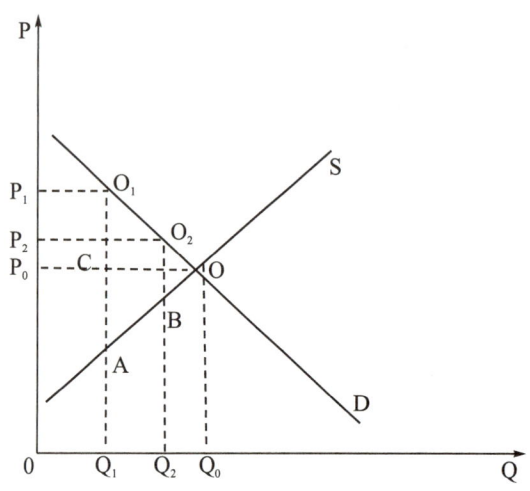

图1-14 两重价格定价时的净损失改善

根据双重价格定价模型，可以类推出多重价格定价的一般情况，并且多重价格定价对净损失的改善还可以由以下公式推导出：

假设$D(X)$和$S(X)$分别为需求函数和供给函数，它们均为产量X的函数，连续并可微。因此在单一垄断定价下有：

$$消费者剩余 = \int_0^{Q_1} D(x)dx - P_1 Q_1 \tag{1-1}$$

$$生产者剩余 = P_1 Q_1 - \int_0^{Q_1} S(x)dx \tag{1-2}$$

在双重价格定价下则有：

$$消费者剩余 = \int_0^{Q_1} D(x)dx - P_1 Q_1 + \left[\int_{Q_1}^{Q_2} D(x)dx - P_2(Q_2 - Q_1)\right]$$

$$= \int_0^{Q_2} D(x)dx - (P_1 Q_1 + P_2 Q_2 - P_2 Q_1) \tag{1-3}$$

$$生产者剩余 = P_1 Q_1 - \int_0^{Q_1} S(x)dx + \left[P_2(Q_2 - Q_1) - \int_{Q_1}^{Q_2} S(x)dx\right]$$

$$= P_1 Q_1 + P_2 Q_2 - P_2 Q_1 - \int_0^{Q_2} S(x)dx \tag{1-4}$$

净损失减少 = [式(1-3) + 式(1-4)] - [式(1-1) + 式(1-2)]

$$= \int_{Q_1}^{Q_2} D(x) \mathrm{d}x - \int_{Q_1}^{Q_2} S(x) \mathrm{d}x = \int_{Q_1}^{Q_2} [D(x) - S(x)] \mathrm{d}x$$

由此，可推出多重价格定价模式下效率改善的一般情况（推导过程略）：

$$\text{净损失减少} = \int_{Q_1}^{Q_n} [D(x) - S(x)] \mathrm{d}x \qquad (1-5)$$

其中，n 为价格的种类，Q_1 为多重价格中最高价格 P_1 时的社会产出量，Q_n 为多重价格中最低价格 P_n 时的社会产出量。

可见，在多重价格定价模式下，生产者剩余和消费者剩余都得到了增加，社会效率也得到了改善。具体而言：

(1) 多重价格定价的实施减少了净损失，也即改善了单一垄断定价时造成的经济效率损失，提高了社会效率。

(2) 多重价格的制定使具有较低支付愿意的消费者需求得到满足，使消费者剩余得到增加，从而一定程度地在兼顾效率的基础上保障了公平。

(3) 多重价格定价的实施还使生产者比单一价格定价时获得了更多的生产者剩余（利润），从而为信息产品的生产和创新提供了更好的保障和激励。

(4) 多重价格定价使产出扩大，而产出扩大又将扩大规模经济效应，使学习曲线的作用更明显，从而带来同时有利于生产者和消费者的成本节约，也能提高社会经济效率。

1.5.4 多重价格的实施

企业运用多重价格定价能使其利润最大化，因而多重价格是一种有效的价格策略。但是，要有效地实施多重价格定价还必须具备两个基本的前提条件。

一是准确的市场细分和消费者甄别。市场细分是根据消费者的特征将市场划分为不同的细分市场的过程。为确保多重价格实施的有效性，不同的细分市场还应具备不同的需求价格弹性。只有准确地对市场进行了细分，才能有效地甄别出各种需求的消费者群体，也才能制定针对不同细分市场的多重价格，并避免某一细分市场的顾客转向其他市场购买，而导致对该细分市场所提供的消费包不能被目标顾客有效购买和消费。

二是要避免消费者套利。即避免消费者在低端市场上以低价购买产品后，转而在高支付意愿的高端市场上转卖，以牟取利润。消费者的套利行为不仅会使多重价格策略无法实施，而且还将在一定程度上抢夺垄断者的利润。为防止消费者套利，Carl Shapiro 和 Hal Varian 提出了两种方法：降低高端市场的产品价格，使之更具吸引力；降低低端市场的产品质量，使之吸引力减小。此外，还要确保用户不能将低端产品转换为高端产品。①

因此，实行多重价格策略必须是在细分市场、了解市场需求的基础上进行，同时还要避免顾客套利。只有这两个条件满足了，多重价格策略的实施才是有意义和有效的。

多重价格策略的实施必须在市场细分和防止顾客套利的前提下进行。然而这并不能完全保证多重价格策略的顺利实现。著名的网上书店亚马逊就曾准备根据已掌握的顾客资料实施"因人定价"的策略，但这一完全价格歧视最终还是由于消费者的强烈不满而夭折。因此，为避免顾客感到被"歧视"了，多重价格策略的实施应尽可能地建立在产品适度差异化的基础上。

而在网络经济时代，由于消费的个性化，产品和服务也呈现差异化，这为企业实施多重定价提供了机会。例如，共享出行的全球领先者 Uber 采用的就是动态定价。早在 2012 年初，Uber 位于波士顿的研究组发现，每到周五和周六凌晨 1 点左右，会出现大量的"未满足需求"。原因是周末玩耍后晚归的人要回家，而大部分 Uber 的司机已经收工。于是 Uber 针对供不应求的情景提出了解决方案：在高峰期（午夜到凌晨三点）适当提高每次乘坐的单价，看是否有司机响应。仅仅两周后，他们就得到了非常好的反馈，在该时段的提价，共享车的供应量增加了，更多的需求也得到了满足。由此，Uber 开启了它的动态定价，只要在高峰时段（或供不应求时），用户等待时间有个比较陡峭的上升趋势时，便会触发该动态定价算法。此后，Uber 根据所知的用户信息对不同用户有不同的定价策略。比如说，当积累了一定量的用户出行数据之后，企业可以根据用户的使用记录计算用户在不同时段和情景下的价格敏感度，并以此在高峰期对不同客户制定差异化的价格，如对高价格敏感度的用户做打折优惠，对低价格敏感度的用户保持原价或是加价，以及对非活跃用户提供打车券、折扣机会，等等。可见，随着大数据的广泛运用，未来的定价策略可能会被进一步细分，直到细分到每个消费者的个性化定价。而个性化定价就成了一级价格歧视，所有消费者剩余都将归企业所有，企业也将通过多重价格获得最大化的收益。

---

① Carl Shapiro，Hal Varian. 信息规则 [M]. 北京：中国人民大学出版社，2000：55-57.

第 2 章　互联网经济中的从众消费行为

情景 1：

小丽准备购买一些关于互联网营销的书籍，打开当当网之后，输入了"网络营销"这一关键词，搜索一共出现了 2750 个关键词，有《网络营销实战宝典》《网络营销推广策略》《全网营销》，以及各种名为《网络营销》的教材书籍。她一下疑惑了，到底买哪一些书比较好呢？她按下了销量的选项，想看看大家买得最多的是哪几本书。其中排在前面的一本书是《网络营销推广宝典》，有 4436 人购买，而且 100% 好评。点开好评，看到绝大多数都是推荐和肯定的评价，于是小丽毫不犹豫把这本书加入了购物车……

情景 2：

刘女士最近在某网店买了一件韩版毛衣，但是收到货时感觉非常不满意，"这件毛衣的实物和卖家的图片差异太大了，从质地到颜色都不一样，我本来还犹豫买不买的，但看见网站首页上清晰地标注着'月销千件'，且好多条用户评价都很不错才动了心，谁知道是这样！"刘女士马上和卖家沟通，卖家态度很好，但却称网站的页面上有事先说明照片和实物会有误差，介意勿拍，毛衣如果的确存在质量上问题的话才能退货。由于商品本身价格不算太高，不想过多纠缠的刘女士也就打消了退货的念头。但她还是毫不客气的在收货后按自己的真实想法给予了差评。

中国互联网络信息中心（CNNIC）在 2014 年的一次调查数据显示，逾八成被调查者会查看商品的全部评价。其中，不受已有意见影响坚持自己最初购买决策的被调查者占比仅为 3.29%，逾九成被调查者都会受到不同购物评价的影响，有 18.35% 的被调查者会因为好评很多而更想买某件商品（见图 2-1）。比较有趣的是，9.55% 的被调查者只查看差评（见图 2-2），远高于仅查看好评的被调查者群体占比。[1]

---

[1] 中文互联网数据研究资讯中心. CNNIC：85% 的网购者购物时会浏览商品的所有评价 [EB/OL]. (2014-04-03). http://www.199it.com/archives/207184.html.

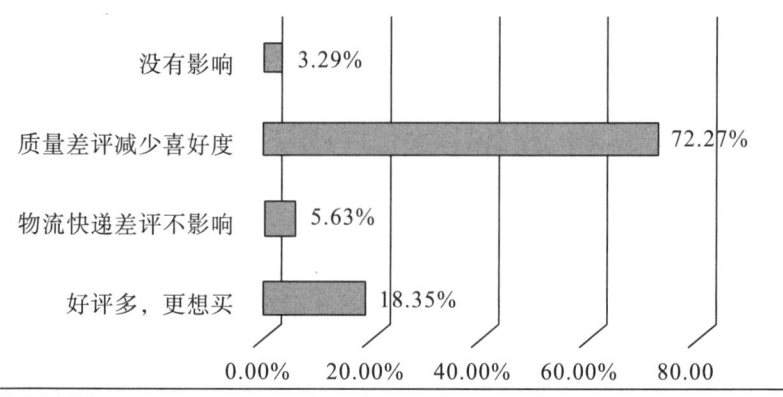

数据来源：CNNIC　　　中国互联网调查社区

图 2—1　评价内容对消费者购买的影响

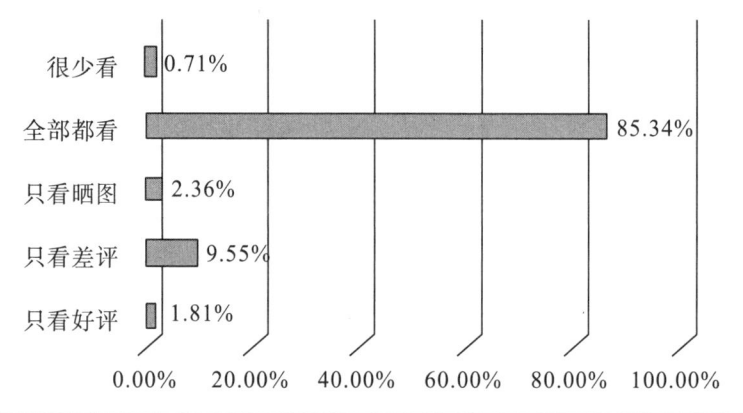

数据来源：CNNIC　　　中国互联网调查社区

图 2—2　用户浏览的评价内容

以上购物情景我们自己以及周边朋友都可能曾经遇到过。对于陌生的网络购物卖家、陌生的产品，我们希望获取更多的信息来辅助自己的决策。而且，得益于互联网信息技术的发展，我们也很容易获取来自他人的一些评价信息。并且，在一个健康良好的网络购物环境中，我们认为这些信息大部分是真实可信的。于是，作为购买者的我们会仔细分析商品的销量，研究购买者的评价信息来进行决策，多少会因受到他人信息影响而进行购买。可见，从众购买行为不仅在传统的市场经济中，在网络经济中也同样存在。在互联网经济中，从众消费一方面让我们减少了决策过程中的不确定性，减少了购买风险，提高了决策效率（如情景1）；另一方面，盲目的从众消费也可能会让我们不能买到自己真正满意的产品和服务，甚至遭遇消费陷阱（如情景2）。

第 2 章 互联网经济中的从众消费行为

2.1 "从众"由来已久——从众消费行为的相关研究

学术界对从众行为的研究由来已久。在社会心理学领域，有 3 个关于从众的经典研究。其一是谢里夫（Muzafer Sherif，1935，1937）所进行的社会规范的形成研究。他在实验室里，利用似动现象的视觉错觉，让被试在黑暗屋子里估计光点移动的距离。对比单独测试和与群体一起测试的结果发现，个体容易受到暗示的影响，调整自己的观点使之与群体一致，从而产生了群体规范。

在经典的从众研究中，第二个有影响的是所罗门·阿希的（Solomon Asch，1955）的群体压力研究。实验设计是在实验室里让被试比较线段的长短。单独比较时个体出错的机会往往比较小，但假如前面 5 个人都异口同声地说出错误的答案时，作为真正被试者就会感受明显的从众压力——是坚持自己的观点还是相信大多数人的判断。实验结果显示，有 37% 的回答是从众的，而且 3/4 的人至少有一次从众行为。

第三个经典实验是社会心理学家斯坦利·米尔格拉姆（Stanley Milgram，1965）的服从实验。实验设计的场景表面上是一个有关惩罚对学习效果的研究，实验中研究者要求其中一个被试作为教师，而另一个被试作为学习者。其中，真正的被试只有教师角色，而学习者是实验助手扮演的。实验过程中，扮演教师角色的真被试要按研究者的要求，对学习者的错误回答给予逐渐加大的电击，而且期间还伴随着学习者的抗议和痛苦的哭喊。但令人惊异的是，大概有 65% 的被试服从了研究者的研究，把电击进行到 450 V。该实验不仅引发了对人盲目服从的担忧，也引发了对实验的道德伦理的诸多争议。

关于服从的动机，学者们进行了广泛的研究。通常认为从众的原因有 3 种。Deutsch 和 Gerard 于 1955 年将从众分为信息的（informational）从众和基于规范的（nomative）从众。基于信息的从众指个体为了形成对现实世界的正确理解，从而听从他人的意见；而基于规范的从众指个人为了满足他人或群体的期望而听从他人意见。研究认为从众是个体在信息有限的条件下，愿意接受他人信息的影响，从而对客观现实做出正确判断的一种有效形式（Homseyetal，2003）。规范性从众的动机在于从从众行为中获得奖励或者避免惩罚，可能是迫于群体的压力进行的。第三种从众动机由 Cialdini 和 Goldstein 提出，他们认为维护良好的自我概念也是从众的动机，可以通过顺从他人的意见和行为来增强、维护自身的自尊（Cialdini 和 Goldstein，2004）。

在金融投资领域，从众行为又称羊群行为，相关的研究也较为丰富。按照

Scharfstein 和 Stein（1990）的定义是指投资者违反贝叶斯理性的后验分布法则，只做其他人都做的事情，而忽略了自己的私有信息。在这一领域的研究中，学者们将从众行为可以分为理性从众行为与非理性从众行为。从理性人假设出发，关于投资者的从众动机大致有以下 3 种观点：

一是基于信息角度的信息类模型。Banerjee（1992）较早提出外生序列的信息类从众行为模型，得出的主要结论是决策者并不总是按私人信息做出抉择，后续决策者会受到前面决策者的影响。Bikhchandani，Hirshleifer 和 Welch（1992）提出了信息流（information cascade）的概念，研究指出决策者将忽略自己的私有信息，而依靠观察前面决策者获取信息。而且，信息流一经形成在不被打扰的情况下将阻止新的信息进入，最终产生无效率的结果。

二是从证券投资基金的委托－代理问题提出的基于职业声誉的从众行为模型。Scharfstein 和 Stein（1990）建立了该模型。模型假设基金经理能力有高低但无法直接观察，因此观察者只能从他们的投资行动上推断，并根据推断的能力给予回报。模型论断存在羊群均衡，其中第一个经理做出选择，第二个经理则模仿这个行动忽略自己的信息，假如第二个经理遵从他自己的信息，做不一样的选择，观察者会认为两个经理都是低能力的，而第二个经理模仿的话，观察者会认为两个经理都是高能力的，即使失败也属于偶然。因此基金经理为了提高个人的声誉，有模仿他人决策而忽略自己私有信息的趋势，这种行为将无助于提高市场效率，只会催生更多的从众行为。

三是基于报酬结构的观点。Brenman（1990）和 Roll（1992）提出，假如一个投资者（代理人）的报酬取决于他的表现与其他人表现的比较，那么这将扭曲代理人的行为动机，产生无效的投资组合，也将导致从众行为。

行为金融学认为，从非理性的角度来看，从众行为的关键特征是模仿。此金融市场上的从众行为也可以解释为一种心理和生理的本能趋向。例如，Shiller（1989）曾建立了兴趣传染模型来理解在金融市场中投资者对某一特定资产产生兴趣的原因，Lux（1995）提出了一个基于模仿与情绪传播的从众行为模型，Barsade（2001）指出人类作为一个群体在个体的相互交往中也存在情绪传染，等等。学者们从非理性的角度、从各个维度对金融市场的从众行为进行了探究。

2.2 从众消费行为的决策过程

2.2.1 一般决策过程

消费者在网络购买的决策过程和传统的决策过程无异，都会经历认识需要、搜集信息、品牌评估、购买决策、购后评价5个阶段。在认识需要阶段，消费者有些需要是强烈的，就容易直接形成动机；而有些需要是潜在的，未被消费者直接意识和认知到，这时就需要唤醒需求。第二阶段是搜集信息阶段。信息的搜集有两种来源：内部来源和外部来源。内部来源是指信息的个人经验来源，消费者以自己的知识和经验作为购买决策参考的依据。外部来源则包括个人来源，如亲朋好友的推荐、口碑；公共来源，如社会公众传播信息，新闻媒体等咨询等；商业来源，即企业提供的信息，如商业广告、促销推广等。在第三阶段，搜集到信息的购买者会对品牌等进行评估，这是对同类产品或者服务的各种品牌进行评估与比较的过程，然后确定购买决策。第四阶段的购买决策所形成的购买意向，有时并不会马上被执行，还受他人态度、购买风险、意外因素等其他影响。最后，购买执行并使用消费后，购买者会对本次购买进行评价，该评价会对未来的购买产生重要的影响。

在整个购买决策过程中，消费者不一定每次都会经历品牌的评估过程，消费者可能会根据以往的购买经验来简化决策，一是可以按自己直接经验进行购买，二是可以根据他人等外界间接经验进行购买。一旦购买者根据他人而做出了行为或信念的改变，就可能产生了从众。而购买决策之后所产生的购后评价，反过来还可以影响和修正个体的直接和间接经验。如图2-3所示为从众购买决策过程。

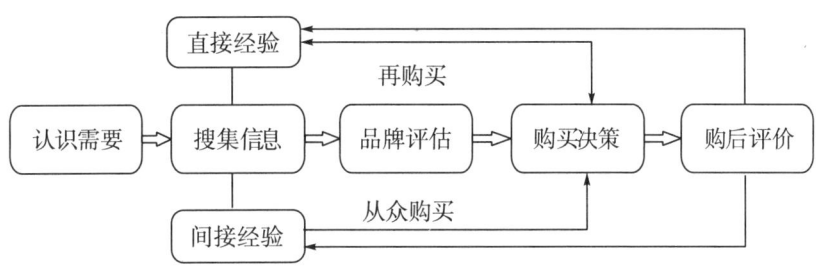

图2-3 从众购买决策过程

社会心理学对个体为何会从众进行了研究，莫顿·多伊奇和哈罗德·杰勒德（Morton Deutsch 和 Harold Gerard，1995）提出个人服从群体的原因主要有两点：规范影响（normative influence）和信息影响（information influence）。其中，规范影响是"与群体保持一致"以免受拒绝，得到人们的接纳或者获得别人的赞赏。在网络购买行为中，消费者购买畅销款、流行款的商品就是出于这种动机，让自己融入消费大流之中。另外一个是信息影响，当消费者决策时总是希望寻求充分的信息以免决策失误，尤其面临无法获得充分信息的模糊决策情景时，其他人的决策行为就可能成为有价值的信息来源。所以，与群体保持一致会使人们特别容易获得证实自己的决策是正确的解释（Buehler 和 Griffin，1994）。

2.2.2 用户预期协调过程

从用户网络的角度来看，消费者是否从众也可以看成是消费者对是否加入一个新的用户网络的决策过程，因此从众实质上也可看成是消费者选择产品、选择网络的一个过程。在这个过程中，消费者的预期起着极为关键的作用。这是因为每个消费者可以看成是一个网络的用户，而用户的个人效用取决于购买相同产品的其他所有用户的数量。由于存在相互依赖的效用函数，用户必须预测哪个产品或技术、系统等将会受到其他用户的广泛使用，或者说哪个网络将会得到其他用户的广泛参与，这就引入了协调问题。

假设有两个用户（$i=1,2$），他们面临着是否坚持采用现有少数人选择的产品 B，还是跟从他人的选择，即采用更多人选择的产品 A，这都可以看成消费者在两个用户网络之间的抉择。需要说明的是这里的两个用户网络所采用的产品和技术是完全不兼容的，设产品 A 的用户网络规模为 q，用户留在该网络中所获得的效用为 $u(q)$。同样的，假设产品 B 的用户网络规模为 p，用户留在该网络中获得的效用为 $v(p)$。需要进一步说明的是，为简化分析，假设初始只有 2 个用户，所以 $q=1$ 或 2。并且效用函数 u 和 v 均是减去转移成本或采用成本的净收益函数。因此，无论是进入哪个用户，两个用户的目标都是为使效用函数最大化。

根据以上设定，正的网络外部性可以表达为 $u(2)>u(1)$ 和 $v(2)>v(1)$。进一步假设 $u(2)>v(1)$ 和 $v(2)>u(1)$，这意味着无论是什么决策用户也宁可协调他们的决策。

因此，在这一系列假设下，由于网络外部性的影响，用户之间的静态博弈存在两种纯战略均衡：一种是两个用户都留在产品 A 的用户网络中 W_A，另一种则是两个用户都转向进入产品 B 的用户网络 W_B 中。然而，在两个用户网络优劣既定的情况下，这两种均衡必然有一种是无效率的。如果当 B 的用户网络更优，但用户均停留于 A 的用户网络中时，这是一种低效率，称为过大惰性。反之，当 A 的用户网络更优，但用户均转移至 B 的用户网络中时，也是一种低效率，称之为过大冲力。这两种低效率是以用户同时行动为假设前提的，然而现实中的情况是当一用户进入新网络时，他可能诱使其他用户跟进，从而避免了过大惰性。对此，经济学家研究的结果是"只有当信息滞后或反应滞后很长，以及用户对标准选择有不一致的偏好"[①] 时，才可能出现这两种潜在的低效率。

在网络经济中，信息相对而言是通畅和对称的，因此，只须考察用户偏好不一致对用户网络选择所造成的影响。经济学家 Farrell 和 Saloner 建立的一个涉及技术偏好不一致的经典模型正可用于这种分析。该模型是一个两时期的模型，设用户的技术偏好为参数 θ，θ 在区间 $[0,1]$ 连续变化，用户效用可以表示为 $u_\theta(q)$ 和 $v_\theta(q)$。进一步假设 $v_1(1) > u_1(2)$ 和 $v_0(2) > u_0(1)$，意味着 θ 接近 1 的用户宁可选产品 B（加入由采用产品 B 的用户所形成的用户网络 W_B），而 θ 接近 0 的用户宁可选择产品 A（留在由采用产品 A 的用户所形成的用户网络 W_A），并且这两种选择均与另一用户的行为无关。很显然，只有 θ 处于中间值时，协调才有意义。因为 θ 处于中间值时，说明用户不存在绝对的偏好，而且仍然受到网络外部性的影响。

此模型中的信息结构如下：每一个用户知道自己的 θ，但不知道另一用户的 θ（注：θ 在 $[0,1]$ 上独立、均匀分布）。博弈的时期为 1、2 两期，博弈过程中的用户转换不可逆，收益将在时期 2 结束时计算。每个用户于是可以有 4 种战略选择：

战略 1：从不转移，无论另一用户第 1 期的行为如何；

战略 2：赶潮流，即当另一用户已在时期 1 转换时，自己在时期 2 跟着转换；

战略 3：发起潮流，自己率先在时期 1 转换；

战略 4：即使另一用户没有转换，自己在时期 2 转换。

战略 4 是劣的，因为选择战略 4 不如选择战略 3，它还可能增加另一用户转换的概率。因此，理性用户的战略选择只有前三种战略。

在均衡时，这 3 种战略的收益应是一致的。可以用 θ^* 和 θ^{**} 来描述这两种对称均衡（见图 2-4），具有 θ^* 和 θ^{**} 这样偏好参数的用户在战略 1 与战略 2

---

① 泰勒尔. 产业组织理论 [M]. 北京：中国人民大学出版社，1997：540.

之间和战略 2 与战略 3 之间是无差异的。

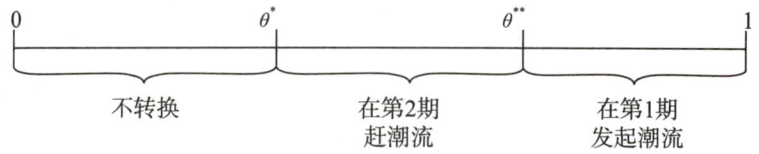

图 2-4　网络外部性的一种潮流情况

当战略 1 与战略 2 无差异时,关键在于另一用户在第 1 期已转换的情况下,用户无论选择不转换还是选择跟潮流所获得的效用是一致的。用户此时的技术偏好参数为 θ^*,于是有

$$u_{\theta^*}(1) = v_{\theta^*}(2) \tag{2-1}$$

战略 2 与战略 3 无差异时的公式推导如下:先看战略 2,最终的结果有两种,要么两个用户均转换,获得效用为 $v_{\theta^{**}}(2)$;要么两个用户均不转换,获得效用为 $u_{\theta^{**}}(2)$。前一种情况发生的概率为 $(1-\theta^{**})$,而后一种情况发生的概率为 θ^{**}。

再看战略 3,用户在第 1 期发起潮流,结果同样有两种可能,即另一用户最终也转换,或者从不转换。第一种可能发生的概率为 $(1-\theta^*)$,而获得的效用为 $v_{\theta^{**}}(2)$。而第二种可能发生的概率为 θ^*,而用户获得的效用为 $v_{\theta^{**}}(1)$。

因此,当战略 2 与战略 3 无差异时便有

$$v_{\theta^{**}}(2)(1-\theta^*) + v_{\theta^{**}}(1)\theta^* = v_{\theta^{**}}(2)(1-\theta^{**}) + u_{\theta^{**}}(2)\theta^{**} \tag{2-2}$$

经过分析可知,式 (2-2) 和 $\theta^{**} > \theta$ 的事实暗含:$u_{\theta^{**}}(2) > v_{\theta^{**}}(1)$ 和 $v_{\theta^{**}}(2) > u_{\theta^{**}}(2)$(推导从略)。即具有参数 θ^{**} 的用户不愿意单独转换,即使转换到用户网络 W_B 是一种更优选择。因而,均衡出现了过大惰性这种低效率。

从以上用户网络的形成分析可知,由于用户偏好的不一致,可能会产生过大惰性。为此,在建立用户网络的过程中必须要克服这种过大惰性。对付过大惰性的方法有以下 4 种[①]:

(1) 用户之间的交流可以消除对称的过大惰性问题,这已由 Farrell 和

---

①　泰勒尔. 产业组织理论 [M]. 北京:中国人民大学出版社,1997:541.

Saloner（1985）所证明了。

（2）用户可以签订合约，以便他们能够进行协调。

（3）对用户进行补贴，促使他们转移。

（4）管理用户的预期，增强他们对新的用户网络成为标准的预期，促进采用等。

2.3 决定从众影响力的用户网络

相关研究表明，从众的影响力受到群体规模的影响。阿希和其他研究者在实验中都发现，3~5个人通常会引发更多的从众行为。但有研究发现，当人数增加到5人以上时，从众行为会逐渐减少（Gerard，1968；Rosengerg，1961）。研究发现，多个小群体的从众比率反而比规模大一点的群体引发的从众比率高。但在网络经济中却不尽然，因为有明显的网络效应的存在，群体规模越大，网络的价值越大，群体对个体从众的影响力反而会越强。最为典型的例子就是在网络购物中，当消费者在进行选择时，他往往会考虑的信息包括该商品的销量，尤其是近一个月的销量，以及已购用户对该商品的评价信息等。如果一个商品有更多的人给予好评，而且销量比较高，这样的信息就会提高消费者购买该产品的可能性。因此，在互联网中，用户在线购买行为受到他人购买评价、购买行为的影响非常大，而且非常普遍，这就是典型的从众行为。而且这种行为同时也受到用户规模的显著影响。用一句通俗的话来描述从众时的消费心理，那就是"当更多的人使用它时，你就更有理由使用它"。

2.3.1 作为安装基础的用户网络：规模决定影响力

很早以前就有学者研究企业间的合作网络。比如，企业网络理论中常常将网络概念界定于企业与市场相互作用与相互替代而形成的企业契约关系或制度安排，因而将研究的重点放在了企业联盟等不同企业间相互联结形成的网络关系之上。这种网络结构被认为是一种协调规则，它们一方面增强成员企业的个体能力，另一方面本身也是一种能力，为网络中的企业所共有。[①] 因此，网络被看作是界于市场与企业之间的协调规则，既有企业的专业化优势，又能够保持足够的开放性，以接受创新。网络经济的出现进一步发展了网络理论，并将原有的企业理论中的企业和市场两个层次的制度分析框架提升为市场、网络和

---

① Gulatc R. Alliances and Networks [J]. Strategic Management Journal，1998：293—318.

企业三层次的全新制度分析框架。用里坎德·兰逊的话讲,就是实现了"看不见的手"和"看得见的手"相互之间的"握手"。① 因此,网络更广泛的意义是指由那些与企业有关的一切相互关系以及由所有信息单元所组成的 n 维向量空间,它构成了企业赖以生存和发展的基础。因此,广义的网络不仅包括由企业构成的网络,还应包括由用户构成的网络(见图 2-5)。随着顾客在市场中占有越来越重要的地位,用户网络也应成为企业网络理论研究的另一个关注点。

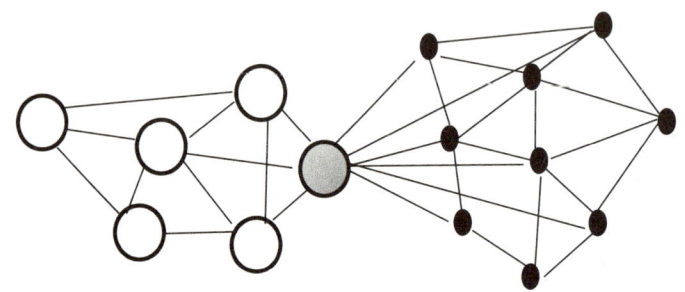

图 2-5 企业网络与用户网络

用户网络同样也是界于企业与市场之间的一种经济网络。与以前细分市场上分散无序的用户群相比,用户网络中的成员之间形成了较强的连接。所谓强连接是网络中结点间连接的时间、感情投入和紧密程度(相互信任)都较强。② 这不仅利于高质量信息和隐性知识的转移,也可以作为社会控制机制的一部分,规范网络成员的行为。其结果是嵌入到高密度连接的网络中的成员会发展出共同的行为预期。③ 因此,从维护客户关系的角度而言,用户网络的形成对企业而言是有利的,相同的行为预期有助于减少企业的交易成本。此外,用户网络作为用户相互影响、相互作用而形成的一个系统,网络中的用户成员还会由于被同一产品锁定而产生同样的消费经历,这使他们得以共享知识和协调行为,并可能使用户网络发展成为知识网络。

在网络经济中,用户网络如粉丝社群、知识问答社群等就是这样一种知识网络。具有类似经历和需求的用户通过网络集结在一起,以虚拟社区的形式构成了企业的用户基础。在互联网发展的初期,对于这样的用户组织形式,有学

---

① 黄泰岩,李飞亮. 西方企业网络理论述评 [J]. 经济学动态, 1999 (4): 63-67.
② Rowley T, Behrens D, Krackhardt D. Redundant Govemance Structure [J], SMJ, 2000 (21): 369-386.
③ 赵晓庆,许庆瑞. 知识网络与企业竞争能力 [J]. 自然辩证法通讯, 2002 (3): 46-50, 58.

者早就洞察到其价值，如 John Hagel 在著名的《网络利益》一书中详细阐述了虚拟社区的 5 个特征：①关于成员的独特中心；②内容和通信的结合；③强调由成员产生的内容；④选择竞争的卖主；⑤商业动机明确的虚拟社会组织者。[①] 可见，用户网络在网络经济时代不再只是消费产品和服务的消费型网络，它同样也是能产生价值的生产型网络。

Carl Shapiro（2000）等将企业产品（或服务）和相应的企业用户网络一起称为用户安装基础（Installed Base）。其中，这里所指的产品（或服务）是具有锁定效应，能产生转移成本的产品（或服务），而相应的企业用户则是被企业的这类产品锁定、相对固定的顾客群体。这类用户群体以网络的形式组织起来，他们之间通过消费相同的、具有锁定效应的产品或服务而产生了相互联系。例如，在电子邮件网络中，电子邮件和其用户网络就是提供该电子邮件服务的企业的"用户安装基础"，且越多的人使用，其价值越大。而且当新用户的加入不断扩大原有用户的收益时，用户间的联系就会更加有价值，也会影响更多的新用户加入到从众行为之中。因此，越庞大的用户网络，价值越大，对其他用户所产生的从众影响力也越大。

2.3.2 用户网络的关系价值：客户关系资产

Carl Shapiro 和 Hal. Varian 认为，对用户安装基础的控制是网络经济竞争中的一项关键性资产。因为"像微软这样已经占领市场，拥有一个很大的忠诚顾客或锁定顾客基础的公司，可以通过提供向后兼容，实施渐进的策略……并可以用用户基础来阻止合作性标准设立，发起标准战争"[②]。毫无争议，用户安装基础是制胜于网络经济竞争的关键性资产。而且，由于用户安装基础通过一定程度上的客户锁定来保持客户与企业之间的长期交易关系，帮助企业与顾客之间形成一种战略性的客户关系，因此，从战略角度而言，用户安装基础实质上是一种顾客关系资产。

企业与顾客的关系之所以成为企业的一项资产，缘于保持顾客能为企业带来巨大的收益。研究表明：保持一个老顾客的成本只是获得一个新顾客成本的 1/5，而且如果顾客流失率降低 5%，企业利润往往就能增加 25%~85%。因此，保持顾客进而形成忠诚顾客群体对企业而言具有重要的意义。就这一点而言，用户安装基础是具有战略价值的。因为用户安装基础锁定了客户，保留住

---

① John Hagel Ⅲ，Artnur G Anmstrong. 网络利益 [M]. 北京：新华出版社，1998：28—37.
② Carl Shapiro, Hal Varian. 信息规则 [M]. 北京：中国人民大学出版社，2000：238.

了顾客。衡量这一战略价值,也即评价顾客关系资产的一个主要依据不是一次交易价值而是顾客的终生价值。

如果假设某一顾客的平均一次交易价值为 AV,该顾客的终生价值(CLV)可以表示为

$$CLV = AV \times 年平均交易次数 \times 忠诚年限 \times 公司毛利率 \quad (2-3)$$

顾客的终生价值针对不同的产品和服务会有所不同。据估计,一位忠诚度高的超市客户,其每年的价值会高达 3800 美元,而一位汽车经销商的客户的终生价值则会超 30 万美元。相应地,不同的顾客也会具有不同的价值,识别顾客的个别价值也是处理好顾客关系的关键,因为根据营销学中的帕累托 2/8 定律:企业 80% 的利润来自于 20% 的客户。在这方面,营销学家菲利普·科特勒还提出了一种以销售收益判断顾客价值的标准,他将企业客户划分为 4 类:

(1) 白金客户("顶尖客户"):目前与该企业有业务往来的 1% 的客户。

(2) 黄金客户("大"客户):目前与该企业有业务往来的、接下来的 4% 的客户。

(3) 铁客户("中等"客户):目前与企业有业务往来的、再接下来 15% 的客户。

(4) 铅客户("小"客户):剩下来 80% 的客户。

这种划分形成了一个客户金字塔,如图 2-6(a)所示。根据杰伊·柯里和亚当·柯里的研究,在所有的客户中,有 5%~30% 的客户具有在客户金字塔中升级的潜力。但要想让客户在客户金字塔中向上攀升,客户的满意度十分重要。如果在客户金字塔中上升了 2 个百分点,可能意味着收益增加 10% 以上,利润增加 50% 以上。

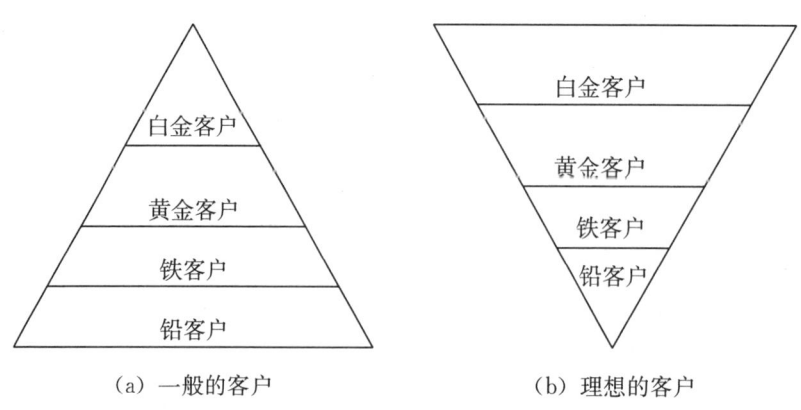

(a) 一般的客户　　　　　　(b) 理想的客户

图 2-6　客户金字塔

由此可见，用户安装基础的战略价值就在于它实质上是一种顾客关系资产，可以通过锁定老客户和吸引新客户来为企业增加收益，使其利润最大化。但与其他顾客关系资产有所不同的是，由于锁定和转移成本的存在，使得用户安装基础中的白金客户和黄金客户的比例可能大大增长，达到临界规模的安装基础还会引发正反馈，从而加速顾客在客户金字塔中的升级，甚至最后形成由白金客户和黄金客户占大多数的"倒金字塔"形的客户结构，如图2-6（b）所示。拥有这类用户安装基础的企业将极具竞争力，并将真正实现"价值垄断"，提高高价值顾客与企业之间的关系粘性和强度，从而会增加群体的从众影响力，并进而能在顾客导向下赢得竞争并超越竞争。

2.3.3 用户网络的成长规律：突破阈值后快速成长

企业在建立用户网络之初，用户规模的发展通常是异常缓慢的，但当用户数量达到一定的阈值后，用户网络往往就会迅速发展起来，企业的用户规模也会迅速扩大。因而企业的用户网络的成长通常是一条开始非常平滑，而后又变得陡峭的曲线（见图2-7）。实践证实确是如此，美国的联邦快递是经过了多年的惨淡经营，在20世纪80年代初爬升到一个用户规模的阈值后才开始爆炸般地成长，而传真机也同样是一个经历20年漫长积累后突然快速普及的神话。相比而言，互联网的普及就要快速得多。

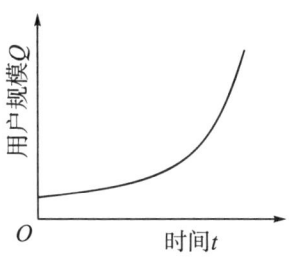

图2-7 用户网络的成长

用户网络规模成长所独有的轨迹特点可以用系统科学中的突变论给予很好的解释。突变论认为在某些条件下，质变过程会出现量积累的中断，突破关节点，完成飞跃式质变。突变中的关节点就是安装基础在成长过程中存在的一个用户规模的阈值。在未到达阈值之前，企业的技术和产品还未流行起来，企业发展可能是缓慢的，网络外部性的影响也是非常小的。而一旦用户规模超过阈值以后，企业的产品将很快会成为市场主流产品，企业专有技术也很可能成为产业标准技术，企业将快速发展起来，并且此时网络外部性对规模的进一步扩大也具有显著的推动作用。其实，用马克思的量变质变规律也能很好地描述用户规模的成长规律。用户规模的质变可以定义为用于用户安装基础的技术从普通技术变为产业标准，它需要量变——用户规模的积累，只有当量变积累到一定程度，达到临界数量以后，由技术所表现的质变才会产生。这意味着在存在用户规模效应的竞争中，竞争制胜的关键是快速建立企业用户安装基础，并率先突破规模阈值，领先成长。

此外，用户规模效应还表现在企业的用户规模优势在竞争中对技术领先优势的超越之上，这使得竞争中胜出的并不是拥有最先进技术的企业，而是拥有最大用户的企业。例如，按人体功能学设计出的 Dvorak 键盘不敌传统的 QWERT 打字机键盘就是历史先例，因为 QWERT 键盘先期建立的安装基础效应使它成了标准键盘。由此，不难理解网络经济竞争中，为何各个企业会不惜血本地进行最开始的用户抢夺。

2.3.4 用户网络的经济法则：需方规模经济

新古典经济学所谈论的规模经济概念，指的是单个企业内部的规模经济。这一概念最初来源于马歇尔的"内部经济"概念。马歇尔在《经济学原理》中指出，"我们把任何产品的生产规模的扩大所产生的经济效应划分为两类——第一类经济取决于产业的一般发展，第二类经济取决于从事工商业的单个企业的资源，它们的组织以及它们管理的效率。我们把前者称为外部经济，后者称为内部经济"（Marshall，1958）。由此，后来的学者根据这一内部经济引申出了"内部规模经济"。在新古典经济学中，企业内部规模经济被理解为一个凸的齐次生产函数，各生产要素投入的产出弹性之和大于 1。这意味着企业生产过程中的固定成本十分显著，会随企业产量的增多而得以在更大范围内被分摊，从而使单位产品的平均成本随产量的增大而减少，由此产生一种规模经济效益。然而规模经济并不是无限的，当单位产品的平均成本达到最小时的产量，就是规模经济的最优点。

从以上新古典经济学对规模经济的界定来看，它至少存在一个明显的理论缺陷：即新古典经济学所定义的规模经济，是以不存在外部性为假设前提的。在标准的新古典模型中，外部性往往被假设掉了，因为这种外在性会破坏新古典均衡分析的完善逻辑，它被主流经济学视为"市场失灵"的一个主要根源。然而，外部性已经越来越成为经济分析中一个不能忽视的因素，引入外部性后，企业至少会发现两种新的规模经济。一种是由多个企业在局部空间上聚集而产生的规模经济，称为"聚集经济"，它缘于企业聚集而形成的整体系统功能大于在分散状态下各企业所能实现的功能之和。聚集经济是一种空间上的外部规模经济。而另一种则是由于用户网络中用户数量的增加而产生的规模经济，它产生于企业用户网络所具有的网络外部性，是一种源于需求方的外部规模经济，称为"需方规模经济"。

需方规模经济是相对于传统规模经济而言的。传统的规模经济立足于企业一方，当企业在生产中充分利用固定资产创造价值，并将单位生产成本降至最低水平时，我们说企业实现了规模经济。这种规模经济从实质上讲是生产的规模经济，从来源上讲是供方（企业）规模经济。而且，这种供方规模经济并不能无限制地扩张。Carl. Shapiro 等认为，基于制造的传统规模经济通常在远低于主宰市场的水平时就耗尽了。换句话说，基于供方规模经济的正反馈有自然限制，超过这一点负反馈就起主导作用。[1] 因此，用成本曲线表现出的供方规模经济是一条"U"形的曲线。而需方规模经济则是立足于企业用户网络的一种规模经济效应，它源于网络外部性。随着用户数量的增加，网络外部效应越来越显著，用户获得的外在性收益也会越来越多，因此便有了与用户数量（需方规模）呈正向相关的规模经济效应，也即是需方规模经济。并且，与传统的供方规模经济有所不同的是，需方规模经济具有自我强化机制，在市场足够大的时候不会分散和耗尽，反而会越来越显著。因为当相当多的用户进入该网络时，新用户就更有理由选择这一网络。也就是说，这时的需方规模经济将持续进行正反馈，尤其是突破一个临界阈值后，这种正反馈将以更强的方式进行。根据梅特卡夫法则，需方规模经济部分地可以用网络价值来表示，网络价值 $v=n^2-n$（n 为用户数量）。由图 2-8 可见，需方规模经济是一条持续上扬的抛物线。

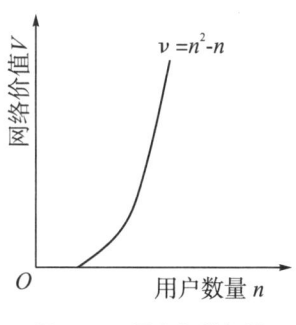

图 2-8　**需方规模经济**

---

[1] Carl Shapiro，Hal Varian. 信息规则 [M]. 北京：中国人民大学出版社，2000：158.

以中国移动出行市场为例,根据智研咨询发布的《2016—2022年中国移动用车市场运营态势及发展前景预测报告》显示[①],2012年我国移动用车用户数仅为0.13亿,2014年,竞争异常激烈,各大平台疯狂补贴、抢占用户,中国移动用车用户规模出现爆发式增长,增速高达559.4%,而后随着滴滴、快的合并补贴的减少,增速出现骤降,用户增长率渐趋平稳。2015年达到2.94亿,预计2016年将达3.62亿。从近几年我国移动出行市场用户规模的发展路径来看,就很典型地显示了需方规模经济发展的态势(见图2—9)。

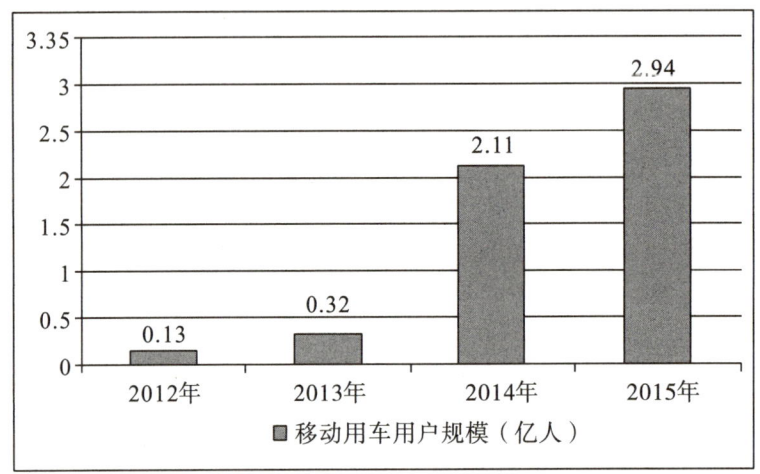

图2—9　2012—2015年中国移动用车用户规模

实践中,需方规模经济被认为是信息产业中的普遍规律。[②] 一方面它是供方规模经济的基础,因为生产要遵循市场导向,只有具备了一定的用户规模,规模化生产的价值才能得以实现,供方规模经济才得以产生。另一方面,供方规模效应又能从一定程度上体现需方规模经济。因为均衡时的生产规模必定与用户规模相一致,当企业将外在性内部化之后,所实现的供方规模经济中也有需方规模经济的贡献。概括来说,两者之间的区别与联系可以归纳如下(见表2—1):

---

① 中国移动用车现状及市场需求预测.(2017-03-23). http://www.chyxx.com/industry/201703/506237.html.

② Carl. Shapiro, Hal Varian. 信息规则[M]. 北京:中国人民大学出版社,2000:160.

表 2-1　供方规模经济与需方规模经济的比较

规模经济类型		供方规模经济	需方规模经济
区别	来源	供应方（企业）	需求方（用户）
	规模的含义	产品生产规模	用户网络规模
	实质	生产规模经济	网络外部性
	扩张限制	固定资产充分利用极限	无自然限制
	发展规律	正反馈之后存在负反馈	持续正反馈
联系		需方规模经济是供方规模经济的基础，供方规模经济是需方规模经济的体现	

2.4　从众的自强化：网络外部性和正反馈

在互联网经济中，从众行为的表现和传统的市场经济有所不同。而且由于网络经济中存在显著的网络外部性，网络外部性的存在会导致正反馈效应，而这均将使得网络中的从众行为得以自我强化和自我实现。

2.4.1　外部性的经济学解释

在经济学中，外部性概念是一个出现较晚但越来越重要的概念。外部性也就是通常所说的外部效果，是指"当生产或消费对其他人产生附带的成本或效益时，外部经济效果就发生了，就是说，成本或效益被加于其他人身上，然而施加这种影响的人却没有为此付出代价。更为确切地说，外部经济效果是一个经济人的行为对另一个人福利所产生的效果，而这种效果并没有从货币或市场交易中反映出来"①。外部性是一种市场失灵，它导致了价格系统对资源的错误配置。当存在外部性时，商品的价格不能准确反映它的社会价值，因而厂商可能生产太多或太少，从而导致了市场的无效果。

外部性有正负两种类型：

（1）负外部性，是指一个经济人的行为给其他人带来了附带的损害，而并没有人因此从产生外部性的行为人那里得到相应的补偿。例如，工厂排污就是一种典型的负外部性，工厂周围的住户因此受到了损害，但工厂却没有为此做出补偿。负外部性对经济效率的损害可以从图 2-10 来分析。其中，MPC 是

---

① 保罗·A.萨缪尔森. 经济学 [M]. 北京：中国发展出版社，1992：1193.

一个人经济行动的边际私人成本；MEC 是存在负外部性时该行动使他人负担的边际外部成本，因此边际社会成本（MSC）就是 MPC 与 MEC 之和。由于在负外部性下厂商并不需要支付额外的补偿。因此，利润最大化的厂商在价格等于其边际私人成本处生产，在图 2-10 中也就是 P_1 和 MPC 的交点处生产，产量为 q_1。但有效率的产出应是价格与包含了所有成本的一种均衡，在图中表现为 P_1 和 MSC（边际社会成本）所达成的一种均衡，有效率产量为 q_0。从图 2-10 中可知，$q_0 < q_1$，相对于有效率的产出，厂商的产出过多了。

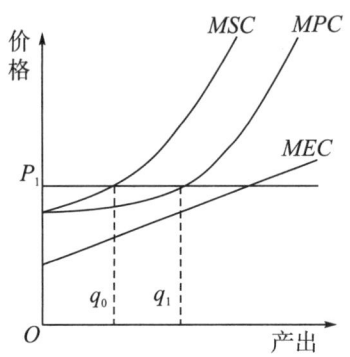

图 2-10　存在负外部性时的效率损失图

（2）正外部性，是指一个人的经济行为给其他人带来附带的收益，而并没有人因此对产生正外部性的行为人相应地支付报酬。通常厂商的研究行为就可能是一种正外部性。例如，贝尔实验室发明了晶体管，晶体管为社会带来了难以计算的巨大效益，但贝尔实验室并没有从中获得完全的收益。正外部性也会给社会效率带来损失（见图 2-11）。在图 2-11 中，MEB 是正的外部边际收益，MPB 是行为人的私人边际收益。由于存在正外部性，社会边际收益 MSB 就是 MPB 与 MEB 之和。有效率的产出水平是 MSB 与 MC 的交点所决定的产出水平 q_0，而利润最大化的厂商则是按其私人边际收益（MPB）与边际成本（MC）的交点决定其产出水平，产量为 q_1，由图中可知 $q_1 < q_0$，可见，在存在正外部性的情况下，厂商的产出不足，低于有效率时的水平。

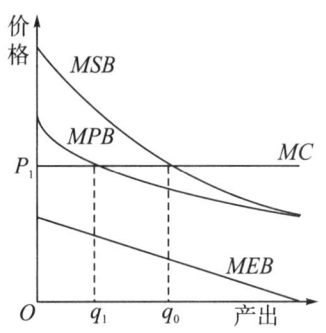

图 2-11 存在正外部性时的效率损失

无论是负外部性还是正外部性对经济效率都具有重要影响，因此，自马歇尔以后，越来越多的经济学家从不同的角度对如何解决外部性问题进行了探讨。许多经济学家遵循庇古的思路，认为通过私人交易或私人谈判是无法解决外部性所引起的问题的，因为这必然会造成市场失灵。对此，政府采取适当的干预政策是必要的。而以科斯为代表的制度经济学家则向这一举世公认的原则发起了挑战。科斯认为，外部性问题的产生不是资本主义市场制度的必然结果，而是因为产权没有被界定好。只要产权是明晰的，私人之间达成的契约同样可以解决外部性问题，实现资源的最优配置。其后续者德姆塞茨进一步明确指出，产权的一个主要功能就是提供人们实现将外部性较大地内在化的激励。然而，无论是应该用政府手段去解决外部性问题，还是像科斯所言运用市场机制去解决问题，对处理外部性问题的两种手段都不应偏废。而随着互联网的发展，在网络经济中又出现了网络外部性，这可能是迄今为止对人类经济活动产生影响最广泛、最持久的一种外部效果。

2.3.2 网络外部性

（1）网络外部性的内涵。

网络外部性也称网络效应（network effects），泰勒尔将其定义为"当一产品对一用户的价值随着采用相同产品或可兼容产品的用户增加而增加时，就出现了正的网络外部性"[1]。泰勒尔对网络外部性的解释代表了主流的观点，这些观点均是从市场主体中的用户（消费者）层面来认识网络外部性的，需要加以说明的有以下四个方面：

首先，网络外部性是传统经济学意义上的外部性在网络系统中的一个特殊

---

[1] 泰勒尔. 产业组织理论[M]. 北京：中国人民大学出版社，1997：538.

例子，它的特殊之处在于这种外部性源于经济具有网络拓扑结构。这意味着在网络结构中，重要的是点与点之间是否联通，而点与点的相对位置，点与点之间联线的曲直、联线的长短并不重要。因此，网络外部性是基于网络拓扑结构的一种外部效应。

其次，网络外部性并非是网络经济所独有的特征，凡是具有网络结构形式的经济中都可能存在网络外部性。比如在传统的电话网络、道路网络、铁路网络中均存在这种网络外部性。只不过在网络经济中，由于这种网络外部性在信息技术产业内表现得非常强烈，所以网络经济中的网络外部性引起了人们更多的关注。

再次，在网络经济当中，通常所说的网络外部性是指正的网络外部性。例如，当有更多的人选择微软的 Office 软件时，你就更有理由选择它。的确，正的网络外部性是网络经济中网络外部性的主要体现形式，但这并不意味着不存在负的网络外部性。以通信网络 E—mail 为例，随着用户数的增多它的价值虽然得到了提高，但同时由于更多人的使用却会导致网络的"拥塞"，通讯速度被迫减慢，这时就出现了负的网络外部性。所以，网络外部性同样也存在正负之分。

最后，和所有的外部性一样，无论是正的或是负的网络外部性都同样会破坏市场效率，扭曲价格体系对资源的有效配置，从而妨碍市场经济的正常运行。

但与传统的外部性有所不同的是，由于网络经济中企业的边际收益递增，有效率的产出和实际产出之间的关系有了变化。如图 2—12 所示，当存在正的网络外部性时，有效率的产出 q_0 小于实际产出 q_1，出现生产过剩的情况，而这在传统经济中，正外部性却往往导致生产的不足。

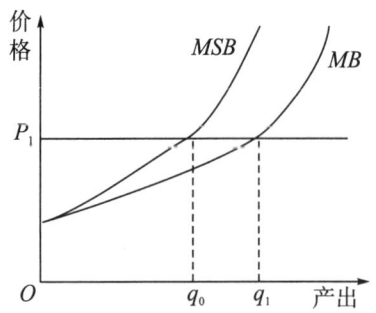

图 2—12 存在网络正外部性时的效率损失

(2) 网络外部性的分类。

除了按外部性的积极效果和消极效果将网络外部性分为正的网络外部性和负的网络外部性以外，网络经济学家 Katz 和 Shapiro 还将网络外部性分为两种，即直接的网络外部性和间接的网络外部性。

直接的网络外部性是指"通过消费相同产品的市场主体的数量所导致的直接物理效果"而产生的外部性。简而言之，直接的网络外部性源于消费某一产品的用户数量增加，从而直接导致了网络价值的增大。经典的例子包括诸如电话、传真机、电子邮件等通信网络。比如当安装电话的用户数量增加时，由于通话范围的增加，电话网络的价值相对于用户而言便增加了。

著名的梅特卡夫法则（Metcalfe Law）定义了网络价值，提出网络的价值等于网络结点的平方。具体而言，一个网络为用户所带来的价值还可以进一步分为两个部分：一个部分是"自有价值"，它是在没有别的使用者的情况下，产品本身所具有的那部分价值，更多的时候网络的"自有价值"是为零的。例如，当只有一部电话、一部传真机或只有一个人使用微信时，是没有任何价值的。另一部分是"协同价值"，它是当新的用户加入网络时，老用户从中获得的额外价值。例如，对于一个有 n 个用户的电话网络而言，当新增一个用户时，老用户所能连接的用户量便由 $n-1$ 个增加到了 n 个，这时增加的效用就是网络的"协同价值"，也就是直接网络外部性的经济本质。

间接的网络外部性则是"随着某一产品使用者数量的增加，该产品的互补品数量增多，价格降低而产生的价值"。例如，当使用 Windows 作为电脑操作平台的用户数量增多，与 Windows 相兼容和互补的硬件和软件产品的投资就会相应增多，竞争就会增强，从而使这些互补品的质量不断提高而价格不断降低，由此便产生了间接的网络外部性。经济学家 Farrell 和 Saloner 将这种间接的网络外部性进一步解释为"市场中介效应"。即当一种产品的互补品（如零件、售后服务、软件、网络服务等）变得更加便宜和容易得到时，这个产品的兼容市场范畴就得到了扩展，该产品的消费者可得到的价值便增多了，这时就出现了"市场中介效应"，也即是间接的网络外部性。

(3) 网络外部性产生的原因。

网络外部性产生的原因主要可以归结于网络成分中的互补性。一种是网络中消费者需求的互补性，一种是网络中产品的互补性。前者产生了直接的网络外部性，而后者则形成了间接的网络外部性。

消费者需求方面的互补性是指消费者对很多网络中的产品的需求存在相互依赖的特征。他们消费这些产品所获得的效用，随着购买相同产品的其他消费者数量的增加而增加。以一个典型的交互式网络为例，假设网络中有 n 个用户，其中任意两个节点之间的一次交流都视为一个单位效用，则网络为每个用户所提供的效用为 $n-1$，网络的总效用就是 $n(n-1)$，即

$$U_n = n(n-1) \tag{2-4}$$

而当新用户 Y 加入后，网络的节点数就由原来的 n 变为 $n+1$，网络为每个用户提供的效用增加为 n，网络总效用同时也增加到 $n(n+1)$，即由式（2-4）可得：

$$U_{n+1} = n(n+1) \tag{2-5}$$

$$U_{n+1} - U_n = n(n+1) - n(n-1) = 2n \tag{2-6}$$

由此可知，网络新增一个用户，将为网络新增 $2n$ 个单位效用。

可见，这其实是产品的新用户给其他用户带来了正的外部收益，它实质上是一种需方规模经济。此外，新用户在带来新价值的同时还可能开发未利用的规模经济，减少网络为其他成员的服务成本。这些都是直接的网络外部性产生的根本原因。

间接的网络外部性则产生于产品方面的互补性，具体而言是基础产品与辅助产品之间在技术上的辅助性，这种辅助性进而导致了产品需求上的互补性。例如，互联网平台和内容两者之间的产品需求就是互补的。用户是否使用网络平台取决于平台上提供的内容数量和质量，反之，平台上提供的内容数量和质量，又取决于该平台是否有足够的用户数量，尤其是活跃用户数量是否足够多，是否能够给内容提供商带来流量，从而带来盈利。可见，基础产品和辅助产品在用户需求上是互补的，基础产品的销售量越大，与之配套的辅助产品的需求就越大，这可以诱致很多厂商为之供应辅助产品，从而使辅助产品更为价廉物美，使用户获得间接的外部性。其中，诱致厂商提供大量辅助产品的过程也可以看作是开发未被利用的规模经济的过程；辅助品生产厂商通过提高产量，实现了规模化生产，降低了生产成本，提高了经营效率。因此，辅助产品的这种规模经济的发展不仅使厂商获得了更多的收益，也使基础产品的消费者获得了间接的网络外部性收益。

网络经济时代，智能手机市场的黑莓手机就是一个很生动地演绎了网络外部性的典型例子。当时，在"9·11事件"中，美国通信设备几乎全线瘫痪，但美国副总统切尼的手机有黑莓功能，成功地进行了无线互联，能够随时随地接收关于灾难现场的实时信息。之后，黑莓手机凭借其备受推崇的加密技术和绝佳的内部封闭性，在美国掀起了一阵黑莓热潮。美国国会山庄给所有人员配发黑莓手机，警察和消防部门也都在大量采购。其制造商加拿大 RIM 公司在

智能手机市场占据相当大的优势，成为可以与苹果 iOS 抗衡的智能手机厂商，这也使 RIM 坚定了抱定政府和企业用户的决心。但在随后到来的移动互联网时代，RIM 所强调的强大的安全性和封闭性，却成为导致其衰落的重要原因。一方面，更多看重体验和娱乐的个人消费者放弃了黑莓手机转而选择了更开放的系统，导致黑莓手机给予用户的直接外部性收益减少；另一方面，封闭给应用开发商带来了诸多不利因素，从而导致 RIM 在应用软件开发领域缺乏吸引力，一些为 RIM 开发软件的软件开发商们逐渐停止为该公司提供程序开发的支持。合作伙伴的背离，对 RIM 而言无疑是沉重的打击。因为，开发商支持减少，就意味着用户可选择的下载少，交互和互动少，人气自然就低，用户资源也即是用户可以获得的间接网络外部性收益也随之减少，市场份额开始下降，恶性循环就开始了。从 2008 年到 2011 年，RIM 市值缩水 82%，而在这期间，受益于 iphone 更为开放的系统所带来的直接和间接外部性，苹果公司的市值大涨 74%，达到 2920 亿美元，成为世界上市值最高的科技公司。

2.4.3 网络外部性引致的正反馈效应

在网络经济平台上，基于互联网的网络外部性对企业、消费者等产生了重大的影响。对于消费者而言，在购买决策的过程中他们会参考他人的行为，于是当一项商品或服务得到更多人认同时，首先，从众的影响力就会越大。其次，由于有更多用户群体，网络外部性会发挥作用。比如，共享单车由于参与者数量增加，就增加了单车的流动，使人们能更便捷地找到所需要的单车，这是直接的网络外部性；相应的，更多注册和使用用户也促进了相关产品服务的开发，从而引发间接的网络外部性。最后，随着网络外部性带来的群体规模的扩张，该群体的从众影响力也就越大，消费者从众的可能性或说从众者就越多（见图 2-13）。由此可见，在互联网经济中，网络外部性会放大群体对个体的从众影响力，促使更多的消费者采取从众行为。因此，网络外部性会导致正反馈，形成"强者越强、弱者越弱"的马太效应，对竞争态势的发展进行了新的演绎。前面的黑莓手机和苹果手机的发展就是一个例子。

因此，网络外部性所引致的正反馈效应同样会强化从众效应：更多人认同就会产生更大的用户规模，从而产生更大的群体从众影响力，然后让更多的个人选择从众，接着不断扩大用户规模、不断产生更大从众影响力、不断影响个体加入到群体的从众行为中来（见图 2-13）。

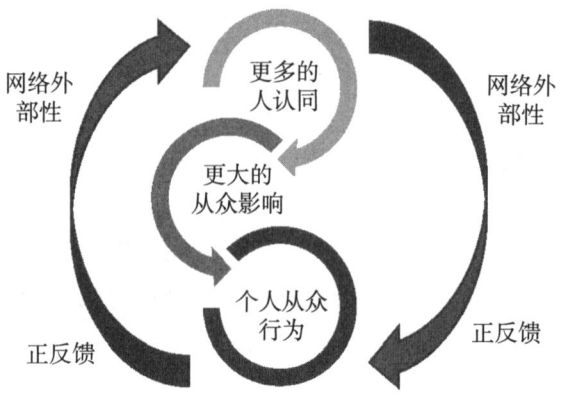

图 2—13 网络外部性引发从众的正反馈

正反馈效应也就是通常所说的"强者恒强、弱者恒弱"的马太效应。这意味着由于网络外部性的存在,在企业竞争中会出现强者越强,甚至赢家通吃的竞争格局。因此,在网络经济中,每一个领域最终有可能只剩下最强的两三家企业。比如,搜索引擎类的百度,B2C 电商的淘宝、京东,出行电商平台嘀嘀和优步,等等。

从理论上讲,正反馈是经济系统在收益递增的假设下所具有的一种自我增强机制,它使经济系统具有了 4 个特征:

(1) 多态均衡。即经济系统可能存在两个以上的均衡,均衡状态是不确定、不唯一和不可预测的。

(2) 路径依赖。经济系统的均衡状态依赖于系统前期的历史,可能是微小事件和随机事件影响的结果。

(3) 不可逆性。经济系统一旦达到某个状态便很难退出。

(4) 可能无效率。即系统所达到的均衡状态可能不是最优的,可能为无效率的均衡。

需要指出的是,正反馈可能转化为迅速的良性循环,即成功产生成功;但正反馈同时也可能加速恶性循环,即失败导致失败。因此,对正反馈正确的理解是它能同时加速成功,也能同时加速失败,而不仅仅只是实现对成功企业的自我增强。

企业竞争中的正反馈过程表现为一种 S 型的动态模式(见图 2—14)。与用户培育的过程相同,企业系统的启动阶段均是平坦的,但总有一个企业会率先突破临界点,这时引起的质变不仅是可能形成了标准,而且还会引发正反馈,于是率先突破临界点的企业系统会吸引更多的用户。强者恒强,正反馈使该企业迅速成长,进入起飞阶段。而当大部分用户也已进入后,该企业系统就进入了第三个饱和阶段,企业增长又起于平坦。与此相反,其他企业在第一阶段之后,会由于正反馈的影响迅速失去许多用户。因为先引发正反馈的企业将使用户形成一种认识和预期,即该企业所搭建的系统具有最大的价值,具有最大的网络外部性,从而导致许多新用户和其他企业的用户加入该企业,并不断扩充其直接和间接的网络外部性。从而使没有达到一定规模的其他企业的用户量不断减小,直至这些企业在正反馈影响下越来越弱,甚至可能完成失去用户,最终导致失败。

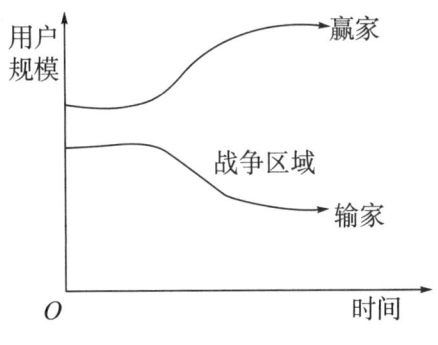

图 2-14　正反馈过程

从中国移动出行市场的发展来看,也体现出这样的一个过程。回顾中国的移动出行市场,2012 年嘀嘀出行打车上线,推出互联网出租车业务。获得多轮融资后,2014 年,嘀嘀打车宣布更名为滴滴打车,推出为高端商务出行人群提供优质服务的专车业务,并与微信支付、手机 QQ 开启合作,简化支付方式。

2015 年 2 月,滴滴打车与快的打车实现战略合并,并于 2015 年 9 月 9 日更名为滴滴出行。合并后,滴滴出行成为中国移动端出行服务行业中服务内容最丰富的 App,包括专车(快车)、顺风车、代驾、出租车等,其 2015 年的 App 活跃用户渗透率达 77.6%。滴滴专车(快车)是其中一项重要服务,2015 年其专车用户覆盖数达 88.4%。艾瑞咨询发布了《2016 年中国移动端出行服务市场研究报告》。报告显示,截至 2015 年年底,中国移动端出行服务用户乘客数量总计接近 4 亿,达到 3.99 亿人。报告同时显示,滴滴专车(快车)用户覆盖数量占比高达 88.4%,同时在中国专车(快车)移动端出行服务行业中,滴滴专车(快车)日均订单量占比达到 84.1%,占据了行业领导地位。可见,第一次合并所产生的正反馈效应是非常强烈的,加速了用户对滴滴出行的选择。

正反馈效应还在继续加强。Uber（优步）来中国前已覆盖全球 55 个国家的 300 多个城市。Uber 2010 年 6 月正式于旧金山推出服务，2013 年 6 月 27 日，Uber 在中国台湾台北市进行试营运。2014 年 7 月 Uber 正式进入北京，即正式进入中国大陆市场。但在中国激烈的竞争中，Uber 由于缺乏强大的线下团队等原因在竞争中一直处于劣势。2016 年 8 月，滴滴出行正式对外宣布与 Uber 全球达成战略协议，滴滴出行收购 Uber 中国的品牌、业务、数据等在中国大陆运营的全部资产。这一里程碑式的交易标志着中国共享出行行业进入一个新的发展阶段，中国移动出行市场呈现出滴滴出行一家独大的格局。

可见，网络经济中，网络外部性并由此产生的正反馈效应会使个体的从众意愿和行为得到强化，并使得强势企业获胜而弱势企业被淘汰。为赢得竞争，企业必须率先引发积极的正反馈，但企业要引发具有良性循环的正反馈还必须具备一定的条件：

首先，是要实现边际收益递增，否则当用户规模扩大时，反而会消耗掉规模经济效益，使企业总收益的增长越来越弱。当前，由于互联网技术等信息技术的飞速发展，技术创新的不断涌现，技术已经不再是难以突破的壁垒和障碍。网络外部性已经在许多领域得到很好的应用。

其次，是必须使用户规模迅速达到一定的阈值，在超过了临界点之后，正反馈才会开始发挥作用。因为只有超过阈值后，网络外部效应才会显著起来。所以，这可以解释为何在互联网的竞争中，会出现许多企业烧钱来做规模的情景，这些现象看似不合理但却是竞争中迅速获得正反馈的有效策略。

最后，为了确保企业的用户规模保持增长还需要实现对用户的锁定，只有稳定的用户群体，才能维持正反馈效应。

2.5 促进从众：产品主流化策略

2.5.1 产品主流化的内涵

在关于产品主流化的研究中，最著名的是美国学者 T. G. Lewis（T. G. 勒维斯）在《非摩擦经济》一书中对产品主流化进行的探讨。他认为"任何时候要想保持企业的生存和发展，与其落后于竞争对手进入市场，还不如对产品的前景做出高明的预测，并且在该产品尚未完善时就首家进入市场"。因此，勒维斯将产品主流化奉为网络经济时代市场竞争的主要战略手段之一。事实也证明，产品主流化的实施的确能帮助企业迅速占领市场，获得持续的盈利。其实在互联网发展的初期，这种战略就被频频采用，例如，网景通过向用户免费赠送其浏览器 Netscape 率先实施了产品主流化，从而在与微软的浏览器之战中占尽先机；美国在线（AOL）为赢得市场主流地位，也不惜几乎给每一种电脑杂志的用户赠送软件。当然，免费并不是企业的主要目标，实施产品主流化企业的根本目的在于通过免费来扩大用户安装基础，以锁定用户，并在后期通过向用户安装基础销售后续产品而获利。在移动互联网时代，更是如此，回顾滴滴出行和快的出行当年的补贴大战，微信的春节红包等，也都是为了让产品获得更多用户安装基础的主流化策略。

产品主流化是指企业将其独有的产品或服务率先推向市场，占领大部分市场份额，形成对用户一定程度上的锁定，以获得后期持续盈利的一种经营策略。对产品主流化内涵的深入理解可以概括为以下几点：

（1）产品主流化是独家企业凭借独有的产品和服务，为达到主宰市场而进行的一种策略选择。其中，拥有竞争对手难以模仿的核心产品（服务）是实施产品主流化的前提条件。

（2）产品"主流化"的主要表现是市场份额这一指标。通常认为主流产品是占据相对市场份额大于 1 以上的这类产品。因此，不断扩大市场份额，最终占据最多的市场份额可以看作是产品主流化的直接目标。

（3）实施产品主流化的过程中，市场份额的扩大应同时有量的增加和质的提高，也即是说市场份额的扩大应和建立稳定的用户基础同时进行，通过形成对顾客的一定程度的锁定来帮助产品主流化的实施。

（4）产品主流化的实施由于涉及用户安装基础的建立，因此先发制人、率先引发用户网络形成正反馈效应是至关重要的。正反馈效应将促进市场份额的增长，从而进入自我加强的良性循环，使产品迅速实现更大规模的主流化。

（5）产品主流化策略的盈利主要来自后续销售。其盈利模式可以简单分为两个阶段：前一阶段是建立关键产品的用户安装基础，可以看作是对用户安装基础的投资；而后一阶段才是向这一用户安装基础出售后续互补产品以盈利。

2.5.2 产品主流化与竞争合流的动态比较

相对于产品主流化这一策略选择，竞争合流则是指参与市场竞争的企业只有见到市场主流产品才加以跟进，进行学习、模仿和生产并参与市场竞争。传统观念认为，竞争合流也是一种在技术不断进步的情况下比较适合于发展中国家和地区的厂商采用的一种市场竞争方式。但这一观点近来受到了不少学者的质疑，我国学者阮锋儿就对产品主流化竞争战略和竞争合流战略进行了考察，论证了竞争合流企业在一个成熟化的市场竞争中，最终将导致赢利能力弱化、技术创新能力低下，企业发展空间受抑。[①] 用这种思路来考察存在显著外部性的网络经济中的产品主流化策略，也一样会得出相同的结论。

假设市场需求函数为 $P(Q)=A-\lambda Q$，其中 A、λ 为常数，且 A，$\lambda>0$，$P(Q)$、Q 分别表示市场价格与市场需求量。进一步假设市场中企业 i 的产量为 q_i，单位平均成本为 C_i，则企业 i 的利润函数便可以表示为

$$L_i = P(Q) \cdot q_i - C_i q_i = (A - \lambda Q) \cdot q_i - C_i q_i \quad (2-7)$$

根据主流化的定义，假设第一阶段市场只有 1 个实施产品主流化的企业 1，则有 $Q=q_1$。因此代入式（2-7）可求得此时企业 1 满足利润最大化的条件为

$$L_1 = (A - \lambda q_1) \cdot q_1 - C_1 q_1 \quad (2-8)$$

对式（2-8）求导可得出企业 1 利润最大化时的价格和产量分别为

$$q_1 = \frac{A - C_1}{2\lambda}, \quad P_1 = \frac{A + C_1}{2}$$

在第二阶段，实施竞争合流的企业 2 进入市场，它根据主流化企业 1 的既定产量来决定自己的产量，争夺剩余的市场份额，以利润最大化原则来参与竞争。因此，企业 2 的利润函数为

$$L_2 = P_2 q_2 - C_2 q_2$$

设企业 2 假定企业 1 的不变产量为 $Q_1 g$，已知 $Q_1 g = A - \frac{C_1}{2\lambda}$，于是有

$$L_2 = [A - \lambda(Q_1 g + q_2)] \cdot q_2 - C_2 q_2 \quad (2-9)$$

对式（2-9）求导，可得出实现库诺特产量均衡时企业 2 的价格和产量分别为

$$q_2 = \frac{A + C_1 - C_2}{4\lambda}, \quad P_2 = \frac{A + C_1 + C_2}{4}$$

为简化分析，设 $C_1=C_2=0$，于是可得出当企业 1 以 $\frac{A}{2}$ 的价格提供 $\frac{A}{2\lambda}$ 量数的产品时，企业 2 跟进时只能以低于企业 1 一半的价格 $\frac{A}{4}$ 向市场提供比企业 1 产品数量少一半（$\frac{A}{4\lambda}$）的产品。也即 $P_1>P_2$，$q_1>q_2$，因此，企业 1 的利润和收入必然是大于企业 2 的，产品主流化策略比竞争合流策略在第二阶段的博弈中对企业 1 更有利。

---

① 阮锋儿. 产品主流化竞争战略与竞争合流战略的比较研究 [J]. 外国经济与管理, 2000 (2): 11-17.

在第三阶段，企业 1 发现企业 2 正以比自己低一半的价格进行合流竞争，这直接威胁到了企业 1，迫使企业 1 增加产量，降低价格。同样的，企业 2 又会根据企业 1 的产量变化来调整决策。直至当两者最大化利润相等时停止，经过无数次动态博弈后最终达到均衡点。

虽然最后两家企业最大化利润水平都低于开始的水平，但通过反应函数曲线可以证明产量扩大时，同样产量下企业 1 获得的利润仍然大于企业 2 所获得的利润，因此产品主流化企业比竞争合流企业更具有优势。

综上所述，产品主流化是比竞争合流更具有竞争优势的一种战略性选择。经济学家斯坦尔伯格更是提出了假设，即主流化企业 1 能认识到竞争合流企业 2 对其产量变化不会无动于衷，而是会在给定企业 1 的行为的前提下，根据竞争合流企业 2 的反应函数采取最佳行动。而一旦企业 1 在第一阶段就将企业 2 的反应纳入考虑的话，企业 2 将会在竞争中处于更为不利的地位。因为这样一来，企业 1 在第一阶段将生产比 q_1（$q_1 = \dfrac{A}{2\lambda}$）更多的产品，同时制定比 P_1（$P_1 = \dfrac{A}{2}$）更低的价格，其结果将使企业 2 获得更少的利润。

实际上，在网络经济中，这种产品主流化和竞争合流的优势差异还会被进一步放大，因为消费者预期还会发生作用。基于现有销售规模的消费者预期必然是有利于产量更多的企业 1，同时企业 1 也能提供比企业 2 更多的网络效应。这都会促进市场选择企业 1，使企业 1 率先进入良性增长的正反馈，最终在竞争中胜出。因此，从企业的视角来看，促进消费者的从众行为，从而使产品或服务成为主流，是企业赢得竞争优势的必然选择。

2.5.3 产品主流化策略的实施

产品主流化策略的实施步骤可以概括为两大步骤，首先是使产品得到广泛应用，成为市场主流产品；其次是在锁定顾客的基础上，通过销售与主流产品互补的相关后续产品而赢利。其中，如何使产品成为主流产品是至关重要的，这一步骤是产品主流化实施的核心和关键。概括说来企业可以运用如下措施来实现产品主流化。

（1）低价渗透。

企业产品进入市场的方法在营销学者看来不外乎两种：一种是以较高的价格进入市场，争取获得较高的利润率，称为取脂定价；一种是以较低的价格进入市场，以获得较大的市场份额，称之为渗透定价。在产品主流化策略的实施中所运用的价格策略就是渗透定价，即以极低的价格，甚至是免费向市场提供产品的方式来获得市场份额。因此，在网络经济中便有了"免费大行其道"的现象，这当然不是企业进行公益活动的方式，而是企业实施产品主流化的一种手段。低价之所以有如此的威力，是因为随着技术进步和技术扩散的加速，产品的同质性增强了，顾客对产品的选择不仅依赖于产品各自的特色，更重要的是在自己的经验之间做选择。正如英特尔董事长比安德鲁·格鲁夫（Andrew Grove）曾经说过的那样："我们对自己的业务的看法，不应仅仅是建造和销售个人电脑而已，而是传递资讯和栩栩如生的互动式经验。"正因经验对产品如此重要，所以以低价促进产品初次采用也是非常关键的。低价为顾客提供了获得消费经验的低成本方式，能促进产品的初次采用，帮助产品迅速流行起来。例如，当初电子邮件如不是向用户免费提供的话，这种通讯方式估计目前也不会为人们广泛使用。所以，低价渗透成为产品主流化中最常见的一种手段。

（2）率先行动。

波特在其著名的《竞争优势》一书中详细论述了产业的率先行动者所具有的优势，包括确立开拓者和领导者的声誉、抢占有吸引力的市场位置、设立转换成本、选择最好的销售渠道、确立标准，等等①。而产品主流化策略由于本身就是将率先行动作为前提，因此产品主流化也必然为企业带来先行者所享有的一系列竞争优势。在产品主流化实施过程中，率先行动要求企业：率先进行技术创新，拥有最先进的技术；率先将产品推入市场；率先建立最大的用户安装基础；率先建立并掌握标准；率先从销售互补后续后品中获利，等等。从前面关于产品主流化和竞争合流的动态博弈分析中也可以看出，率先行动为企业带来的是更大的市场份额和更多的利润，正所谓"一步先而步步先"。即使对众多同时实施产品主流化策略的企业而言，先发制人所形成的先行者优势也是客观存在的。

（3）预期管理。

消费者预期对产品主流化的影响也是十分深远的，如同预期对标准形成的影响一样，预期成为标准的技术将最终成为标准，而预期成为主流的产品也将最终成为主流产品。因此，在对消费者预期的影响方面，企业往往也是不遗余力的。网络经济学家卡尔·夏皮罗等更将渗透定价和预期管理作为标准战争中的两大基本策略，指出："不管你在标准战争中采用什么基本战略，你都需要

---

① 迈克尔·波特. 竞争优势 [M]. 北京：华夏出版社，2001：192－195.

采用两种基本的市场策略：先发制人和预期管理。"[①] 预期管理中最常用的手段是产品预告，是指在产品推出之前，厂商在市场上竞争性地预先告知新产品即将问世，从而诱导那些正准备购买同类产品的消费者推迟其购买，并使竞争对手的销售受到影响。产品预告往往能十分有效地抑制竞争对手的销售扩张，尤其是在产品快速更新的市场上。因为消费者总希望能买到更高性能的、更好的产品。微软每每在将要推出新产品时总会采取产品预告的方式进行预期管理。但必须注意的是，在产品预告中所做的承诺务必兑现，否则将不利于企业。

（4）选择性开放。

顾客在选择产品时，面对开放的产品和限制兼容的产品，他们都会毫无疑问地选择开放的、兼容的产品，因为顾客本身是拒绝被锁定的。所以索尼推出的 Beta 录像系统最终输给了开放的 VHS 系统；黑莓手机败给了苹果公司更开放、更多丰富应用的系统。但从企业的角度而言，开放技术或标准虽能使企业产品更有市场，但这毕竟会削弱企业竞争力，反而为竞争对手提供了"搭便车"的机会。可见，开放还是控制成了一个两难的抉择。尽管如此，就企业实施产品主流化而言，选择性开放却是一个比拒绝兼容更好的选择。因为在任何兼容性决策中，厂商必然面对两个效应：一是由于开放导致竞争者增多而产生的竞争效应；一是由于开放带来用户规模扩大而产生的网络效应。由于产品主流化的实施往往是在竞争者还不是很多的产品引入期，所以此时的竞争效应较弱，增强网络效应成为企业的当务之急。当然，选择性开放的兼容策略意味着不是全部开放标准，或者不是在所有时期保持开放。正如英特尔对其芯片保持了控制，而对图形加速端口 AGP 提供开放。微软也并不是从其软件一进入中国市场就开始打击盗版，而是当 Windows 和 Office 软件为大部分中国用户广泛使用后，他们才开始选择"控制"。因此，如何进行选择性开放不仅仅是一种策略，更是一种艺术。

（5）树立消费领袖。

对于消费者的预期协调的分析发现消费者博弈的结果是可能产生两种潜在的低效率——过大惰性和过大冲动。在产品主流化实施中，企业更为担忧的是过大惰性这种低效率，即当出现一个更优越的新产品时，消费者纷纷等待别人先做出选择，从而导致滞留在目前的低级产品中。可见，过大惰性对产品实现主流化是一个巨大的障碍，因为消费者往往选择等待而不是创新性地试用新产

---

① Carl Shapiro, Hal Varian. 信息规则 [M]. 北京：中国人民大学出版社，2000：240—242.

品。这时,如能树立消费领袖,便能打破这种僵局,促进产品的主流化进程。消费领袖是这样一种消费群体或个人,他们的消费行为能对其他消费者产生重要的影响,并能产生某种趋于一致的压力,使其他消费者也做出同样的产品选择。正所谓"榜样的力量是无穷的",通过树立消费领袖,有利于打破僵局,使产品快速进入主流化进程。消费领袖通常是具有特殊的社会地位或社会影响力的,用明星充当产品的消费领袖来进行产品推广的例子屡见不鲜,也有让政府充当消费领袖的。例如,微软的 Office 虽然在中国市场处于市场主流地位,但金山 WPS office 却利用政府采购政策频频在政府的软件采购中挫败微软,为 WPS 赢得了空间。可见,政府采购的"示范效应"实质起到了消费领袖的作用,将对产品主流化起到巨大推动作用。

(6) 实现锁定。

锁定是指这样一种状况,当从一个系统(包括一种技术、产品或是标准)转换到另一个系统的转移成本高到转移不经济时,使得系统达到某个状态之后就很难退出,系统便逐渐适应和强化这种状态,从而形成一种"选择优势",把用户锁定在这个均衡状态之中。锁定的本质是"你将来的选择将受到今天的选择的限制",可见锁定也是路径依赖存在的结果,只不过由于网络效应的存在,强化了系统对用户的锁定。另一方面,锁定的存在改变了用户与企业之间的关系,固化了用户的从众行为,将使企业间的竞争被弱化,也将使竞争结果受到许多非市场因素的干扰。

转移成本是用户从一个系统转换到另一个系统所必须支付的成本。转移成本包括违约成本、学习成本、资产重置成本、搜索成本等。概括而言,总转移成本可以分为两类:一部分是私人转移成本,包括最初采用的技术中所含的沉没投资、转向新网络所需要的支出,如相关的安装成本、培训成本、人力资源成本、新系统的提供者为说服使用者进行转移所花费的成本、难以用金钱衡量的时间价值,甚至还可能包括使用者对新系统的不习惯等。另一部分则是社会转移成本,也即是净网络效应,它是转移前的网络效应与转移后的网络效应之差。因此,用户转移成本可以用下式表示:

$$SC = SI + NE + (v_0 - v_n) \quad (2-10)$$

式中:SC 为转移成本;SI 为沉没的专用性投资;NE 为转向新网络的支出;v_0 为转移前享有的网络效应;v_n 为转移后享有的网络效应。

从式(2-10)可见,当前企业可控的是 SI 和 v_0。因此,增加转移成本的关键在于增加用户专用性投资和增加网络效应。需要进一步说明的是构成转移成本的专用性投资,又称为"特异性投资"或"关系专用性资产投资"。泰勒尔认为转移成本在一定意义上是专用性投资的一种情况，一旦双方进行了交易，维持交易关系能够产生比其他方交易得不到的额外剩余。因此，专用性投资最后会形成事后双边垄断，使他们有积极性在相互之间而不是与外方交易。① 由此可见，转移成本实质上主要是由专用性投资形成的锁定，它在一定程度上锁定了当事双方之间的交易关系。而且，一旦当事人在关系专用性资产上做出投资后，相互之间的关系也就从"大量"的投标状态转变为"少量"的讨价还价状态。奥里佛·威廉姆森称之为"根本性转变"②。

在网络经济中，资产的专用性主要有4种不同的形式：

（1）地点的专用性（site specificity），是指位置上靠在一起的资产，以节约运输和库存成本，或为获得加工效率的优势。例如，在互联网物流配送中，速递易、蜂巢等争先在各小区内将快递柜机铺设进入小区，就可以看作是为地点的专用性所做出的投资。因为越靠近用户，就越提高了交易成功的概率。

（2）物质资产专用性（physical asset specificity），是指资产的物理或工艺特性专门适用于特定交易。这种专用性投资比较普遍，如移动互联网时代的App就是专门化的应用接口，共享单车刚刚进入市场时，摩拜或者ofo都需要下载相应的App并进行储值，而且每个应用只能适用于各自品牌的共享单车，这就形成了物质资产的专用性。

（3）贡献资产（dedicated asset），是指专门为特定采购者所做的设备等投资。例如，用户购买了苹果手机，就绑定了用户只能在App store中进行消费。

（4）人力资产专用性（human asset specificity），是指在特定交易关系中，人们所获得的专有技术和信息具有较大价值；而在关系之外，价值就会减少。这主要是因为在新系统、新网络中用户需要重新学习。

2.6 赢得口碑：IMC与口碑

2.6.1 网络整合营销传播及其4I原则

如何促进消费者的从众，促销和沟通策略也是非常关键的。但和传统经济不同的是，网络经济时代，信息传播和沟通呈现出不同的特点。著名的诺贝

---

① 泰勒尔. 产业组织理论［M］. 北京：中国人民大学出版社，1997：27.
② O. Williamson. The Economincs Institutions of Capitalism，NewYork：Free Press，1985.

奖获得者赫伯特·西蒙曾说过一句名言:"随着信息的发展,有价值的不是信息,而是注意力。"这种观点被 IT 业和管理界形象地描述为"注意力经济"。正因如此,整合营销传播(Integrated Marketing Communication,简称 IMC)理论应运而生。整合营销传播是自 20 世纪 90 年代西方兴起的一种新的营销理念。IMC 理论的主要创立人为美国西北大学教授唐·舒尔茨。他提出整合营销传播是一个"管理与提供给顾客或者潜在顾客的产品或服务有关的所有来源的信息的流程,以驱动顾客购买企业的产品或服务并保持顾客对企业产品、服务的忠诚度"。其核心思想是将企业进行市场营销所有相关的一切传播活动一元化。也即通过企业与消费者的沟通,以满足消费者需要为导向,确定统一的促销策略,协调使用各种不同的促销手段,将统一的传播资讯传达给消费者,从而实现高效率的促销。所以,整合营销传播也被称为"Speak with One Voice"(用一个声音说话)。舒尔茨教授用了一句非常生动的话表述传统营销与整合营销的区别,即前者是"消费者请注意",后者是"请注意消费者"。

在网络整合营销中,强调的是 4I 原则,如图 2-15 所示。

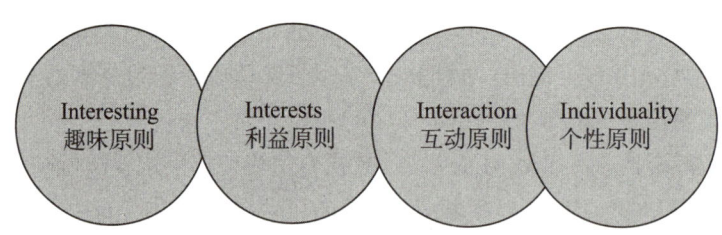

图 2-15　4I 原则

(1) Interesting——趣味原则。

互联网的本质是娱乐属性的,迎合受众的特点,广告、营销也必须是娱乐化、趣味性的。例如,2014 年阿里巴巴集团宣布,将旗下航旅事业部升级为航旅事业群,将"淘宝旅行"升级为全新独立品牌"去啊"。阿里巴巴也为"去啊"制作了一张宣传海报,海报口号是"去哪里不重要,重要的是去啊",引发广泛关注的则是海报上的那句口号,"去哪里不重要,重要的是去啊"。正是这句很容易令人联想到竞争对手去哪儿网的口号,引发了之后的营销大战:

去哪儿网:人生的行动不只是鲁莽的"去啊",沉着冷静地选择"去哪儿",才是一种成熟态度!

携程:旅行的意义不在于"去哪儿",也不应该只是一句敷衍的"去啊",旅行就是要与对的人,携手同行,共享一段精彩旅程。

京东旅行:他们说"去啊",就去吧。他们说"去哪儿",就去哪吧。

他们要携家带口慢慢启程,那就这样吧。听从大家的安排,看着重复的风景,一辈子就这样活着,别上京东旅行。

驴妈妈旅游网:从起步到成长,真正与你同行的只有妈妈,"去哪儿"听妈的。

通过这一借力打力的群体营销事件,"去啊"吸引到了足够多的关注。

(2) Interests——利益原则。

天下熙熙,皆为利来,天下攘攘,皆为利往。营销活动如果不能为目标受众提供利益,必然寸步难行。因此,在网络整合营销传播中,可以通过一系列利益机制的设计来激发人们的传播欲望,比如滴滴打车,完成行程后转发给朋友就可以获得打车券。

(3) Interaction——互动原则。

网络媒体区别于传统媒体的另一个重要的特征是其互动性。消费者亲自参与互动与创造的营销过程,会在大脑皮层回沟中刻下更深的品牌印记。有学者甚至提出:未来的品牌将是半成品,一半由消费者体验、参与来确定。例如,小米的 MIUI 系统就是通过和早期的种子顾客进行不断的测试、互动,不断地迭代创新,不断积累了用户对小米的忠诚,不断发展米粉这个个性鲜明的用户群体,并不断影响到更多的人产生从众效应。

(4) Individuality——个性原则。

个性化的营销,让消费者心理产生"焦点关注"的满足感,个性化营销更能投消费者所好,更容易引发互动与购买行动。例如,在小米,客服不是挡箭牌,客服就是营销。小米论坛是这种服务战略的大本营,微博、微信等都有客服的职能。小米在微博客服上有个规定:15 分钟快速响应。为此,还专门开发了一个客服平台做专门的处理。特别是微博上,不管是用户的建议还是吐槽,很快就有小米的人员进行回复和解答,很多用户倍感惊讶。小米还有一个全民客服的理念,鼓励大家真正近距离地接触用户。从雷军开始,每天会花一个小时的时间回复微博上的评论。包括所有的工程师,是否按时回复论坛上的帖子是工作考核的重要指标。

2.6.2 引发网络口碑的 5T 策略

在传统的工业经济时代,信息沟通不畅,因此,企业和消费者之间的沟通主要是通过大众媒体来进行,关注的是传播。传播目标是通过如何有效地让更多的人知道(广告到达)、让更多人联想(广告联想)、形成对广告和产品的记忆(广告记忆)、促使更多人购买(广告促销)来实现企业的营销目标。而信息社会，消费者对大众传媒和商业渠道信息的信任降低，更倾向于相信来自身边的信息源、信任来自亲朋好友的推荐。因此，网络口碑的影响力增强。

正如本章前面所描述的现实例子一样，网络购物中，由于评价等口碑类信息对购买者的影响，从而产生了网络中大量的从众购买行为。来自市场的数据也证明了口碑的影响力：根据中国电子商务中心《2016年中国消费者网络消费洞察报告与网购指南》，报告显示网购用户了解购物网站的途径主要通过社交媒体、广告、新闻报道及亲戚朋友推荐。据调查显示，有48.2%的网购消费者通过微信、微博等社交媒体了解天猫，通过此方式了解淘宝的有45.3%，唯品会被38.3%的用户通过社交媒体所熟知。1号店在社交渠道的传播声量也比较突出，44.4%的网购用户通过社交渠道了解1号店。可见，社交媒体强大的传播力，对网购用户能产生了不可低估的影响力。

简单来说，口碑就是传统的口头上的认同。如何引发口碑？美国口碑营销协会的口碑营销大师安迪·塞诺威兹明确提出了口碑营销的5T法则（见图2—16），即成功的口碑营销应该包括5个T开头的英文单词所代表的营销步骤：Talkers（谈论者）、Topics（话题）、Tools（工具）、Taking Part（参与）、Tracking（跟踪）。

图2—16 **口碑营销5T**

在网络经济时代，采用5T法则进行口碑营销要注意以下几方面。

(1) 选好用好意见领袖来提供口碑：从名人、专家到大V、网红。

首先，明确口碑营销的谈论者，为企业塑造口碑提供营销基础。口碑营销中常常运用意见领袖来影响大众。意见领袖是指在一个参考群体中,因特殊技能、知识、人格或者其他特质等而能对群体里的其他成员产生影响力的人。传统的意见领袖包括名人、分析家、行业专家、微博大V、组织中的核心人物等受人们信任的人。而随着移动互联网的发展,网络直播这种新的传播形式得到迅速发展,网红也成了意见领袖中的一种典型代表。

互联网分散化、多元化的信息传播特点,让小众的需求得到关注,同时也让人人都有可能成为网红。于是,在商业化的包装运作下,网红成了一个个IP,精准的、小众化的传播和低成本的营销推广使得网红经济迅速火了起来。根据 iMedia Research(艾媒咨询)的研究,中国网红分为四大类:自媒体网红、话题型网红、淘女郎和主播类网红,所有网红基本都依附于电商、社交媒体或者直播平台。广告仍是网红经济主流变现模式,占比达 50.6%;电商导流占比 28.5%,网红挖掘了消费者的消费潜力;线下商务活动以及卖书等明星效应也为网红们带来了一定的收益,但内容消费占比较小。

(2) 传播仍是内容为王,坚持文化创意与创新。

要做好口碑营销,无论是传统的线下营销还是现在的线上营销,都需要进行文化创意、创新,挖掘口碑素材,设计口碑内容,找到引爆点,从而传播有效口碑信息。

什么样的内容才能获得关注?相关调查研究显示:文章有价值、兴趣是重要的分享原因,而关注公众号的第一原因是为了获取资讯(见图 2-17)。

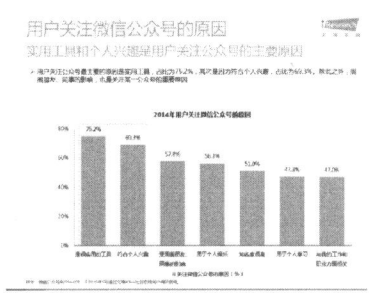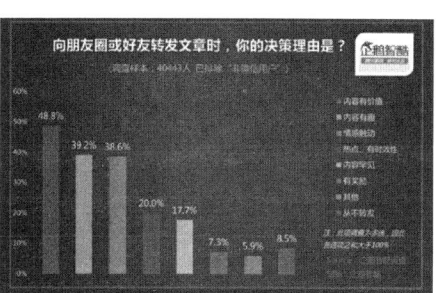

图 2-17 微信号关注及转发的调研

结合网络经济时代的 4I 原则,内容的新颖和趣味性是引爆传播的重要维度。例如,2017 年感恩节,杜蕾斯和其他品牌一样以感恩为主题来推送"感谢信"海报,不同的是它选择了与其他品牌的联动。从上午 10 点开始,针对绿箭发布了第一张借势海报"感谢你的掩护",并@绿箭口香糖。11 点,第二张海报@德芙巧克力,文案内容是"亲爱的,德芙巧克力:感谢你。因为你的怦然心动,才有我的初次登场——你的老朋友,杜蕾斯。"杜蕾斯官方每小时推送一张海报，一直持续到晚上 10 点。依次发布了 JEEP、Levis、宜家、美的等相关的海报。每张海报都把"感恩节"和"杜蕾斯"作为固定元素，然后无缝连接上各大品牌，让人忍俊不禁，成了感恩节传播的亮点。后来，一些品牌也开始回复和互动，形成了一个良性互动的品牌联合，成功地演绎了一次口碑传播。

（3）多媒体互动、多点推进，提升口碑传播力。

营销者应该通过多种传播媒介搭建用户沟通渠道与平台，扩大口碑传播效果。传统媒体时代以以广播、报纸、杂志、电影、电视等为主。而在网络经济时代，还有微博、微信、QQ、论坛、直播、官网、App 等各种媒体。企业应把所有手段整合在一起更好地进行传播。这种传播可以基于以下 3 个方面：

①基于场景的传播。就是在相应的场景，用合适的手段进行传播。比如，在商城门店场景中，主要是通过人员进行沟通；而在户外，可能是通过 LBS 定向广告、微信"附近的人"推送等来进行沟通。

②基于媒体接触习惯的传播。网络经济让大众传播让位于更精准化的小众，甚至是一对一的传播。因此，有效的口碑营销也应该考虑目标受众的媒体接触习惯。

③基于多屏协同的传播。多媒体时代，多屏传播需要更好地相互协同来最大化其传播效率。这种协同不仅体现在事先对传播路径的规划，同时也需要各个传播媒体在时间、空间上的相互衔接。

（4）积极加强与顾客的互动，提高品牌认同度。

口碑营销的目的仍然是为了提高品牌价值和品牌认同，增强品牌亲和力，巩固用户群体。所以，口碑营销是否有效果，最后仍然需要用销售业绩和品牌认同度来衡量。例如，可口可乐为迎合中国的消费者，曾经专门推出了"昵称瓶"的新包装，诸如"文艺青年""闺蜜""喵星人"等有趣的昵称都高调出现在可口可乐的瓶标上。在这次浩浩荡荡的换装活动推广中，他们运用社交网络掀起了一次非常好的口碑营销。首先是"一大波"明星、意见领袖都纷纷在社交网络上晒出了印有自己名字的可口可乐定制昵称瓶，一时之间，各个明星粉丝和普通消费者纷纷在微博上求可口可乐定制昵称瓶，表示要过一下"明星瘾"或自己留作收藏等，更有部分网民表示希望用来向自己的暗恋对象表白。可口可乐在洞悉到消费者的需求后，立刻找到新浪微博微钱包，一起合作推广可口可乐昵称瓶（定制版），让更多普通的消费者也可以定制属于自己的可口可乐昵称瓶。结果是前三天有 1000 多的销量，并产生新浪微博 5000 多人的分享与讨论。而且，当第一波消费者购买完毕之后，并在社交网络上与自己的朋友、亲人分享，第二波、第三波的消费者也被不断吸引过来参与到接下来的"抢购"之中。

可口可乐的"昵称瓶"互动活动大获成功，据说成功拉动销量提升20%。此后，可口可乐乘胜出击继续发力，推出"歌词瓶"。从周杰伦到五月天，歌词瓶上的歌词大多出自人们耳熟能详的歌曲。此外，消费者扫描瓶上的二维码，便可观看小段音乐动画，并在社交平台上分享，年轻人可以通过瓶上的歌词或音乐来表达自己的心情。可见，用意见领袖的号召力引发关注，通过社交网络进行指数级的传播，成功地实现了口碑营销。

（5）加强跟踪和反馈信息。

口碑营销同时还要加强搜集口碑信息反馈的数据，跟踪并分析顾客谈话内容，加强负口碑管理。否则，负面口碑也有可能形成正反馈，会给企业造成不可弥补的损失。

第 3 章　网购促发的非理性消费行为

事例 1：

小 E 并不是特别喜欢网购，但闲下来的时候也喜欢上一下淘宝、京东什么的。一天晚上，他随便在网上逛，突然一个弹窗弹出一款智能音箱，该款智能音箱正在搞活动。他原来也关注过这款产品，一直觉得价格有些贵没有下手，而且他一直觉得直接用电脑听音乐也可以。可这次促销力度还挺大的，他有点动心了。再看了该款商品的点评，发现好评挺多的，送货和售后服务都没有什么问题。最关键的是促销信息说活动限量 100 台，售完即止。他本来还有些犹豫，忽然一扫眼看见页面上显示库存仅有 12 台了，小 E 忙不迭地赶紧下单付款。看到付款成功的提示，他松了一口气。可是旋即又有点后悔了，觉得都没有多比较几个品牌就买了……

事例 2：

Emily 特别喜欢逛快时尚店，因为她觉得这些快时尚的衣服设计款式非常好，而且紧跟潮流。虽然面料不是那么让人满意，但和价格相比，也算是物有所值的。她不仅仅会和朋友邀约一起去实体店逛，也会在网上去买快时尚的衣服。每次穿上新买的衣服，同事和朋友们都夸她走在时尚的前沿，让她感觉非常好。可是，每当换季清理衣柜时，Emily 特别发愁，因为有大堆的衣服，有些衣服当时觉得便宜就买了，一穿觉得不合适就挺后悔的；有些才穿了两三次，她已经不喜欢了；还有些她觉得已经过时了，但又舍不得都当垃圾丢掉，毕竟是自己花钱买来的。而且，新买的衣服已经没有地方再放了。Emily 很纠结，到底还该不该再买，因为其实整整几个衣柜的衣服已经够穿了，但是每次看到新的衣服，还是忍不住要买……

2002 年的诺贝尔经济学奖获得者丹尼尔·卡尼曼和他的合作者阿莫斯·特沃斯基，早在 1974 年在《科学》杂志上就发表了他们的《不确定性下的判断：启发法和偏见》，描述了知觉思考在人们决策中的重要意义。研究认为，人们依赖于数量有限的启发式原则，包括代表性、可得性、锚定原则等来简化决策思考路径，这些启发决策的方法非常高效地帮人们做出了判断，但也可能导致严重的系统误差。卡尼曼的研究提出了对人们非理性行为的思考，此后，行为经济学家通过大量实验研究进一步发现和验证了这样的结论，即人的决策并非都是理性的，其对风险的态度和行为经常会偏离传统经济理论的最优行为模式假设。正如上面两个事例所描述的那样，消费者在购物中存在着冲动性购买的倾向，而且，随着互联网经济带来的丰裕选择，我们还有可能买了更多实际并不需要的商品，这有悖于我们最初的消费初衷。并且，伴随着层出不穷的在线促销、越来越便捷的购物手段的发展，所有这些非理性行为，会进一步被放大、普及和加速。

3.1 社会临场感、情绪与冲动性购买

3.1.1 冲动性购买的相关研究

在对完全理性假设提出质疑之后，营销领域对购买行为的研究开始进入更深的层面。他们关注到这样一个事实，即除了真实地需要一个产品或服务外，消费者有多种多样的原因做出购买行为。在营销研究中，冲动性购买一直是一个谜。许多文献将其描述为消费者行为的暗面（dark side, Wansink, 1994）。James（1890）将冲动定义为：伴随着强烈欲望的短暂思维。Wolman（1973）认为冲动的本质是由生化和心理过程激发的。[①] Goldenson（1984）将冲动描述为强烈的、无法抗拒的欲望，进而无须深思熟虑突然地采取行动。[②] 冲动也有压倒性和不可控性的特征，因此会导致失控和无助的感觉，并且伴随着情绪上的唤起和活跃（Zuckerman, 1994）。[③]

早期的冲动性购买是计划外购买的同义词，认为是购物者做出的之前并没有计划的购买决定（Bellenger 等，1978；Stern，1962）。然而此后的研究表明，当购买决策是在商店的范围内做出时，把冲动性购买描述为"非计划"是不完整的。综合 Rook（1987）和 Iyer（1989）的研究得出结论，所有的冲动

---

① ROOKH D W. The buying impulse [J]. The Journal of Consumer Research, 1987, 14 (2): 189-199.
② Goldenson R M. Longman dictionary of psychology and psychiatry [M]. New York: Longman, 1984.
③ Zuckerman M. Behavioral expressions and biosocial bases of sensation seeking [M]. Cambridge University Press, 1994.

性购买都是非计划的,但并不是所有的非计划性购买都是冲动性决策。① 而且,和一般的购买行为以购买意图(buying intent)作为行为的前置因素不一样,冲动性购买时是无意识的,该类行为被情绪驱动,无关认知层面的意图,与传统的意图模型是无法契合的(Verhagen,Dolen2011)。②

冲动性购买的影响因素一般分为内部驱动因素和外部驱动因素。内部驱动因素是指与购买者的内部思维过程有关的因素,Guinn 和 Faber(1989)的研究证实了自尊和冲动性购买的负向相关关系。Dittmar(2005)发现大量的消费者更容易被鼓动做出购买行为,来维护自己的形象。他们认为别人眼中自己的形象与自己希望的形象有巨大差距,因此借购物来获得成功、身份和快乐。对于什么样的个人特质会更容易冲动购买,学者们从很多方面进行了研究,如 Verplanken 等(2005)的研究发现,低水平的自尊甚至会导致负面的心理状态,进而把冲动性购买作为心理减压的一种方式。Hirschman(1985)的研究发现,自闭能够产生强烈的感情并且有可能激发冲动性购买。Silvera 等(2008)的研究则提出情感是另一个重要的冲动性购买的影响因素。③

影响冲动性购买的外部驱动因素是指与商店设置有关的因素。包括环境、产品、促销等因素。如 Rook 和 Hoch(1985)认为环境刺激和激发消费者的感觉和感知,进而驱动冲动性购买。Liang 和 Meng(2008)指出,当消费者遇到视觉刺激或促销信息时,更容易产生冲动性购买行为。④这样的情形,在种类繁多的促销中都可以得到印证。除促销场景以外,学者们的研究发现,接触也能触发冲动性购买行为。让消费者与他们所喜欢的商品接触,会导致消费者产生强烈的拥有欲望,进而导致冲动性购买行为。Rook(1987)发现,当消费者"偶然"遇到某商品时,控制购买欲望将会相当困难。触摸商品、品尝食物等行为将直接增加冲动性购买的概率。而且,浏览商品与冲动性购买也有很强的相关性(Jones,2003)。除了商品本身,Mattila 和 Wirtz(2008)还发

---

① Iyer E S. Unplanned purchasing: Knowledge of shopping environment and time pressure [J]. Journal of Retailing, 1989.

② Verhagen T, Van Dolen W. The influence of online store beliefs on consumer online impulse buying: A model and empirical application [J]. Information & Management, 2011, 48 (8): 320-327.

③ Silvera D H, Lavack A M, Kropp F. Impulse buying: The role of affect, social influence, and subjective wellbeing [J]. Journal of Consumer Marketing, 2008, 25 (1): 23-33.

④ Guo L, Meng X. Consumer knowledge and its consequences: an international comparison [J]. International Journal of Consumer Studies, 2008, 32 (3): 260-268.

现社会因素能够影响冲动性购买。商店的社会因素包括员工和其他顾客。①

随着电子商务的发展，相比传统零售，在线购物对消费者而言更具吸引力，冲动性购买行为在互联网购物情景中更为常见。如 Donthu（1999）通过对比线下和线上购物情景，发现在线消费者在冲动性购买上表现得更为突出。② 已有一些关于在线冲动性购买的研究见诸文献。Adelaar 等（2003）研究了信息的承载形式对冲动性购买的影响；Zhang 等（2008）结合调整过的 TAM 模型，研究证实个人冲动性购买倾向对消费者冲动性购买意图有显著性影响；Parboteeah（2009）等提出了一个视觉吸引力、信息契合、有用性、愉悦、冲动和在线冲动性购买的整合模型，建立起一套从网站因素（视觉吸引力、信息契合）到感知（有用性）到情绪（愉悦）到行为（冲动性购买）的完整路径。③

3.1.2 社会临场感：释义、维度及影响因素

（1）社会临场感释义。

社会临场感发源于沟通理论，其概念首先由 Short、Williams 和 Christie（1976）提出，用于比较人们与不同沟通媒体的交互情况，以及比较媒体之间的差异。他们的研究发现，面对面的情况下社会临场感最高，然后是闭路电视，社会临场感最低的是听觉系统。他们把社会临场感定义为在交互过程中感知到另外一个"人"的凸显，进而感知到人际关系的凸显的程度，也就是通过媒介进行沟通的过程中，其他人被视为"真实人"的程度。④

这个阶段的社会临场感定义局限于技术情景和技术丰富性领域，从媒介视角解释社会临场感，并且认为社会临场感是媒介或技术的自身属性，是媒介传递给人的感觉，即不同类型的媒体会造成相应不同的社会临场感。一些研究者（如 Straub and Karahanna，1998）把社会临场感定义为媒体传播信息富度的

---

① Mattila A S, Wirtz J. The role of store environmental stimulation and social factors on impulse purchasing [J]. Journal of Services Marketing，2008，22（7）：562—567.
② Donthu N, Garcla A. The internet shopper [J]. Journal of Advertising Research，1999（39）：52—58.
③ Parboteeah D V, Valacich J S, Wells J D. The influence of website characteristics on a consumer's urge to buy impulsively [J]. Information Systems Research，2009，20（1）：60—78.
④ Short J，Williams E，Christie B. The social psychology of telecommunications [J]. Contemporary Sociology，1976.

能力。① 交互的本质受到媒体变化的影响，因此选择什么媒体要基于交互的目的。因此，社会临场感通常作为一种标准来划分通讯媒介的等级，如根据临场感水平，将媒体排序为：面对面＞视频＞音频。②

后来，另外一些学者从人的视角解释社会临场感。他们认为，技术或媒介只是提供了物理环境，社会临场感的最终产生还离不开人的内心感知。一系列研究显示，人们对社会信息的感知，也受到了沟通中个体风格的差异和偏好的影响（Gunawardena，1995；Garrison，1997；Zittle 和 Gunawardena，1997）。Tu（2002）将社会临场感界定为：处于媒介中的个体对其他人存在的感知水平。Gunawardena（1995）认为，即使基于电脑媒介的社会线索的感知较低，人们仍然有可能感知到互动的、有趣的、主动的刺激，原因正是人们与社区之间的交互影响了用户基于电脑媒介的感知。这说明社会临场感并不是媒体的属性，而是个体在媒体中产生的心理感受。

可见，早期的研究均从媒介视角解释社会临场感，而后期对社会临场感的研究最终聚焦于人的内心感知。社会临场感一方面揭示了使用者与媒介的一种心理连接，如 Yoo and Alavi（2001）所言，感知到网站的"温暖"、人性、社会性，产生一种类似人类间的交流③；另一方面揭示了媒介中人与人之间的感知，正如 Gefen 和 Straub（2003）对社会临场感的定义：通讯媒介允许使用者在心理上体验到他人存在的程度。④

（2）社会临场感的分析维度。

一些学者认为社会临场感有多维属性，Witmer、Singer 和 Jerome（2005）对 325 名被试发放了社会临场感问卷，包含 32 个测量指标。通过探索性因子分析，他们得到 4 个不同维度：卷入度、调整/沉浸、感觉保真和界面品质。⑤Tu（2000）在其在线学习的研究中，试图验证社会临场感多维度特性，成功

---

① Straub D, Karahanna E. Knowledge worker communications and recipient availability: Toward a task closure explanation of media choice [J]. Organization Science, 1998, 9 (2): 160—175.

② Rice R E. Media appropriateness [J]. Human Communication Research, 1993, 19 (4): 451—484.

③ Yoo Y, Alavi M. Media and group cohesion: Relative influences on social presence, task participation, and group consensus [J]. MIS Quarterly, 2001, 25 (3): 371—390.

④ Gefen D, Straub D W. Managing user trust in B2C e-services [J]. E-Service Journal, 2003, 2 (2): 7—24.

⑤ Waller D, Bachmann E R. The borderline of science: On the value of factor analysis for understanding presence [J]. Presence: Teleoperators and Virtual Environments, 2006, 15 (2): 235—244.

得到在线沟通、社会场景和交互性3个维度。① 关于在线社区的研究中,Shen 和 Khalifa(2008)使用了社会临场感的3个维度:感知、认识和情感。

也有大量研究者把社会临场感视为单维度变量。Cyr、Hassane、Head、Ivanov(2007)关于社会临场感与顾客忠诚的研究,Hassane、Head、Ju(2009)关于社会临场感对电子商务网站信任、有用性、享乐的影响研究,Gefena、Straub(2004)关于社会临场感对在线信任的研究,Wang、Baker、Wagner、Wakefield(2007)关于网站社会线索对社会临场感影响的研究,都把社会临场感当作单维度变量。对社会临场感比较成熟的维度划分整理,见表3—1。

表3—1 测量维度(社会临场感)

研究者	维度	内容
Witmer、Singer 和 Jerome(2005)	4	卷入度、调整/沉浸、感觉保真、界面品质
Tu(2000)	3	在线沟通、社会场景和交互性
Shen 和 Khalifa(2008)	3	感知、认识和情感
Cyr、Hassane、Head、Ivanov(2007) Hassane、Head、Ju(2009) Gefena、Straub(2004) Wang、Baker、Wagner、Wakefield(2007)	1	—

(3)影响社会临场感的社会线索。

社会临场感受到多种社会线索的影响。Gefen Straub(2003)认为社会性的富文本内容和人性化的欢迎界面能够提升社会临场感。② 人类音频和视频也被证实能增加社会临场作用(Lombard 和 Ditton,1997;Kumar 和 Benbasat,2002)。在针对互联网的研究上,Hassanein 和 Head(2006)进一步证明,网站中人类激励性的文字和图片能够产生较高的社会临场感。另一方面,相关研究证实了社会临场感对在线购买行为的影响。Holzwarth 等(2006)通过实证研究证明,在线代理的临场感对顾客的态度和购买行为有积极的影响。③ Choi、Lee、Kim(2009)研究了在拥有在线推荐和顾客评论的在线商店中,

---

① Tu C H. On-line learning migration: from social learning theory to social presence theory in a CMC environment [J]. Journal of Network and Computer Applications,2000,23(1):27-37.

② Gefen D,Karahanna E,Straub D W. Trust and TAM in online shopping: an integrated model [J]. MIS Quarterly,2003,27(1):51-90.

③ Holzwarth M,Janiszewski C,Neumann M M. The influence of avatars on online consumer shopping behavior [J]. Journal of Marketing,2006,70(4):19-36.

发现社会临场感对再使用倾向的积极影响,其中信任是中介变量,而产品类型是调节变量。① Hassanein 和 Head 等(2007)将社会临场感与技术接受模型(TAM)相结合,研究证实了社会临场感通过感知有用性、信任和愉悦的中介作用,对在线忠诚有积极的影响。②

3.1.3 情绪与分类

心理学家 Schachter(1958)把情绪定义为:内部的情感状态,并常伴有行为解释;外化的行为类型,这虽然是由环境引发的,但却是心理与生理交互的结果。③ Gardner(1985)认为情绪是一种个人属性的表现,是主观所感知的情感状态。④ Batra 和 Stayman(1990)把情绪描述为一种影响人们寻找、选择和转化信息的主观状态。⑤

消费情绪这一概念是在 20 世纪 70 年代由心理学学者 Izard(1977)在情绪的基础上提出的。他认为消费情绪是顾客在购物过程中和购物后使用产品时产生的情感体验。他指出这种情感体验可以离散地用高兴、快乐或失望等单词来表达,也可以用两极情感维度来表达:愉快-不愉快、冷静-兴奋。Russell(1979)指出,在购物环境中,消费情绪是指在消费体验或产品的使用过程中所引发的情绪反应。其实,情绪不仅是消费的产物,它可能预先代入而影响消费体验,伴随消费的整个过程。

关于情绪的分类并没有形成统一的标准,而营销领域对消费情绪的研究经常借鉴心理学对情绪的定义和测量。常用的情绪分类如下:

(1) Izard 的差别情绪理论。

Izard(1972)的基本情绪分为 10 种:高兴的(inierest)、快乐的(joy)、惊讶的(surprise)、痛苦的(sadness)、愤怒的(anger)、厌恶的(disgust)、轻蔑的(contempt)、恐惧的(fear)、害羞的(shame)、内疚的(guilt)。每

---

① Choi J, Lee H J, Kim Y C. The Influence of Social Presence on Evaluating Personalized Recommender Systems [C] //PACIS. 2009:49.

② Cyr D, Hassanein K, Head M, et al. The role of social presence in establishing loyalty in e-Service environments [J]. Interacting with Computers, 2007, 19 (1):43-56.

③ Schachter D, Manis J G. Salicylate and salicyl conjugates: fluorimetric estimation, biosynthesis and renal excretion in man [J]. Journal of Clinical Investigation, 1958, 37 (6):800.

④ Gardner M P. Mood states and consumer behavior: a critical review [J]. Journal of Consumer Research, 1985:281-300.

⑤ Batra R, Stayman D M. The role of mood in advertising effectiveness [J]. Journal of Consumer Research, 1990.

种情绪又由 3 种更为具体的情绪来描述，共 30 种。①

（2）Russell 环形模型。

Russell（1980）将情绪分为愉悦和唤起 2 个维度。水平愉悦的两端是"愉悦－不愉悦"，竖直维度的两端是"激动－平静"维度，2 个维度构成了情绪的二维空间。第一个象限是"愉悦－激动"，代表高兴；第二个象限是"不愉悦－激动"，代表恐惧；第三个象限是"不愉悦－平静"，代表厌烦；第四个象限是"愉悦－平静"，代表轻松（见图 3-1）。②

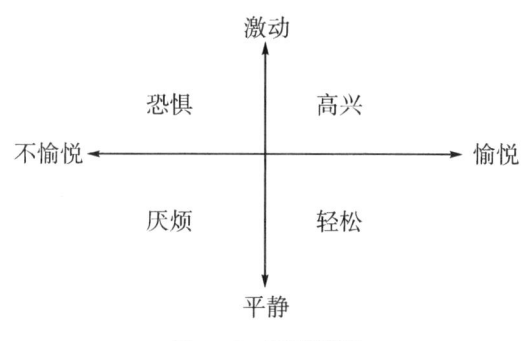

图 3-1　环形模型

（3）8 种情绪分类。

Plutehik（1980）认为共有 8 种基本情绪，并且两两组合形成 4 组：欢乐与悲伤、愤怒与恐惧、预期与惊奇、接纳与厌恶。任何其他情绪都可以从以上 8 种情绪中衍生出来。

（4）10 种消费情绪。

Mano 和 Oliver（1993）通过因子分析，确认了 10 个消费情绪因子，包括唤醒、愉快、开心、不开心、恐惧、平静、淡定、惊讶、歉疚和烦恼。③

3.1.4　社会临场感对在线冲动性购买影响的研究模型

在影响消费者购物的外部因素中，社会临场感是一个新的视角。因为相关研究同时也发现与传统零售商店相比，消费者在网上商店中很难接触到社会线

---

① Izard C E, Bartlett E S. Patterns of emotions: A new analysis of anxiety and depression [M]. Academic Press，1972.

② Russell J A. A circumplex model of affect [J]. Journal of Personality and Social Psychology，1980，39（6）：1161.

③ Mano H, Oliver R L. Assessing the dimensionality and structure of the consumption experience: evaluation, feeling, and satisfaction [J]. Journal of Consumer Research，1993，20（3）：451-66.

索,社会亲近感降低了,没有了与销售人员和其他顾客面对面的互动,取而代之的是不能被消费者恰当理解的社会技术系统(socio-technical system, Riegelsberger 等,2003)。① 当前研究中,在关于网店服务场景的社会维度的研究中,有一些文献聚焦到社会临场感,如证实了社会临场感对购买倾向(Holzwarth,2006)、在线忠诚(Hassanein,2007)的积极影响,但尚未有人关注社会临场感对在线冲动性购买的影响。另一方面,在冲动性购买的影响因素研究中,现有的研究关注促销等外部刺激、情绪等情境因素以及冲动倾向的个人特质等的影响,但关于外部刺激因素的研究中缺乏对社会因素的研究(熊素红,2010)。可见,社会临场感对冲动性购买的影响机理有待验证。

根据社会临场感的定义(Tu,2002),社会临场感只解释了在线消费者对他人在场的感知水平,但并没有解释这种感知水平的方向和质量。而消费者感知他人在场时,与媒体或他人所建立的心理连接可能是积极的,也可能是消极的。因此,本研究认为研究社会临场感时需同时引入"感知相容性"概念,即消费者与电商在价值观、人际互动等方面是否接近和相似,而相似的价值观和交往方式会增加消费者对商家的认同,产生积极的心理连接。由此,社会临场感和感知相容性就从"质"和"量"两方面研究与他人共在的这种心理连接对消费行为的影响。鉴于此,本研究希望探索社会临场感和相容性对在线冲动性购买的影响,故做出如下假设:

H1:社会临场感对在线冲动性购买有正向影响;

H2:感知相容性对在线冲动性购买有正向影响。

本研究采纳 Russell(1980)对情绪的划分,将情绪分为愉悦和唤起 2 个维度进行研究。② 关于情绪与社会临场感之间关系的研究发现,在网站中加入社会线索,可以使人机交互更加自然,仿佛消费者在与一个社会角色进行交流。因此消费者能感受到舒适和更多的情绪满足(Sproull 等,1996)。Reeves 和 Nass(1996)指出,给科技产品赋予社会属性,会提升产品对消费者的唤起水平。③ Lombard 和 Ditton(1997)认为社会临场感能够提升愉悦水平。因此,我们对社会临场感与情绪的关系做如下假设:

---

① Riegelsberger J, Sasse M A, McCarthy J D. Shiny happy people building trust: photos e-commerce on websites and consumer trust [C] //Proceedings of the SIGCHI conference on Human factors in computing systems. ACM, 2003: 121-128.

② Russell J A. A circumplex model of affect [J]. Journal of Personality and Social Psychology, 1980, 39 (6): 1161.

③ Reeves B, Nass C. The media equation [J]. Televison & New Media Like Real People & Places, 1996.

H31：社会临场感对在线消费者的愉悦有正向影响；

H32：社会临场感对在线消费者的唤起有正向影响。

对实体商店的场景研究表明，当消费者认为在场的其他顾客与自己属于同一群体时，会获得强烈的群体认同，而这是一种唤起效应，进而更容易对服务做出正面评价（Loewenstein 和 Schkade，1999；Mellers，Schwartz 和 Ritov，1999；Wirtz，Kruger，Scollon 和 Diener，2003）。[①] 另一方面，Micael 和 Sarah（2012）认为，服务场景中的社会要素能够引发消费者的归属感，顾客认为这个商家和其中人是欢迎自己的，属于自己的"第三空间"，进而产生愉悦的情绪。因此，我们对感知相容性与情绪的关系做如下假设：

H41：感知相容性对在线消费者的愉悦有正向影响；

H42：感知相容性对在线消费者的唤起有正向影响。

情绪对购买行为有着重要影响，Anil 和 Smith（1997）在研究购物环境对消费者行为的影响时发现，购物环境正是通过情绪的中介作用影响消费者的购买行为的。[②] 在冲动性购买行为方面的研究也均认同情绪的驱动作用（Piron，1991；Shiv 和 Fedorikhin，1999；Weinberg 和 Gottwald，1982；Verhagen 和 Dolen，2011）[③]。可见，现有研究均揭示了情绪与冲动性购买的关系，证实正是情绪促使消费者做出计划外的购买行为（Hausman，2000）[④]；同时也证实情绪（enjoyment）能够引发冲动，而高水平的唤起能够降低人的自我控制，进而增加冲动性购买的概率（Parboteeah，2009）[⑤]，因此，我们做如下假设：

H5：愉悦对在线冲动性购买有正向影响；

H6：唤起对在线冲动性购买有正向影响；

H71：愉悦在社会临场感与在线冲动性购买之间起到中介作用；

H72：愉悦在感知相容性与在线冲动性购买之间起到中介作用；

---

① Van Boven L, White K, Huber M. Immediacy bias in emotion perception: Current emotions seem more intense than previous emotions [J]. Journal of Experimental Psychology: General, 2009, 138 (3): 368.

② Abratt R, Goodey S D. Unplanned buying and in-store stimuli in supermarkets [J]. Managerial and Decision Economics, 1990, 11 (2): 111–121.

③ Verhagen T, Van Dolen W. The influence of online store beliefs on consumer online impulse buying: A model and empirical application [J]. Information & Management, 2011, 48 (8): 320–327.

④ Hausman A. A multi-method investigation of consumer motivations in impulse buying behavior [J]. Journal of Consumer Marketing, 2000, 17 (5): 403–426.

⑤ Baumeister R F, Bratslavsky E, Muraven M, et al. Ego depletion: is the active self a limited resource? [J]. Journal of Personality and Social Psychology, 1998, 74 (5): 1252.

H81：唤起在社会临场感与在线冲动性购买之间起到中介作用；
H82：唤起在感知相容性与在线冲动性购买之间起到中介作用。
结合以上的研究假设，本研究提出如下研究模型（见图3-2）。

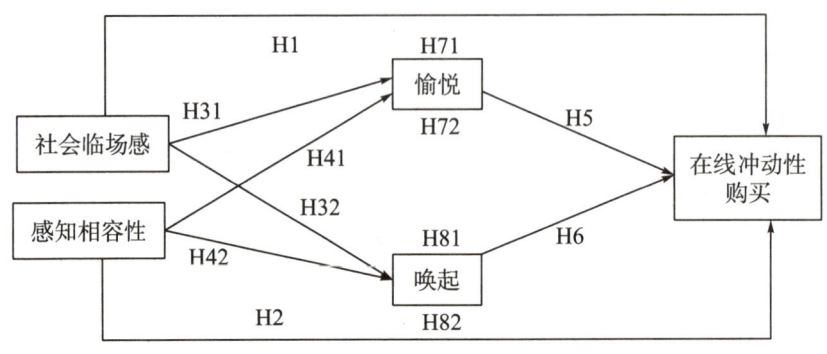

图3-2　研究模型

3.1.5　实证研究过程

（1）对变量的测量设计。

通过文献查阅和比较，研究采用的各变量测量题项及参考来源如表3-2所示。

表3-2　社会临场感量表

变量	测量题项	参考来源
社会临场感（SP）	SP(1)，在该网站购物有与人接触的感觉	Gefen 和 Straub（2003）
	SP(2)，我感觉该购物网站具有人格特征	
	SP(3)，在该网站购物有社交的感觉	
	SP(4)，在该网站购物有与人类交往的温暖感觉	
	SP(5)，该购物网站让我有归属感，让我觉得是其中一员	
感知相容性（PC）	PC(1)，经常在该网站购物的人与我的价值观很接近	Edwards 等（2009）
	PC(2)，该购物网站员工与我存在共同点	
	PC(3)，该购物网站的经营理念和我的价值观有相似性	
愉悦（PL）	PL(1)，在该网站购物我感到开心	Mummalaneni（2005），Donovan 和 Rossiter（1982）
	PL(2)，在该网站购物我感到愉快	
	PL(3)，在该网站购物我感到满足	
	PL(4)，在该网站购物我感到快乐	

续表3－2

变量	测量题项	参考来源
唤起（AR）	AR(1)，在该网站购物我感到兴奋	Mehrabian 和 Russell（1974）
	AR(2)，在该网站购物我感到惊喜	
	AR(3)，在该网站购物我感到激动	
	AR(4)，在该网站购物我感到刺激	
在线冲动性购买（PB）	PB(1)，我在该网站常买一些本来不打算买的东西	Jones，Weun 和 Beatty（2003）
	PB(2)，我常在该网站购买近期很少用到的东西	
	PB(3)，我几乎不在该网站购买计划外的东西（反转题）	

(2) 调研过程。

本研究根据上述变量的测量量表设计了问卷，采用 Likert 五级量表进行问项评分。经过问卷预测试后，本研究利用问卷星平台发放网络问卷，同时通过邮件、即时通讯软件、微信等形式进行调研。本次调查共收回问卷311份，独立 IP 数309。剔除使用重复 IP 地址的问卷、回答时间低于1分钟的问卷和不完整问卷，最后得到274份有效问卷，有效率为88.10%。参与问卷调查的受访者所在地覆盖中国的24个省及香港自治区、美国佐治亚州、英国莱斯特郡等（注：受访者均为中国籍）。

(3) 信度与效度检验。

研究借助对调查数据进行探索性因子分析，通过分析删除了与多个因子同时具有较大相关的变量 AR（1）后，对问卷再次进行结构效度检验。结果显示：KMO 为0.897，显著性概率≤0.001。因子分析显示累计方差贡献率为76.201%，通过主成分分析提取了5个公因子，因子载荷均大于0.6，问卷通过了效度检验。对问卷的信度分析结果显示，各变量的 Cronbach's α 结果均大于0.8，因此具有很高的信度（见表3－3）。

表3－3 问卷的信度与效度检验

变量	测量题项	因子载荷	Cronbach's α
社会临场感（SP）	SP(1)	0.790	0.872
	SP(2)	0.792	
	SP(3)	0.750	
	SP(4)	0.769	
	SP(5)	0.600	

续表3-3

变量	测量题项	因子载荷	Cronbach's α
感知相容性（PC）	PC(1)	0.705	0.824
	PC(2)	0.742	
	PC(3)	0.800	
愉悦（PL）	PL(1)	0.835	0.930
	PL(2)	0.865	
	PL(3)	0.825	
	PL(4)	0.830	
唤起（AR）	AR(2)	0.728	0.878
	AR(3)	0.846	
	AR(4)	0.860	
在线冲动性购买（PB）	PB(1)	0.839	0.814
	PB(2)	0.830	
	PB(3)	0.806	

3.1.6 社会临场感、感知相容性、情绪对在线冲动购买的影响分析

（1）变量之间具有显著相关性。

本研究采用Pearson简单相关分析对理论假设进行初步验证。相关分析结果显示，社会临场感、相容性、愉悦、唤起与在线冲动性购买之间都存在着一定的相关关系，而且在0.01的水平上显著相关。

表3-4 相关分析

项目		SP	PC	PL	AR	PB
SP	Pearson相关性	1	0.551**	0.475**	0.413**	0.497**
	显著性（双侧）		0.000	0.000	0.000	0.000
	N	274	274	274	274	274
PC	Pearson相关性	0.551**	1	0.619**	0.593**	0.626**
	显著性（双侧）	0.000		0.000	0.000	0.000
	N	274	274	274	274	274

续表3-4

	项目	SP	PC	PL	AR	PB
PL	Pearson 相关性	0.475**	0.619**	1	0.640**	0.597**
	显著性（双侧）	0.000	0.000		0.000	0.000
	N	274	274	274	274	274
AR	Pearson 相关性	0.413**	0.593**	0.640**	1	0.579**
	显著性（双侧）	0.000	0.000	0.000		0.000
	N	274	274	274	274	274
PB	Pearson 相关性	0.497**	0.626**	0.597**	0.579**	1
	显著性（双侧）	0.000	0.000	0.000	0.000	
	N	274	274	274	274	274

注：**表示在0.01水平（双侧）上显著相关。

（2）愉悦和唤起情绪影响在线冲动购买。

将愉悦、唤起作为解释变量，在线冲动性购买作为被解释变量，进行回归分析。分析结果均通过回归模型检验、回归系数检验，得到在线冲动性购买（PB）对愉悦（PL）、唤起（AR）的回归方程：

$$PB = 0.466 \times PL + 0.390 \times AR + 0.309 \quad (3-1)$$

考察两个解释变量的多重共线性，VIF值都在（0，10）的范围内，且容忍度均大于0.05，说明解释变量之间不存在严重的多重共线性。因此，假设H5、H6通过验证。该模型总体参数见表3-5。

表3-5 模型总体参数（一）

模型	B	β	Sig. of t	调整后的 R^2	Sig. of F	容忍度	VIF
（常量）	0.309		0.130	0.418	0.000		
愉悦	0.466	0.383	0.000			0.591	1.693
唤起	0.390	0.334	0.000			0.591	1.693

注：a. 预测变量（常量），表示愉悦；b. 预测变量（常量），表示愉悦，唤起；c. 因变量，表示在线冲动性购买。

（3）社会临场感、感知相容性影响在线冲动性购买。

把社会临场感、相容性作为解释变量，在线冲动性购买作为被解释变量，进行回归分析。模型 F 统计值的显著性概率和回归系数 t 统计值的显著性概率

p 均在 0.001 水平上，得到在线冲动性购买（PB）对社会临场感（SP）、相容性（PC）的回归方程：

$$PB = 0.240 \times SP + 0.557 \times PC + 0.692 \quad (3-2)$$

考察两个解释变量的多重共线性，VIF 值都在（0，10）的范围内，且容忍度均大于 0.05，说明解释变量之间不存在严重的多重共线性。因此，假设 H1、H2 通过验证。该模型总体参数见表 3-5。

表 3-6 模型总体参数（二）

模型	B	β	Sig. of t	调整后的 R^2	Sig. of F	容忍度	VIF
（常量）	0.692		0.000	0.421	0.000		
感知相容性	0.557	0.505	0.000			0.696	1.437
社会临场感	0.240	0.219	0.000			0.696	1.437

注：a. 预测变量（常量），表示相容性，社会临场感；b. 因变量，表示在线冲动性购买。

（4）社会临场感和感知相容性影响"愉悦"情绪。

将社会临场感、相容性作为解释变量，愉悦作为被解释变量，进行回归分析。分析结果均通过回归模型检验、回归系数检验，得到愉悦（PL）对相容性（PC）、社会临场感（SP）的回归方程：

$$PL = 0.173 \times SP + 0.465 \times PC + 1.460 \quad (3-3)$$

进一步考察两个解释变量的多重共线性，VIF 值、容忍度均通过检验，说明解释变量之间不存在严重的多重共线性。因此，假设 H31、H41 通过验证。该模型总体参数见表 3-7。

表 3-7 模型总体参数（三）

模型	B	β	Sig. of t	调整后的 R^2	Sig. of F	容忍度	VIF
（常量）	1.460		0.000	0.405	0.000		
感知相容性	0.465	0.513	0.000			0.696	1.437
社会临场感	0.173	0.192	0.001			0.696	1.437

注：a. 预测变量（常量），表示相容性，社会临场感；b. 因变量，表示愉悦。

（5）社会临场感、感知相容性影响"唤起"情绪。

将社会临场感、相容性作为解释变量，唤起作为被解释变量，进行回归分析。分析结果均通过回归模型检验、回归系数检验，得到唤起（AR）对相容性（PC）、社会临场感（SP）的回归方程：
$$AR = 0.116 \times SP + 0.496 \times PC + 1.251 \qquad (3-4)$$

进一步考察两个解释变量的多重共线性，VIF 值、容忍度均通过检验，说明解释变量之间不存在严重的多重共线性。因此，假设 H32、H42 通过验证。

表3-8 模型总体参数（四）

模型	B	β	Sig. of t	调整后的 R^2	Sig. of F	容忍度	VIF
（常量）	1.251		0.000	0.357	0.000		
感知相容性	0.496	0.525	0.000			0.696	1.437
社会临场感	0.116	0.124	0.035			0.696	1.437

注：a. 预测变量（常量），表示相容性，社会临场感；b. 因变量，表示唤起。

3.1.7 情绪的中介效应检验

（1）愉悦的中介效应检验。

分别进行在线冲动性购买对社会临场感（模型1.1）、愉悦对社会临场感（模型1.2），以及在线冲动性购买对愉悦及社会临场感（模型1.3）的回归分析。同样，分别进行在线冲动性购买对相容性（模型2.1）、愉悦对相容性（模型2.2），以及在线冲动性购买对愉悦及相容性（模型2.3）的回归分析。分析结果（见表3-9）显示，回归模型均通过回归方程的检验及回归系数检验，回归效应显著。

表3-9 愉悦的中介效应检验

模型	回归关系	自变量	B	Sig. of t	Sig. of F	R^2/调整后的 R^2	回归方程
1.1	SP→PB	SP	0.546	0.000	0.000	0.247	$PB=0.546 \times SP+1.513$
1.2	SP→PL	SP	0.429	0.000	0.000	0.226	$PL=0.429 \times SP+2.145$
1.3	SP、PL→PB	SP	0.303	0.000	0.000	0.411	$PB=0.303 \times SP+0.567 \times PL+0.297$
		PL	0.567	0.000			
2.1	PC→PB	PC	0.690	0.000	0.000	0.392	$PB=0.690 \times PC+0.984$
2.2	PC→PL	PC	0.561	0.000	0.000	0.384	$PL=0.561 \times PC+1.670$
2.3	PC、PL→PB	PC	0.458	0.000	0.000	0.459	$PB=0.458 \times PC+0.431 \times PL+0.294$
		PL	0.413	0.000			

比较社会临场感的系数变化可知,在线冲动性购买对社会临场感的一元回归系数为0.546。当加入愉悦后,社会临场感的回归系数降为0.303,愉悦在社会临场感和在线冲动性购买之间起到部分中介作用。假设H71得到验证。

比较相容性的系数变化可知,相容性对在线冲动性购买的一元回归系数为0.690。当带入相容性和愉悦时,回归效应仍然显著,且相容性的回归系数降为0.458。愉悦在相容性和在线冲动性购买之间起到部分中介作用。假设H72得到验证。

(2)唤起的中介效应检验。

分别作在线冲动性购买对社会临场感(模型3.1)、唤起对社会临场感(模型3.2),以及在线冲动性购买对唤起及社会临场感(模型3.3)的回归分析。同样,对唤起在相容性和在线冲动性购买之间的中介作用进行检验。分别进行在线冲动性购买对相容性(模型4.1)、唤起对相容性(模型4.2),以及在线冲动性购买对唤起及相容性(模型4.3)的回归分析。其结果见表3-10。

表3-10 唤起的中介效应检验

模型	回归关系	自变量	B	Sig. of t	Sig. of F	R^2/调整后的R^2	回归方程
3.1	SP→PB	SP	0.546	0.000	0.000	0.247	$PB=0.546 \times SP+1.513$
3.2	SP→AR	SP	0.389	0.000	0.000	0.171	$AR=0.389 \times SP+1.983$
3.3	SP、AR→PB	SP	0.342	0.000	0.000	0.412	$PB=0.342 \times SP+0.525 \times AR+0.471$
		AR	0.525	0.000			
4.1	PC→PB	PC	0.690	0.000	0.000	0.392	$PB=0.690 \times PC+0.984$
4.2	PC→AR	PC	0.561	0.000	0.000	0.352	$AR=0.561 \times PC+1.392$
4.3	PC、AR→PB	PC	0.480	0.000	0.000	0.454	$PB=0.480 \times PC+0.374 \times AR+0.463$
		AR	0.374	0.000			

比较社会临场感的系数变化可知,社会临场感的一元回归系数为0.546。当加入社会临场感和唤起时,回归效应仍然显著,但社会临场感的回归系数降为0.342。因此,唤起在社会临场感和在线冲动性购买之间起到部分中介作用。假设H81得到验证。

比较相容性的系数变化可知,相容性的一元回归系数为0.690。当加入相容性和唤起时,回归效应仍然显著,且相容性的回归系数降为0.480。因此,唤起在相容性和在线冲动性购买之间起到部分中介作用。假设H82得到验证。

3.1.8 思考与讨论

本研究揭示了社会临场感和感知相容性共同对在线冲动性购买造成了积极影响，由此可以认为，"与他人共在感知"这一社会因素是从"质"和"量"两个方面对在线冲动性购买造成了影响。社会临场感描述了这一"共在感"的感知水平和程度，而感知相容性描述了"共在感"的方向和质量。因此，对社会临场感的研究可以与相容性相结合，这样更能准确描述在线购买者对"与他人共在"的这种感知。

在关于情绪与在线冲动性购买关系的研究方面，本研究证实了情绪的中介作用，说明在线冲动性购买和传统线下的冲动性购买一样，也受到情绪的巨大影响，这和前人的研究一致。但本次研究还发现情绪在其中起到的仅是部分中介作用而非完全中介作用，可见冲动性购买不是完全由情绪所驱动的，其他因素如社会因素（如社会临场感）、认知因素（如感知相容性）对冲动性购买仍然有着影响作用。这一结论和前人的研究有不一致的方面，但并不矛盾。虽然根据 Verhagen 和 Dolen（2011）对相关研究的回顾，学者们大多认同冲动性购买由情绪所驱动，认为认知的作用并不重要。但本次研究的数据显示，感知相容性对在线冲动性购买的影响甚至大于社会临场感，说明在线冲动性购买还是离不开认知因素的影响。

本研究还进一步从情绪的两个维度"唤起"和"愉悦"分析了情绪的部分中介作用，发现社会临场感和相容性均能通过促进消费者的唤起和愉悦情绪，进而促进在线的冲动性购买。已有的研究更多关注唤起，认为唤起更容易触发冲动性购买，但本研究的结果显示愉悦对冲动性购买的影响大于唤起，并指出激发在线购物者的愉悦情绪是更为重要的要素。另一方面，研究显示感知相容性对唤起和愉悦的影响均大于社会临场感，因而提高在线购物者的感知相容性更有助于调节消费者的购物情绪。

因此，购物网站要从社会临场感和相容性两个方面入手，不仅要关注网页设计、在线商品陈列、销售氛围的营造，以及在线营销人员与顾客的积极互动，减少在线购物的陌生感，让在线消费者产生与他人共在的积极感知；更重要的是通过良好的顾客关系管理、在线商店的品牌塑造、更优异的在线服务质量、更精细化的顾客购物体验管理等策略，缩小购物网站与在线购买者的相容性，唤起在线购买者的愉悦情绪，从而进一步促进在线交易的达成。

3.2 冲动后遗症：在线过度消费行为的思考

随着网购人数的增多和交易规模的扩大，以及"双 11""双 12"等电商节日的疯狂促销，网购中的过度消费逐渐成为一种社会问题，购买量超出现实需求量、消费水平超出实际经济能力、网购上瘾等现象普遍存在，"剁手党""吃土党"等名词的出现也在一定程度上反映出过度消费的危害。来自中国电子商务研究中心《2016 年中国消费者网络消费洞察报告与网购指南》的报告显示，购买商品闲置方面，53.1%的消费者表示网购来的商品闲置率高，40.6%的消费者表示一般。可见，网购消费者冲动下购买商品的情况居多。冲动消费带来了网络购物中的过度消费现象，网络消费的便利性不但没有节约时间和金钱，反而造成了社会资源的浪费。因此，研究过度消费的影响因素，倡导适度消费，对于消费者个人和整个社会来说都显得尤为重要。

在网络消费行为的研究中，国内外学者们在过度消费方面的研究还相对薄弱，目前研究方向主要集中在非理性消费行为和冲动性购买两个方面，过度消费的定义不清晰，对于导致过度消费的影响因素还缺乏成熟、系统的研究。因此，本文从现实角度出发，在以往学者的研究基础之上，研究网络环境下过度消费及其表现形式，并基于计划行为理论，对网络环境下过度消费行为的影响因素进行实证研究。

3.2.1 过度消费的理论辨析

就目前已有的文献来看，国内外学者们对过度消费行为的研究主要是从非理性消费行为这一视角展开的。他们从不同的角度和方向对非理性消费行为做了深入的研究和探讨，但过度消费与非理性消费的界限仍然比较模糊。学者们普遍认为，过度消费是一种超出基本需求和支付能力，与经济发展水平不相适应的消费行为，会造成扰乱社会风气、产生资源浪费等危害。研究传统过度消费和非理性消费的内涵可见，两者在定义、分类和影响因素上存在着区别（见表 3-11）。非理性消费是个体违反效用最大化的消费决策行为，该行为较普遍地存在。这是因为消费者的理性是有限的，容易受到外界因素（促销因素、购买情景等）的影响而产生非理性决策。而过度消费强调的则是个体超越现实客观界限（客观需求、现实经济能力等）而进行的一种消费行为，其本质上也是一种非理性消费。但过度消费在具体表现形式、影响因素上也有其独有的特点。

表 3-11　过度消费和非理性消费的研究对比

	非理性消费	过度消费
定义	非理性消费行为是在个体偏好不一致的基础上，消费者违反个体效用最大化的一种行为[1]（Kahneman，1979）； 非理性消费行为是指个体违反效用满意感，消费者用可以接受的满意感来代替最大化满意感[2]（Simon，1956）； 非理性消费就是不按逻辑进行消费的行为（Malthus）； 非理性消费行为是一种不规范的消费行为，这种行为由超过各方面的约束导致[3]（黄得海，2000）； 非理性消费行为是指消费者由于受到各种不合理因素的影响产生的不合理的消费决策[4]（黄守坤，2005）	过度消费是指消费水平超过客观界限，与生产力发展水平不相适应的消费行为（林白鹏，1991）； 过度消费是脱离现实经济条件和合理需求的消费（王丰年，2002）； 所谓过度消费，一般是指消费超过自身能力或需求的消费行为，也指那些非理智、不健康的消费行为[5]（李青宜，2005）
分类	冲动和惰性（贝克尔）； 忠诚性消费、诱惑性消费和从众性消费[6]（黄合水，2005）； 没有实现效用最大化的消费，不满足边际效用递减规律的消费，没有考虑收入或收入阶层等约束条件的消费，错误的风险、机会等预期意识导致的消费，异常消费（黄守坤，2005）； 冲动性购买、从众性购买、强迫性购买和炫耀性购买	超前消费、炫耀性消费和病态消费（李青宜，2005）； 超前性消费、挥霍性消费[7]（梁佳、王岩，2007）； 负债消费、炫耀消费、病态消费[8]（朱玲，2006）

---

[1] Kahneman, Tversky A. Prospect theory: An analysis of decision under risk [J]. Econometrical, 1979, 47 (2): 263-291.

[2] Herbert A. Simon. A Behavioral Model of Rational Choice [J]. Quarterly Journal of Economics, 1955, 69 (1): 99-118.

[3] 黄德海. 理性与非理性消费行为当议 [J]. 河北经贸大学学报, 2000, 21 (3): 81-82.

[4] 黄守坤. 非理性消费行为的形成机理 [J]. 商业研究, 2005 (10): 14-17.

[5] 李青宜. 应高度重视"过度消费"现象 [J]. 前线, 2005 (8): 21-22.

[6] 黄合水. 广告心理学 [M]. 北京: 高等教育出版社, 2005, 134.

[7] 梁佳, 王岩. 过度消费问题的思考 [J]. 科技和产业, 2007, 7 (5): 36-38.

[8] 朱玲. 论过度消费 [J]. 天水师范学院学报, 2006, 26 (4): 48-51.

续表 3—11

	非理性消费	过度消费
影响因素	支付方式的便利性① (Dutta, 2003)； 商品销售量、促销活动和商品推荐②（Sandy Dawson & Minjeong Kim, 2010)； 购物网站的互动性和生动性③ (Kathy Ning Shen, 2012)； 厂商提供的刺激、购买时的情境因素和个体冲动购买特质④ (陈铭慧, 2001)； 购物网站的知识性、娱乐性、互动性和安全性⑤ (王庆森, 2008)； 消费者的心理、购买情境以及商品的特征⑥ (朱晓丹, 2011)	从社会学和心理学的角度来看，过度消费的内在根本推动因素是人们的求同和炫耀性心理 (李为, 2006)； 虚荣心及面子消费的传统文化、年轻人及时行乐的观念、商家宣传渲染高消费的氛围、新消费手段的影响和西方发达国家消费模式的影响⑦ (翟红华, 2011)

在网络经济环境下，过度消费也呈现出和传统消费不同的特点。传统过度消费的产生原因通常是由于消费者的炫耀或求同心理，以求得到他人的羡慕与崇拜，或者是获得社交圈的认同。而网络情景下的过度消费的动机则比较复杂，可能因为促销、价格低廉等因素的影响，超量购买、无效购买；也可能由于网络信用消费的发展而导致的超前消费；还可能是网络购买成瘾而产生的病态购买。因此，基于传统过度消费的概念，本文将网络过度消费定义为消费者由于受到网络营销因素的影响，在网络购物中缺乏理性思考而产生的超出消费者现实需求和超出经济承受能力，并由此导致资源浪费的一种网络消费行为。

---

① Dutta R, Jarvenpaa S, Tomak K. Impact of feedback and usability of Online payment processes on consumer decision making [J]. In proceedings of the 24th International conference in information systems, 2003; S. T. March, A Massey, J I DeGross (eds), Seattle, 15—24.

② Sandy Dawson, Minjeong Kim. Cues on Apparel Web Sites that Trigger Impulse Purchases [J]. Journal of Fashion Marketing and Management, 2010, 14 (2)：230—246.

③ Kathy Ning Shen, Mohamed Khalifa. System design effects on online impulse buying [J]. Internet Research, 2012, 22 (4)：396—425.

④ 陈铭慧. 沟通策略、消费者冲动性特质、产品特质对冲动性消费行为之影响 [D]. 台湾大学商学研究所, 2002.

⑤ 王庆森. 基于网站特性与消费者个体特征的网络冲动性购买研究 [D]. 浙江大学, 2008.

⑥ 朱晓丹, 孙善亮. 网络环境下的非理性消费及其影响因素研究 [J]. 中南财经政法大学研究生学报, 2011 (1)：16—21.

⑦ 翟红华. 浅论过度消费 [J]. 现代商业, 2001 (2)：10—11.

3.2.2 计划行为理论（TPB）在网络过度消费行为中的应用

（1）计划行为理论（TPB）。

计划行为理论（TPB）是 Ajzen 在理性行为理论的基础上于 1985 年提出的。理性行为理论（TRA）认为消费者的行为态度和主观规范决定着其行为意向，个体的行为意向影响个体行为。Ajzen 认为大部分消费者的行为是控制在理性与非理性相交融的状态下的，所以他在行为态度和主观规范上再引进一个知觉行为控制变量，形成了计划行为理论。[①]

在消费者行为领域的研究中，计划行为理论由于能够有效解释和预测消费者的行为意向而得到国内外的普遍应用。Sheeran 等（2003）证实知觉行为控制在计划行为理论中是一个非常重要的概念，这一变量的加入大大提升了模型的解释力。[②] Madden 等（1992）证明计划行为理论相对于理性行为理论，更能够解释意向和行为。现有的研究成果表明，该理论同样适用于网络消费行为的研究。Hansen 认为计划行为理论适合应用于网上购物意向的研究。[③] Gopi 等的研究也发现，态度、主观规范以及感知到的行为控制与网上购物意向正相关。[④] Orbell（2001）研究发现，行为态度、主观规范、知觉行为控制可以解释购买意向 77% 的变异。现有应用于网络购买的研究表明，计划行为理论对于持续网购意向也能够进行有效的预测。

（2）在线过度消费的研究假设和模型构建。

本研究以计划行为理论的结构模型为基础，构建消费者网络过度消费行为影响因素的理论模型。基于该理论的消费者网络过度消费行为的影响机制是：消费者关于过度消费的行为态度、主观规范和知觉行为控制三者相互影响并共同影响过度消费意向，进而对消费者的过度消费行为产生影响。其中过度消费行为态度是消费者对过度消费行为正向或负向的评价；过度消费主观规范是消

[①] Ajzen. From intentions to actions: A theory of planned behavior [J]. In: KuhlJ, BeckmanJ, (Eds.), Action control: From cognition to behavior, Heidelberg, Germany: Springer, 1985, 11−39.

[②] Sheeran P, Trafimow D, Armitage C J. Predicting behavior from perceived behavioral control: Test of accurance of the theory of planned behavior [J]. British Journal of Social Psychology, 2003 (42): 393−410.

[③] Hansen T, Jensen J M, Solgaard H S. Predicting online grocery buying intention: a comparison of the theory of reasoned action and the theory of planned behavior [J]. International Journal of Information Management, 2004, 24 (6): 539−550.

[④] Gopi M, Ramayah T. Applicability of theory of planned behavior in predicting intention to trade online: Some evidence from a developing country [J]. International Journal of Emerging Markets, 2007 (2): 348−360.

费者认为应不应该进行过度消费时所感知到的社会压力，是消费者周围的人（如家人、朋友）对其过度消费行为的影响；过度消费知觉行为控制是消费者主观评价对过度消费行为的控制能力和感知到的容易或困难的程度；过度消费意向是消费者对于过度消费行为的倾向；过度消费行为则是消费者在网络购物中具体实施的过度消费行为。

根据计划行为理论，本研究认为消费者对网络过度消费的态度与主观规范、知觉行为控制之间是相互影响的，并且这三个因素直接影响消费者的过度消费意愿。由此提出如下研究假设：

H1：过度消费行为态度与过度消费主观规范之间存在正向相互影响；

H2：过度消费主观规范与过度消费知觉行为控制之间存在正向相互影响；

H3：过度消费行为态度与过度消费知觉行为控制之间存在正向相互影响；

H4：消费者的过度消费行为态度正向影响过度消费意向；

H5：消费者的过度消费主观规范正向影响过度消费意向；

H6：消费者的过度消费知觉行为控制正向影响过度消费意向；

H7：消费者的过度消费意向正向影响过度消费行为。

同时，Ajzen 指出知觉行为控制还可直接预测消费行为。Kraft 等（2005）指出知觉行为控制是人们完成某项行动的信心，已有的研究表明人们的行为明显地受到他们对执行该行为能力的自信心的影响。因此，本文提出如下研究假设：

H8：消费者的过度消费知觉行为控制正向影响过度消费行为。

研究模型如图 3-3 所示。

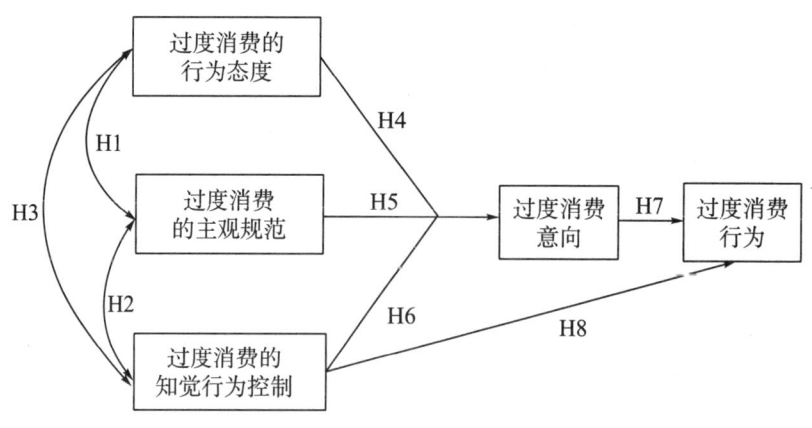

图 3-3　研究模型

3.2.3 在线过度消费行为的实证研究

(1) 变量定义及测量。

本研究主要关注受访者是否存在网络过度消费行为,包括"通过网络信贷、分期付款等方式进行网购,或当网上促销时大量购买超出需求量的商品,或购买当时可能并不需要的商品,以及只要有空闲时间就会忍不住去网购"等行为。主要的研究变量为:过度消费行为态度、过度消费主观规范、过度消费知觉行为控制和过度消费行为意向。其中,过度消费行为态度是消费者对过度消费行为正向或负向的评价、积极或消极的情感;过度消费主观规范是指消费者认为应不应该进行过度消费时所感知到的社会压力,是消费者周围的人(如家人、朋友)对其过度消费行为的影响;过度消费知觉行为控制是消费者主观评价对过度消费行为的控制能力和感知到的容易或困难的程度;而过度消费行为意向是消费者对于过度消费行为的倾向。对以上变量的测量均借鉴国外学者的成熟量表,并根据具体研究情景进行了调整(见表3-12)。

表3-12 变量的测量

所属类别	测量题项	参考量表来源
行为意向	A1. 我最近打算这样消费	O'Cass&Fenech (2003);Hoffman&Novak (1999)
	A2. 我会有限考虑这样消费	
	A3. 如果能这样消费,我会尽量这样	
行为态度	B1. 我觉得这是一个好的想法	George J F (2004)[①]
	B2. 我觉得这样消费是一个明智的选择	
	B3. 我觉得这样消费是有利的	
主观规范	C1. 我周围的人认为我这样消费是明智的	Taylor&Todd (1995)[②]
	C2. 我周围的人认为我这样消费是有帮助的	
	C3. 我周围的人认为我这样消费是有价值的	
知觉行为控制	D1. 这样消费完全在我的控制之内	Taylor&Todd (1995)
	D2. 我有知识和能力这样消费	
	D3. 我能技巧熟练地这样消费	

---

① George J F. The theory of planned behavior and internet purcha-Sing [J]. Internet Research,2004,14 (3): 198-212.

② Taylor S, Todd P A. Understanding information technology usage: a test of competing models [J]. Information Systems Research, 1995, 6 (2): 144-176.

(2) 问卷设计与预调研。

本研究的问卷分为三部分。第一部分是对问卷填写的说明。第二部分是主体问卷，对受访者关于过度消费的行为态度、主观规范、知觉行为控制、行为意向和过度消费行为进行了调研。主体问卷的所有题项均采用国际通用的李克特（Likert）七级量表，请受访者从"非常不同意"到"非常同意"进行打分。第三部分是获取受访者的个人信息。为确保问卷的科学有效性，本研究进行了预调研。由于在校大学生是网络消费的主力群体，有较为丰富的网购经历，所以预调研阶段选取四川大学在校大学生作为调研对象，发放调查问卷共50份，全部有效回收，并根据反馈意见对问卷题项描述进行适当调整，保证题项易理解、易回答和无歧义。在此基础上，形成了本研究的正式调研问卷。

(3) 数据收集及样本描述。

正式调研时，本研究通过国内在线问卷调查平台"问卷星"进行线上问卷调查，采用"问卷星"的收费样本服务收集数据。最后共回收问卷350份，由于问卷题项较多，所以将填写时间低于3分钟的问卷视为无效问卷，剔除无效问卷后最终得到有效问卷321份，有效率91.71%。参与问卷调查的人群覆盖全国大部分地区，调研结果具有一定的代表性（见表3-13）。

表3-13 样本描述性统计

题项	选项	频次	比例	题项	选项	频次	比例
性别	男	158	49.37%	接触互联网的时间	2年以下	1	0.41%
					2~5年	42	12.97%
	女	163	50.63%		6~8年	128	39.76%
					8年以上	150	46.86%
年龄	18~25岁	39	12.13%	平均每次网购金额	100元以下	21	6.69%
	26~35岁	207	64.44%		100~300元	191	59.42%
	36~45岁	67	20.92%		300~500元	69	21.34%
	45岁以上	8	2.51%		500元以上	40	12.55%
学历	高中（中专）	16	5.02%	过去3个月网购次数	0~3次	36	11.30%
	大专	44	13.81%		4~6次	95	29.70%
	本科	235	73.22%		6~8次	70	21.76%
	研究生	26	7.95%		8次以上	120	37.24%

(4) 信度和效度分析。

对收集的数据运用SPSS20.0进行信度检验，各个测量量表的Cronbach's

Alpha 值均大于 0.7，说明量表具有良好的信度。在效度检验方面，由于本研究采用的量表均借鉴已有研究中的成熟量表，并根据实际情景进行了修订，因此具有较好的内容效度。进一步运用 AMOS21.0 进行验证性因子分析，检验每一个潜变量的标准化因子载荷系数和 AVE 值，结果显示各个潜变量的标准化因子载荷系数和 AVE 值均在 0.5 以上，说明测量模型内在质量理想，具有良好的收敛效度（见表 3-14）。

表 3-14　各潜变量的信度和效度检验

变量	测量题项	标准化因子载荷	Cronbach's Alpha	AVE
行为意向	A1	0.894	0.803	0.622
	A2	0.511		
	A3	0.898		
行为态度	B1	0.923	0.940	0.841
	B2	0.925		
	B3	0.903		
主观规范	C1	0.929	0.949	0.863
	C2	0.941		
	C3	0.917		
知觉行为控制	D1	0.829	0.898	0.750
	D2	0.899		
	D3	0.869		

3.2.4　在线过度消费的结构方程模型

本研究以 AMOS21.0 为分析工具，将处理好的数据和研究模型进行结构方程模型的拟合，得到的各拟合度指标见表 3-15。

表 3-15　网络过度消费预设模型的拟合指标

拟合程度指标	x^2/df	RMSEA	GFI	NFI	CFI	IFI
指标值	1.735	0.040	0.994	0.996	0.997	0.997

由表 3-15 可看出，预设模型的 x^2/df 为 1.735，在良好的适配度范围内。荣泰生（2009）认为，结构方程模型的适配度检验除了卡方统计量外还需

同时参考其他指标。① 在本预设模型的各拟合指标中，RMSEA 小于 0.05，GFI、NFI、CFI 等指标均大于 0.90，都在良好的适配度范围内。因此，本研究的预设模型和调查数据可以进行良好的拟合。

本研究的结构方程模型如图 3-4 所示，数据与预设模型拟合后得到的拟合结果见表 3-16。

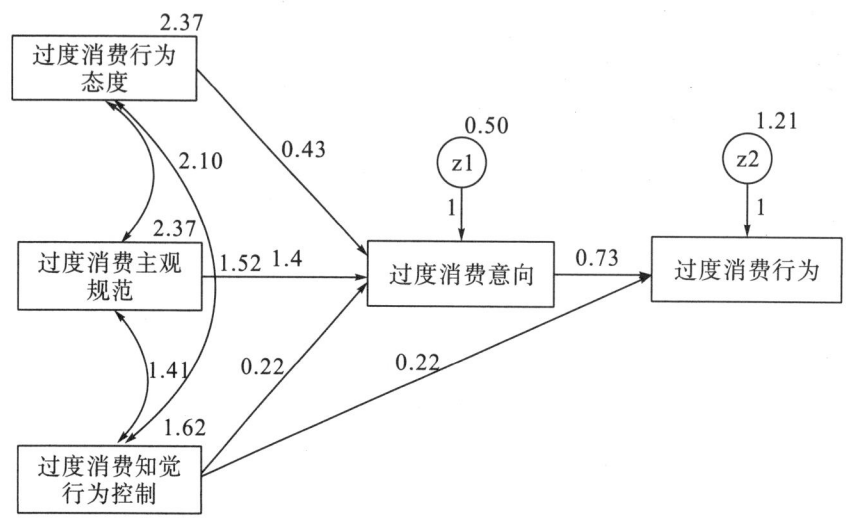

图 3-4　结构方程模型

表 3-16　预设模型的拟合结果和假设检验

路径	Estimate	S.E.	C.R.	P	结论
H1：过度消费主观规范↔过度消费行为态度	2.103	0.103	20.513	***	成立
H2：过度消费主观规范↔过度消费知觉行为控制	1.411	0.078	18.059	***	成立
H3：过度消费行为态度↔过度消费知觉行为控制	1.525	0.080	18.946	***	成立
H4：过度消费意向←过度消费行为态度	0.431	0.039	11.115	***	成立
H5：过度消费意向←过度消费主观规范	0.141	0.035	4.001	***	成立
H6：过度消费意向←过度消费知觉行为控制	0.221	0.031	7.087	***	成立
H7：过度消费行为←过度消费意向	0.728	0.038	19.264	***	成立
H8：过度消费行为←过度消费知觉行为控制	0.227	0.040	5.718	***	成立

---

① 荣泰生. AMOS 与研究方法 [M]. 重庆：重庆大学出版社，2009.

注：*表示 P 值在 0.05 水平下显著，**表示 P 值在 0.01 水平下显著，***表示 P 值在 0.001 水平下显著。

检验结果显示，网络过度消费的行为态度、主观规范和知觉行为控制三者之间的路径假设检验均在 $P<0.001$（***）水平上显著，假设 H1、H2 和 H3 成立；网络过度消费的行为态度、主观规范和知觉行为控制对网络消费意向的路径系数分别为 0.431、0.141 和 0.221，均在 $P<0.001$（***）水平上显著，假设 H4、H5 和 H6 成立；过度消费意向和过度消费知觉行为控制对过度消费行为的路径系数分别为 0.728 和 0.227，均在 $P<0.001$（***）水平上显著，假设 H7 和 H8 同样成立。

3.2.4　四类过度消费行为的影响因素差异

如前所述，本次研究关注了受访者的四类网络过度消费行为，即超前消费行为、超量消费行为、无效消费行为和成瘾消费行为。进一步分析这四类消费行为，发现它们呈现出不一样的特点。

（1）超前消费行为。

超前消费行为是指通过网络信贷、分期付款等方式，超出当前支付能力进行网络消费的行为。回归分析显示，模型 R^2 为 0.692，回归方程和回归系数检验显著，在采用逐步回归过程中，关于超前消费的知觉行为控制这一变量被排除在回归方程之外。回归分析的主要结果见表 3-17。

表 3-17　超前消费行为回归分析结果

模型		非标准化系数		标准系数	t	Sig.
		B	标准误差	试用版		
1	（常量）	0.768	0.191		4.015	0.000
	行为态度	0.804	0.036	0.826	22.562	0.000
2	（常量）	0.580	0.198		2.935	0.004
	行为态度	0.657	0.059	0.675	11.132	0.000
	主观规范	0.188	0.061	0.188	3.096	0.002

注：因变量表示超前行为意向。

关于超前消费行为的回归方程为：

$$行为意向 = 0.580 + 0.657 \times 行为态度 + 0.188 \times 主观规范 \quad (3-5)$$

这说明对于采用在线网贷等类似的超前消费行为，消费者所持的行为态度对超前消费起到了非常重要的作用，而知觉行为控制被排除在方程外，说明消费者对这类超前消费行为缺乏足够的风险预期,对该行为是否在自己可控范围并没有认真思考。

(2) 超量消费行为。

超量消费行为是指网上促销时,大量购买超出需求量的商品的行为。对超量消费行为进行回归分析,模型 R^2 为 0.612,回归方程检验和回归系数检验均显著。与超前消费行为不同的是,在逐步回归过程中,关于超前消费的主观规范被排除在回归方程之外。回归分析的主要结果见表 3—18。

表 3—18　超量消费行为回归分析结果

模型		非标准化系数		标准系数	t	Sig.
		B	标准误差	试用版		
1	(常量)	1.807	0.177		10.231	0.000
	行为态度	0.633	0.035	0.758	17.891	0.000
2	(常量)	0.986	0.236		4.182	0.000
	行为态度	0.450	0.050	0.538	8.992	0.000
	知觉行为控制	0.321	0.065	0.298	4.977	0.000

注:因变量表示行为意向。

关于超量消费行为的回归方程为:

$$行为意向 = 0.986 + 0.450 \times 行为态度 + 0.321 \times 知觉行为控制 \quad (3—6)$$

这说明对于网上购买时的超量消费行为,消费者的行为态度仍然对超量消费起到了非常重要的作用,而且消费者的知觉行为控制也影响超量购买,但主观行为规范被排除在方程外,对消费者的超量消费行为并没有任何的影响,这说明由于网购价格低廉等原因,消费者周围及相关舆论对超量购买的行为缺乏足够关注,而采取比较宽容和接受的态度。

(3) 无效消费行为。

无效消费行为是指消费者购买当时可能并不需要的商品,由此可能造成购买后的商品闲置和浪费。根据调查数据对无效消费行为进行回归分析,模型 R^2 为 0.741,回归方程通过了方程的显著性检验和回归系数显著性检验。在逐步回归过程中,与前两种过度消费行为不同,无效消费行为受到了行为态度、主观规范和知觉控制三种因素的影响。回归分析的主要结果见表 3—19。

表 3-19 无效消费行为回归分析结果

模型		非标准化系数		标准系数	t	Sig.
		B	标准 误差	试用版		
1	(常量)	1.319	0.157		8.408	0.000
	行为态度	0.734	0.031	0.834	23.300	0.000
2	(常量)	1.221	0.151		8.071	0.000
	行为态度	0.399	0.075	0.453	5.287	0.000
	主观规范	0.359	0.074	0.415	4.843	0.000
3	(常量)	0.724	0.186		3.895	0.000
	行为态度	0.286	0.077	0.325	3.700	0.000
	主观规范	0.318	0.072	0.368	4.406	0.000
	知觉行为控制	0.236	0.055	0.224	4.310	0.000

注：因变量表示行为意向。

关于无效消费行为的回归方程为：

行为意向＝0.724＋0.286×行为态度＋0.318×主观规范＋0.236×知觉行为控制

(3-7)

由此可见，对于因为价格低等原因而购买当时并不需要的商品的无效消费行为，受到行为态度、主观规范和知觉行为控制的影响。表明消费者的无效消费行为受到了消费者行为态度（消费者认同这样是一个明智的行为）、主观规范（周围的人也认同该行为是明智的），并且认为自己是有能力这样进行消费、知觉行为控制这 3 个因素的影响，由此产生无效购买意向，并进一步导致无效消费行为。

（4）成瘾消费行为。

成瘾消费行为是指只要有空闲时间就会忍不住去网购的行为。对成瘾消费行为进行回归分析，模型 R^2 为 0.660，回归方程检验和回归系数检验均显著。逐步回归得到的回归方程显示，成瘾消费主要受到行为态度和知觉行为控制的影响，而关于成瘾消费的行为主观规范未进入回归方程。回归分析的主要结果见表 3-20。

表 3-20 成瘾消费行为回归分析结果

模型		非标准化系数		标准系数	t	$Sig.$
		B	标准误差	试用版		
1	（常量）	1.623	0.151		10.711	0.000
	行为态度	0.708	0.033	0.811	21.322	0.000
2	（常量）	1.354	0.203		6.682	0.000
	行为态度	0.639	0.048	0.732	13.338	0.000
	知觉行为控制	0.114	0.057	0.109	1.985	0.048

注：因变量表示行为意向。

关于成瘾消费行为的回归方程为：

行为意向＝1.354＋0.639×行为态度＋0.114×知觉行为控制　（3-8）

回归方程说明对于网络成瘾消费行为，行为态度的影响相对较大，而外在的主观规范对其没有影响，这可能是因为消费者认为没事就逛逛购物网站这是一个比较私人的行为，并不会影响到他人，也不会受他人影响。

3.2.5 研究结论：缺失的规范和低估的风险

本研究通过实证调查，证实在网络经济情境下，过度消费意向影响过度消费行为，而过度消费行为意向主要受到消费者对过度消费行为的态度、主观规范和知觉行为控制的影响。同时，关于过度消费的知觉行为控制会直接影响过度消费行为。可见，计划行为理论能较好地解释网络过度消费行为。具体的研究结论包括：

第一，关于网络过度消费行为的行为态度对过度消费意向的影响较大。而且在调查中，有 12.6% 的受访者明确表示"最近会打算这样消费"，更有 13.8% 的受访者选择"如果能这样消费，我会尽量这样"。可见，要促使消费者在网络购买中进行理性消费，消除过度消费，迫切需要有关部门对网络消费进行合理引导，使消费者建立对过度消费的客观认识和科学态度。

第二，和行为态度相比，关于过度消费行为方面的主观规范对过度消费行为的影响相对较少。这从另外一方面说明当前社会舆论等对过度消费的关注不够，没有对过度消费行为形成一个合理的社会评价导向，由此导致主观规范对过度消费行为无法产生一定的约束和影响。

第三，知觉行为控制不仅影响过度消费行为意向，也直接影响过度消费行为。在网络消费行为中，因为商品价格更优惠、物流便捷等因素，所以

90.2%的受访者均认同"我有知识和能力这样消费",而82.2%的受该者认为"这样的消费完全在我的控制中"。可见,网络过度消费的危害和影响可能被消费者低估了,由此可能会产生更多的过度消费。

综上所述,网络过度消费行为迫切需要得到更多的社会关注和社会舆论的引导,帮助消费者树立正确的消费观,避免过度消费,从而促进绿色消费、可持续消费的发展。

3.3 网络促销与关系质量——基于归因理论的视角

网购情景下,频繁、大量的促销诱发了消费者的冲动性购买、过度消费等非理性行为,但在这些非理性消费行为的背后,网络促销是否会带来消费者与电商企业之间更紧密的关系呢?一般而言,折扣力度越大,顾客获益越多,越利于促进交易双方的关系。然而,随着顾客经历越来越多的线上促销活动,消费心理越来越成熟,消费行为越来越趋于理性,他们对促销活动的认知也在不断地改变。促销活动能否有效促进顾客对电商企业的满意、信任和承诺,这可能不仅仅取决于电商的折扣力度,还可能和顾客如何认识促销活动密切相关。因此,本研究以打折促销为例,希望从顾客认知的角度,引入归因理论来探讨顾客从促销中的获益水平如何影响双方的关系质量。

3.3.1 促销、关系质量与动机归因的理论研究

(1)促销与感知促销利得。

促销被认为与其他营销活动不同(Blattberg,Neslin,1990),促销是专注于行动,通过直接刺激顾客,让其产生购买行为的营销活动。[①] 坎贝尔和戴蒙德(Campbell,Diamond,1990)从促销诱因与商品价格的角度将促销方式分为两大类:第一类是非价格促销,包括赠品、抽奖、质量保障、交叉销售等,都被视为一种不同原始售价的额外获得;第二类是价格促销,包括折扣、退还货款、折价券、特价等,这些促销方式会改变产品的售价。[②] 不同的促销

---

① Blattberg, Robert C. Scott A Neslin. Sales promotion: concepts, methods, and strategies [M]. New Jersey: Prentice Hall, 1990.
② Campbell L, Diamond W D. Framing and sales promotions: the characteristics of a good deal [J]. Journal of Consumer Marketing, 1990 (4): 25-31.

方式会影响促销的效果评级以及促销的利益（Walker，James R，1993）。① 但是无论哪种形式的促销，最终都会让顾客受益，增加顾客所获取的价值。尚东等（Chandon et al，2000）认为促销能够提供给顾客两大利益：功利性利益和享乐型利益。其中功利性利益是指促销可以为顾客节省时间、金钱或者提供给顾客高品质的产品。而享乐型利益则是为顾客提供的探索性利益，即通过促销带来产生刺激的购物环境，进而满足顾客对信息、对探索的需要。② 可见，促销不仅帮助顾客节省了金钱，还会让他们获得诸如心理上的愉悦、便利、娱乐方面的利益，这些利益即是本文研究的感知促销利得。

（2）关系质量及其维度。

关系质量（relationship quality）被认为是顾客与产品或服务提供者在长期的、全面的互动过程中，形成的一种对交互双方关系的感知，这种感知随时间动态变化（Holmlund，2001）③，而且关系质量可以进一步评价，将其视为对交互双方的关系情感要素牢靠程度的一个整体的估值（Palmatier，2006）④。关于关系质量的构成及影响方面，学者们提出了各种模型进行探究。克劳士比、埃文斯等（Crosby，Evans，Cowles，1990）认为关系质量是一个多级的模型，它包括信任和满意两个方面的维度。他们针对投保的客户进行了详细的研究，认为影响关系质量的因素为：相似性、关系销售行为、专业知识。⑤ 雷耿思等（Lagace，Robert，Gassenheimer，1991）也提出了关系质量的模型，在该模型中，他们把满意、信任作为两个维度。他们验证了双方关系的持续时间对于关系质量具有显著的正向影响，同时提出了影响关系质量的主要因素：专业知识、道德、关系持续时间以及接触次数。⑥ 此后，摩根和亨特

---

① Walker and James R. Catchy, Yes, but does it work: The impact of broadcast network promotion frequency and type on program success [J]. Journal of Broadcasting & Electronic Media, 1993 (2): 197-208.

② Chandon, Pierre, Brain Wansink. A benefit congruency framework of sales promotion effectiveness [J]. Journal of marketing, 2000 (4): 65-81.

③ Holmlund, Maria. The D&D mode-dimensions and domains of relationship quality Perceptions [J]. The Service Industries Journal, 2001, 21 (3): 13-36.

④ Palmatier, Robert W, Dant, Rajiv P, Grewal, Dhruv and Evans, Kenneth R. Factors influencing the effectiveness of relationship marketing: a meta-analysis [J]. Journal of Marketing, 2006, 70 (4): 136-153.

⑤ Crosby Lawrence A, Kenneth R Evans, Deborah Cowles. Relationship quality in services selling: an interpersonal influence perspective [J]. Journal of Marketing, 1990, 54 (3): 68-81.

⑥ Lagace Rosemary R, Robert Dahlstrom, Jule B Gassenheimer. The relevance of ethical salesperson behavior on relationship quality: the pharmaceutical industry [J]. Journal of Personal Selling & Sales Management, 1991, 11 (4): 39-48.

(Morgan & Hunt，1994)提出了关于关系质量的承诺-信任感模型，他们认为信任和承诺是维持一段长久的、持续的、良好的关系的必要条件，在他们的研究中，调查了多个轮胎经销商，确立了影响关系质量的主要因素：关系利益、关系成本、价值观、交互沟通、投机行为。①

根据以往各位学者对关系质量的研究，关系质量是一个多维度的概念，但具体到几个维度，学者们的认识又出现了分歧（见表3-21）。但在大部分研究中，关系质量所包含的满意、信任、承诺3个维度是被大多数学者所认同和采纳的，因此本研究也选取这3种维度对关系质量进行研究。

表3-21 关系质量维度的研究

学者	维度
Crosby，Evans，Cowles (1990)	信任、满意
Storbacka，Standvik，Gronroos (1994)②	关系长度、关系强度、关系盈利性
Hennig-Thurau，Klee (1997)③	感知程度、信任、承诺
Smith (1998)④	满意、信任、承诺
汪纯孝，韩小芸 (2003)⑤	友谊、满意度、信任度、情感归属、承诺
Yi-Ching Hsieh，Shu-Ting Hiang (2004)⑥	满意、信任

（3）企业动机归因。

归因就是指如何解释自己和他人行为的原因。海德的归因理论认为，归因有明显的两重性，行为产生的原因可以归为内因和外因两类。凯利的三维归因理论则认为，在把一个结果事件归为某种原因的时候，需要考虑行为的特异性、一致性和共同性方面的特点，从而将行为分别归因于行为者、刺激物、情

---

① Morgan Robert M, Hunt Shelby D. The commitment-trust theory of relationship marketing [J]. Journal of Marketing, 1994, 58 (3): 28-38.

② Storbacka, Strandvik, Gronroos. Managing customer relationships for profit: the dynamics of relationship quality [J]. International Journal of Service Industry Management, 1994, 5 (5): 21-38.

③ Hennig Thurau Thorsten, Alexander Klee. The impact of customer satisfaction and relationship quality on customer retention: a critical reassessment and model development [J]. Psychology & Marketing, 1997, 18 (14): 737-765.

④ Smith Bonds. Buyer-Seller relationships: bonds, relationship management, and Sex-Type [J]. Canadian Journal of Administrative Sciences, 1998, 15 (1): 76-92.

⑤ 汪纯孝，韩小芸. 顾客满意感与忠诚感的关系研究 [J]. 南开管理评论，2003 (4).

⑥ Yi-Ching Hsieh, Shu-Ting Hiang. A study of the impacts of service quality on relationship quality in Search-Experience-Credence services [J]. Total Quality Management, 2004, 15 (1): 43-58.

境。她同时还提出了基本归因中的错误和偏见。① 在与企业交易过程中,顾客也会对自己的行为和企业行为进行归因。贝克尔(Becker,2006)等的研究发现,顾客对企业活动动机的感知对顾客的信念、态度以及行为倾向存在显著影响。② 因此,归因成为研究顾客与企业互动的一个非常好的视角。

从社会责任的视角,顾客对企业动机的归因可分为两类:利他性动机与利己性动机。③ 利他性动机是指企业更多关注顾客利益、社会责任及其潜在收益,而利己性动机则更多关注企业自身的目标或者利益。相关研究指出,对企业活动的利他性归因能够提高顾客的响应(Matos,2007)。④ 虽然前人的研究均认同顾客在对企业动机归因时存在双重性,认为企业行为同时掺杂着利己和利他的双重动机,但在分析归因对顾客行为的影响时,归因理论的折扣原则指出,占优归因将最终决定消费者对企业的响应。⑤

3.3.2 促销利得对关系质量影响的模型构建

(1) 感知促销利得与关系质量的关系。

Morgan 和 Hunt(1994)的实证研究早已指出影响关系质量的五大因素中就包含关系利益⑥,因此,利益会影响交互双方的关系质量。斯托巴卡等(Storbacka,Standvik,Gronroos,1994)所提出的关系质量模型进一步研究了利益在关系质量内部各个要素之间如何传递影响,他们发现顾客感知价值作为前置变量,会影响顾客满意度并进而影响顾客的承诺。⑦ 此后,麦克杜格尔(McDougall,2000)对服务行业进行了研究,也证实了顾客感知价值与顾客

---

① David G Myers. 社会心理学 [M]. 北京:人民邮电出版社,2006:63.

② Becker-Olsen, Karen L, Cudmore B. The impact of perceived corporate social responsibility on consumer behavior [J]. Journal of Business Research, 2006, 59 (1): 46-53.

③ Forehand M R, Grier S. When is honesty the best policy? the effect of stated company intent on consumer skepticism [J]. Journal of Consumer Psychology, 2003, 13 (3): 349-356.

④ Matos, C, Rossi C A. Consumer reaction to product recalls: factors influencing product judgments and behavioral intentions [J]. International Journal of Consumer Studies, 2007, 31 (1): 109-116.

⑤ Du S, Bhattacharya C B, Sen S. Reaping relational rewards from corporate social responsibility: the role of competitive positioning [J]. International Journal of Research in Marketing, 2007, 24 (3): 224-241.

⑥ Morgan, Robert M, Hunt, Shelby D. The Commitment-Trust theory of relationship marketing [J]. Journal of Marketing, 1994, 58 (3): 20-38.

⑦ Storbacka K, Strandvik T, Grönroos C. Managing customer relationships for profit: the dynamics of relationship quality [J]. International Journal of Service Industry Management, 1994, 5 (5): 21-38.

满意之间存在正向作用。① 据此，本研究认为在线打折促销情景下，顾客的感知促销利得也会必然影响关系质量及其各个要素，故提出如下研究假设：

H1：在线打折促销情景下，顾客感知促销利得对关系质量有正向影响；

H1a：在线打折促销情景下，顾客感知促销利得对顾客满意有正向影响；

H1b：在线打折促销情景下，顾客感知促销利得对顾客信任有正向影响；

H1c：在线打折促销情景下，顾客感知促销利得对顾客承诺有正向影响。

（2）企业动机归因对感知促销利得与关系质量的影响。

根据 Matos 关于"利他性归因能提升顾客响应"的研究结论，本研究认为在网络打折促销情景下，顾客对企业动机的归因会影响企业和顾客间的关系质量水平。进一步，如果顾客将企业动机归因于利他性动机，即认为企业打折促销是为了回馈客户、留住客户，则顾客也会对企业有更积极的响应，从而双方更容易建立起良好的关系；反之，如果顾客将企业行为动机归因于利己性动机，即认为企业打折促销主要是为了自身实现更多的销售收入和利润，则顾客对企业的响应相对更低。因此，本研究认为由于顾客对企业打折促销动机的归因不同，会影响到感知促销利得与电商之间的关系质量，故提出如下假设：

H2：不同的企业动机归因下，关系质量水平存在显著差异；

H3：顾客对企业动机的归因调节感知促销利得与关系质量之间的关系；

H3a：相比利己性动机归因，利他性动机归因将增强感知促销利得和顾客满意之间的关系；

H3b：相比利己性动机归因，利他性动机归因将增强感知促销利得和顾客信任之间的关系；

H3c：相比利己性动机归因，利他性动机归因将增强感知促销利得和顾客承诺之间的关系。

由此，基于文献梳理和上述假设，本文建立的研究模型如图 3-5 所示。

---

① McDougall, Gordon H G, Levesque, Terrence. Customer satisfaction with Services: put perceived value into the equation [J]. Journal of Service Marketing, 2000, 14 (5): 392-400.

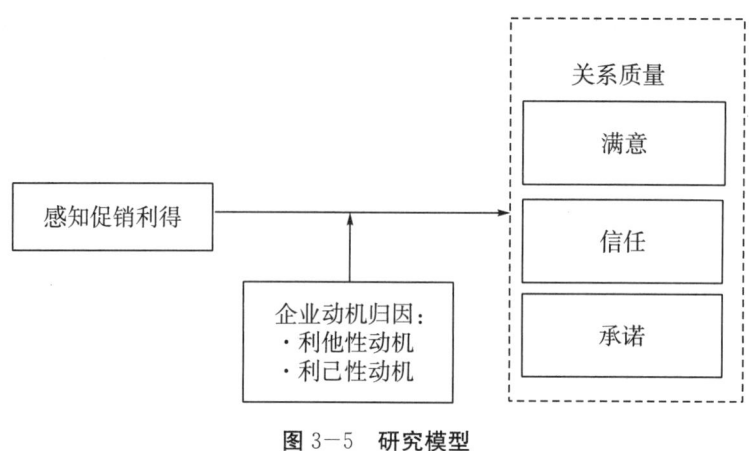

图 3-5 研究模型

3.3.3 实证研究方法

(1) 变量的测量。

在对感知促销利得的研究中,本研究借鉴 Chandon(2000)所设计的顾客感知促销利得量表,用 6 个问项来测量。在调节变量动机归因的测量上,本研究借鉴对企业社会责任归因的视角,借用艾伦(Ellen,2006)等在研究中开发的量表,用 6 个问项对企业动机归因中的利他性动机和利己性动机进行测量。[①] 而关系质量的测量主要从满意、承诺和信任 3 个方面展开研究,其中,满意维度设计 4 个题项,主要参照 Crosby、Evans、Cowles 等的研究;信任维度设计 4 个题项,主要参照 Roberts、Uarki、Brodie 等的研究;承诺维度设计 5 个题项,主要参考 Morgna、Hunt 等的研究。

所有问项均采用的是 Likert 五级量表,1 代表完全不同意,5 代表完全同意,以此类推。由被调查者根据打折促销时自己网购的情况对每一题项给出客观评价。问卷同时也收集了受访者的基本信息,包括年龄、学历、工作、收入、职业等信息。

(2) 数据收集与样本描述。

本文选取在线购物的顾客作为调查对象,要求调研者必须有过在打折促销时进行网购的经历。问卷进行了预测试,通过电子邮件的形式向朋友及同学发放了 40 份问卷,根据他们的反馈,修改了问卷部分问项,形成最终的正式

---

① Ellen P, Webb D J, Mohr L A. Building corporate associations: Consumer attributions for corporate social responsibility programs [J]. Journal of the Academy of Marketing Science, 2006, 34 (2): 147-157.

问卷。

正式调研时,问卷通过问卷星网站进行发放,回收266份,有效回收问卷228份,有效回收率为85.7%。在本次调查收回的266份问卷中,独立IP数255份,慎重起见,剔除使用重复IP地址的问卷;同时,考虑到问卷是网络填写,调查者没有在场,无法得知受访者是否认真填写问卷,因此将回答时间低于3分钟的问卷以及问卷结果完全雷同的问卷剔除,最终得到202份有效问卷,有效率76.0%。同时,通过网络IP进行查询可以发现,参与本次调研的人群覆盖了全国大部分地区。参与问卷调查的受访者所在地包括四川省、河北省等17省和北京市等4个直辖市,调研数据具有一定的代表性。样本的人口统计特征见表3-22。

表3-22 样本的人口统计特征

项目	分类	频次	比例
性别	男	100	43.86%
	女	128	56.14%
年龄	19—30岁	192	84.21%
	31—40岁	30	13.16%
	41—50岁	6	2.63%
年收入	1万以下	60	26.32%
	1万~5万	57	25.00%
	5万~10万	84	36.84%
	10万以上	27	11.84%
受教育程度	高中	18	7.89%
	本科、专科	123	53.95%
	研究生及以上	87	38.16%
职业	学生	51	22.37%
	企业职员	126	55.26%
	管理者	51	22.37%

3.3.4 感知促销利得对关系质量的影响分析

(1)信度与效度检验。

运用SPSS20.0对问卷的信度进行检验,各个测量量表的 *Cronbach Alpha*

值均等于或大于 0.8，说明测量工具具有良好的信度，测量结果稳定可靠。在量表的效度检验方面，由于本文采用的是已有研究中比较成熟的量表，根据实际情况做了适当修订，因此保持了较好的内容效度。本文进一步用探索性因子分析进行结构效度的检验，结果显示各标准化因子载荷的取值在 0.727～0.962 之间，且在 0.001 的水平上显著，说明测量工具有较高的收敛效度。同时，所有潜变量的 AVE 值都大于 0.5，表明测量工具可以解释潜变量的大部分变差。由此，可以认为，本研究的测量量表具有较高的信度和效度（见表 3－23）。

表 3－23 测量的信度与效度检验

变量	测量题项	标准化因子载荷	Cronbach's Alpha	AVE
感知促销利得	我做了一笔好交易，真的节省了现金	0.867	0.913	0.698
	同样的价格，我获得了更高质量的产品	0.859		
	我能购买一个比通常更好的产品	0.851		
	我感觉很好，我是一个好的购物者	0.801		
	我可以尝试一些更好的品牌	0.831		
	打折促销对我来说很享受	0.801		
满意	我对这家网络商店很满意	0.809	0.835	0.670
	我很高兴选择了这家网络商店购物	0.849		
	我很喜欢该网络商店	0.817		
	在该网络商店进行购物总是很愉快	0.798		
信任	该网络商店是值得信赖的	0.769	0.779	0.560
	该网络商店购物我从来没失望过	0.808		
	该网络商店很关心顾客的需要	0.778		
	该网络商店不会损坏顾客的利益	0.726		
承诺	我很骄傲是该网络商店的顾客	0.728	0.799	0.558
	我对该网络商店有归属感	0.754		
	我关心该网络商店的长期发展	0.763		
	我与该网络商店会是长期伙伴关系	0.738		
	如果该网络商店出现一些失误，我愿意原谅它，并维护我与它的关系	0.750		

续表3-23

变量		测量题项	标准化因子载荷	Cronbach's Alpha	AVE
企业动机归因	利他性动机	该网店想对顾客做出回报	0.943	0.886	0.888
		该网店想以此来赢得长期顾客	0.962		
		该网店想以此来留住原有顾客	0.922		
	利己性动机	该网店想以此吸引公众注意	0.876	0.828	0.821
		该网店更多的是考虑自身利益	0.932		
		该网店想以此获得长期利益	0.910		

(2) 感知促销利得与关系质量的相关分析。

分析感知促销利得与关系质量各个维度之间的相关性，结果显示相关系数检验的 t 统计量的显著性概率均小于 0.001，即感知促销利得与满意、信任、承诺均有显著的相关性，且满意、信任和承诺之间有显著的相关关系。其中，信任和承诺之间的相关关系最强，其次是满意和感知促销利得之间的关系（见表 3-24）。

表 3-24 测量的信度与效度检验

		感知促销利得	满意	信任	承诺
感知促销利得	Pearson 相关性	1	0.599**	0.308**	0.304**
	显著性（双侧）		0.000	0.000	0.00
满意	Pearson 相关性	0.599**	1	0.512**	0.506**
	显著性（双侧）	0.000		0.000	0.000
信任	Pearson 相关性	0.308**	0.512**	1	0.737**
	显著性（双侧）	0.000	0.000		0.000
承诺	Pearson 相关性	0.304**	0.506**	0.737**	1
	显著性（双侧）	0.000	0.000	0.000	

注：**在 0.01 水平（双侧）显著相关。

(3) 关系质量对感知促销利得的回归分析。

分别做关系质量以及关系质量的 3 个维度（满意、信任、承诺）对感知促销利得的一元回归分析，回归分析结果见表 3-25。

表 3-25 感知促销利得与关系质量的回归分析结果

模型	因变量	自变量	非标准化系数		t	Sig.	F	Sig.	R^2
			B	标准误差					
1	关系质量	(常量)	2.637	0.209	12.619	0.000	16.991	0.000	0.070
		感知促销利得	0.227	0.055	4.122	0.000		0.000	
2	满意	(常量)	1.909	0.162	11.780	0.000	125.689	0.000	0.357
		感知促销利得	0.481	0.043	11.211	0.000		0.000	
3	信任	(常量)	2.323	0.240	9.690	0.000	23.565	0.000	0.094
		感知促销利得	0.308	0.063	4.854	0.000		0.000	
4	承诺	(常量)	1.888	0.292	6.467	0.000	22.899	0.000	0.092
		感知促销利得	0.370	0.077	4.785	0.000		0.000	

由表 3-25 可知，在 4 个回归方程和回归系数的检验中，F 统计值和 t 统计值的显著性概率均为 0.000，小于 0.001，由此得到如下回归方程：

$$关系质量 = 0.227 \times 感知促销利得 + 2.637 \quad (3-8)$$

$$满意 = 0.481 \times 感知促销利得 + 1.909 \quad (3-9)$$

$$信任 = 0.308 \times 感知促销利得 + 2.323 \quad (3-10)$$

$$承诺 = 0.370 \times 感知促销利得 + 1.888 \quad (3-11)$$

故假设 H1、H1a、H1b、H1c 得到验证。

3.3.5 动机归因调节了促销利得对关系质量的影响

(1) 不同动机归因下关系质量的方差分析。

为讨论归因对关系质量的影响，将企业动机归因作为因子，对关系质量进行方差分析，分析的结果显示归因于利他性动机一组的关系质量水平（4.03）明显高于归因于利己性动机的关系质量水平（3.28），方差检验 F 值为 118.578，在 0.001 水平上显著。

因此，假设 H2 得到验证。即不同企业动机归因下，关系质量水平存在显著差异。

(2) 企业动机归因的调节效应检验。

为验证顾客对企业动机的归因是否在感知促销利得与关系质量之间起到了调节作用，首先，对类别变量动机归因做虚拟化处理，得到变量 G_1。其次，对感知促销利得做标准化处理得到 X_1，由此构造乘积项 $M = G_1 X_1$。第三步是构造关系质量对感知促销利得的回归方程,并逐步把调节变量 G_1 和乘积项 M 放入方程,通过判断 ΔR^2 是否改变或者乘积项的系数显著与否来判断调节效应。同样按此方法检验企业动机归因是否在感知促销利得和满意、在感知促销利得和信任、在感知促销利得和满意之间起到了调节作用。

前面已经验证了关系质量、满意、信任、承诺对感知促销利得的回归分析,主效应显著。加入企业动机归因变量后,各个二元回归方程和回归系数仍然是显著的,说明归因的主效应也是显著的。进一步加入乘积项进行回归分析,检验归因和感知促销利得的交互效应,分析结果见表 3-26。

表 3-26 归因的调节效应检验

模型	因变量	自变量	非标准化系数		T	Sig.	R^2 更改
			B	标准误差			
5	关系质量	(常量)	3.177	0.208	15.308	0.000	0.407
		感知促销利得	0.228	0.053	4.292	0.000	
		动机归因	−0.737	0.065	−11.265	0.000	
		乘积项 M	−0.045	0.096	−0.471	0.638	
6	满意	(常量)	0.794	0.081	9.799	0.000	0.28
		感知促销利得	0.648	0.051	12.695	0.000	
		动机归因	−1.103	0.094	−11.698	0.000	
		乘积项 M	−0.338	0.088	−3.837	0.000	
7	信任	(常量)	0.786	0.109	7.236	0.000	0.000
		感知促销利得	0.255	0.069	3.716	0.000	
		动机归因	−1.069	0.127	−8.450	0.000	
		乘积项 M	−0.024	0.118	−0.203	0.840	
8	承诺	(常量)	0.869	0.102	8.477	0.000	0.019
		感知促销利得	0.332	0.065	5.145	0.000	
		动机归因	−1.201	0.119	−10.070	0.000	
		乘积项 M	−0.290	0.111	−2.607	0.010	

由以上分析结果可知:

①在感知促销利得与关系质量之间,乘积项系数的 t 检验的概率值为 0.638>0.005,说明归因在感知促销利得与关系质量之间没有显著的调节作用。假设 H3 未得到验证。

②在感知促销利得与满意之间,乘积项 M 的系数为-0.338,达到 0.000 的显著性水平,而且 R^2 的改变为 0.28,也是显著的,由此可以判断企业动机归因对感知促销利得和满意之间有显著的调节作用。其回归方程为:

$$满意 = 0.648 \times 感知促销利得 - 1.103 \times 动机归因 - 0.338M + 0.794$$
(3-12)

按照企业动机归因的不同,感知促销利得和满意之间的关系可以表示为以下两种。

a. 归因于利他性动机时,感知促销利得与满意之间的回归方程为:
$$满意 = 0.521 \times 感知促销利得 + 2.135$$
(3-13)

b. 归因于利己性动机时,感知促销利得与满意之间的回归方程为:
$$满意 = 0.250 \times 感知促销利得 + 2.624$$
(3-14)

从两个方程的回归系数可知,归因于利己性动机增强了感知促销利得和满意之间的关系。假设 H3a 得到验证。归因对感知促销利得与落单的调节关系如图 3-6 所示。

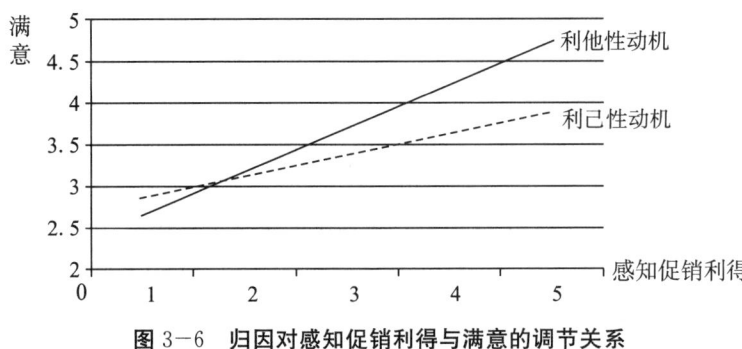

图 3-6　归因对感知促销利得与满意的调节关系

③在感知促销利得和信任之间,乘积项 M 系数的 t 检验结果为-0.024,显著性水平 $0.840 > 0.05$,且 R^2 的改变为 0,说明企业动机归因未能对感知促销利得和信任之间的关系产生调节作用。假设 H3b 未能得到验证。

④在感知促销利得与承诺之间,乘积项 M 的系数为-0.290,显著性水平 $0.01 < 0.05$,R^2 的改变为 0.019,由此可以判断企业动机归因对感知促销利得和承诺之间的关系也产生了调节作用。其回归方程为:

$$承诺 = 0.332 \times 感知促销利得 - 1.201 \times 动机归因 - 0.290M + 0.869$$
(3-15)

同样按照归因的不同,感知促销利得和承诺之间的关系也可以表示为以下两件。

a. 归因于利他性动机时,感知促销利得与承诺之间的回归方程可以写成:

$$承诺=0.405×感知促销利得+2.383 \quad (3-16)$$

归因于利己性动机时,感知促销利得与承诺之间的回归方程可以写成:

$$承诺=0.051×感知促销利得+2.837 \quad (3-17)$$

从回归方程的系数可知,归因于利他性动机增强了感知促销利得与承诺之间的关系。假设 H3c 得到验证。归因对感知促销利得承诺的调节关系如图 3-7 所示。

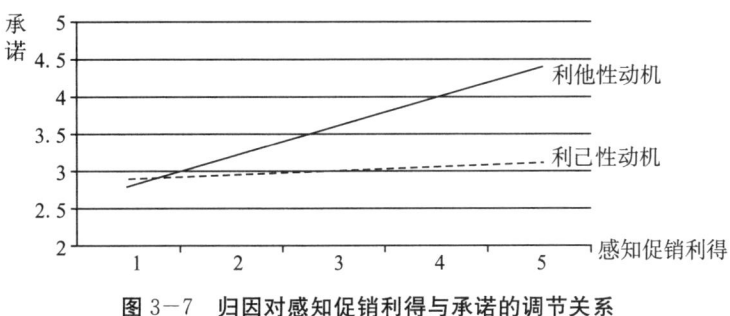

图 3-7 归因对感知促销利得与承诺的调节关系

3.3.6 研究结论:利他性动机归因更有助于提升关系质量

本文利用 SPSS 20.0 对问卷数据进行处理及分析,对提出的研究假设一一进行了验证,研究结果见表 3-27。

表 3-27 研究结果

假设	结论
H1:在线打折促销情景下,顾客感知促销利得对关系质量有正向影响	成立
H1a:在线打折促销情景下,顾客感知促销利得对顾客满意有正向影响	成立
H1b:在线打折促销情景下,顾客感知促销利得对顾客信任有正向影响	成立
H1c:在线打折促销情景下,顾客感知促销利得对顾客承诺有正向影响	成立
H2:不同的企业动机归因下,关系质量水平存在显著差异	成立
H3:顾客对企业的动机归因调节感知促销利得与关系质量之间的关系	不成立
H3a:相比利己性动机归因,利他性动机归因增强了感知促销利得和顾客满意之间的关系	成立
H3b:相比利己性动机归因,利他性动机归因增强了感知促销利得和顾客信任之间的关系	不成立
H3c:相比利己性动机归因,利他性动机归因增强了感知促销利得和顾客承诺之间的关系	成立

从前文的文献综述可知,以往学者们的研究验证了顾客感知价值会影响到

关系质量中的满意和承诺因素。而本研究不仅证实了这一点，还发现在线打折促销情景下，顾客感知促销利得越大，信任关系也容易建立（假设 H1a、H1b、H1c 通过验证），这对以往的研究有所补充。在网络信任的研究中，大多数学者均认同网络信任可划分为认知信任和情感信任两个维度，其中，认知信任（Cognition-Based Trust）是对受信方能力、诚信水平、真诚程度、可依赖程度的理性预期；而情感信任（Affect-Based Trust）是对受信方安全程度和舒适性程度的感知，施信方更多地通过主观判断而非理性分析来得出相应的信任程度。[①] 信任水平受到受信者的能力、善意、正直等因素的正向影响。本研究中，在线打折促销让顾客获得了实惠，也让顾客感受到电商的善意，因此有助于建立信任关系，这和前人关于信任影响因素的研究是一致的。

不同的企业归因方式下，顾客与电商企业间的关系质量存在显著差异。假设 H2 的验证说明归因对关系质量的影响是非常重要的。在归因的中介效应检验中，假设 H3 没有得到验证，动机归因在感知促销利得和关系质量之间未能起到调节作用。原因可能是：第一，归因虽然在感知促销利得与满意之间、在感知促销利得与承诺之间均起到了调节作用，而在关系质量的另一个维度——信任与感知促销利得之间，未起到调节作用。由此可能导致在感知促销利得与关系质量之间，归因未能起到调节作用。第二，题项设置的问题。本研究是在对已有量表分析的基础上，提炼、整合、加工，并根据预调研的实际情况进行理论调整，从满意、信任和承诺 3 个维度来测量关系质量，虽然在一定程度上保证了量表的内容信度和效度，但其完整性和代表性仍有待改进。第三，样本选择的问题。调查问卷在问卷星网站上发布，在调查过程中并未采用严格的随机抽样，这可能在一定程度上影响了样本的代表性。

假设 H3a、H3c 得到验证，说明利他性动机归因能增进利得与满意、利得与承诺之间的关系。在利他性动机归因下，感知促销利得越多，顾客越倾向形成更高水平的满意和承诺。而利己性动机归因下，感知促销利得对顾客满意和承诺的影响程度相比要小得多。这可能是在利他性动机归因下，顾客将电商的打折促销活动视为关系型营销活动；而在利己性动机归因下，顾客将这种打折促销活动视为交易型营销活动。因此，在电商企业的营销实践中，除了选择合适的促销方式以外，更重要的是如何引导顾客进行合理的归因，归因影响企

---

① Johnson-George, Cynthia and Swap, Walter C. Measurement of specific interpersonal trust: construction and validation of a scale to assess trust in a specific other [J]. Journal of Personality and Social Psychology, 1982, 43 (6): 1306-1317.

业与顾客的关系质量。可以在促销活动中强调对顾客的回馈，强化企业对顾客利益的关注，以及表明企业希望留住顾客的诚意，并弱化企业的利得宣传，从而引导顾客对企业行为动机进行利他性归因，这将有助于提升促销的效果和关系质量。

　　本研究证实了在线打折情景下感知促销利得对关系质量的影响，以及归因在其中的调节作用。但由于仅选择在线打折促销情景进行研究，以及样本等因素的原因，本研究存在一定的局限性。未来的研究可以选择不同的促销方式进行研究，以探讨不同促销方式对关系质量的影响。此外，本研究虽然证实了归因对关系质量的影响，但仅从利己性归因和利他性归因两个维度进行归因的调节效应分析，对促销中的哪些因素影响利己或利他的归因，企业动机归因形成的内在机制还有待深入探讨。

第 4 章 "双 11"背后的策略型消费行为

情景 1:

小 A 与小 B 计划今年结婚,新房已经装修妥当了,就等着购置家具、家电用品。于是,俩人趁周末到家电商城逛了一逛,可发现促销力度不是那么让人满意,想到快到五一节了,每年这个时候家电卖场都会推出很多促销活动,于是决定先看好,等五一节时再来一起购买。

情景 2:

每年的"双 11",丁丁都会提前准备好很多想买的东西放在购物车里,期待这些商品的降价。不久前,她相中了一款扫地机器人,"双 11"一定会降价有优惠。丁丁把选好的几个品牌的扫地机器人放入了购物车,截了屏记下了价格,等"双 11"时再比比看,谁的性价比最好再下单。

情景 3:

老赵打算换一辆新车,周末的时候到 4S 店挨个地逛了逛,终于有一款 RX 的城市越野车打动了他。他和销售代表进一步了解这款车的细节、付款情况、提车时间等,决定就买这款车了。同时,销售代表也告诉他,目前这款车价格已经比较低了,不太可能有降价的空间。可是老赵还是犹豫不决,他心想,每年 9 月都有国际车展,那时可能还会有优惠。他的好多朋友也建议他先看好,车展时再入手,因为车展的价格可能是全年最优惠的。那就再等等吧,老赵心想,反正也不急着这几个月。

以上这些消费者的行为是一种"顾客战略行为",也即策略型消费行为。Muth J F (1961) 最早从经济学的角度提出顾客战略行为,他把顾客战略行为引入到报童模型的分析中,并指出具有顾客战略行为的报童模型,其最优的订购量不同于一般性的报童模型。[1] 1972 年,诺贝尔经济学奖得主 Ronald Coase

---

[1] Muth J F. Rational expectations and the theory of price movements [J]. Econometrica, 1961, 29 (3): 315−335.

(1972)也关注到了消费者在耐用品垄断销售中的这种等待行为，他分析如果顾客对未来价格形成理性预期，选择自己的购买时机，则面对消费者的等待策略，即使垄断厂商也不得不将产品的价格定为边际成本，从而只能获得零利润。① 这是较早对策略型消费行为的研究。

此后，学者们展开了相关的研究，"策略型消费行为"可以被定义为顾客基于对产品未来价格的预期，调整购买时间，不急于购买，等待产品进一步降价的消费行为（Phillips，2005；Fisher，2006）。策略型消费者（strategic consumer）也被称为理性消费者（rational consumer）或前瞻型消费者（forward looking consumer）。而和策略型消费行为相对应的当期购买行为被称为短视型消费行为。

根据 Phillips 等的界定，理解这种行为需要把握几点：第一，该行为背景是基于对产品未来价格的预期，认为未来该产品会降价；第二，行为特点是延迟购买，等待降价后再行购买；第三，策略型消费行为通常在非急需的耐用品购买中特别明显；第四，策略型消费行为往往源于市场中定期的促销行为，因此形成了消费者对其价格变动的预期。

4.1 认识策略型消费行为

4.1.1 策略型消费行为渐成消费"新常态"

策略型消费者在日常生活中非常常见，尤其是在贵重大件类商品的购买中，在黄金周等节假日的消费中均较为明显。例如，由于家电类商品通常会在五一、国庆等节假日促销，所以消费者对家电的购买会集中在假期。随着互联网经济的发展，这种集中式、策略式的购买就更为突出了。每年的"双11"成为网民的购物狂欢节，从 2009 年的 5000 万元到 2014 年"双 11"销售额超 570 亿元，在疯狂购物的背后就有消费者的理性思考和策略型行为。据 CNNCI 的调查，2014 年"双 11"消费者购买的商品中，48.7%是提前计划好准备"双 11"降价时购买的，22.2%是碰到降价的便宜商品临时决定购买的（见图 4-1）。而消费者购买产品的花费中，计划性消费在 90%以上的人群占比为 39.9%（见图 4-2）。因此，根据 CNNIC 测算，2014 年"双 11"消费中，积累的计划性消费（策略型消费）占 65%，临时激发的新增消费占 35%。

---

① Coase H. Durability and monopoly [J]. Law Econom，1972，15 (1)：143-149.

即在 2014 年淘宝天猫创造的 571 亿交易额中，371 亿是策略型消费。①

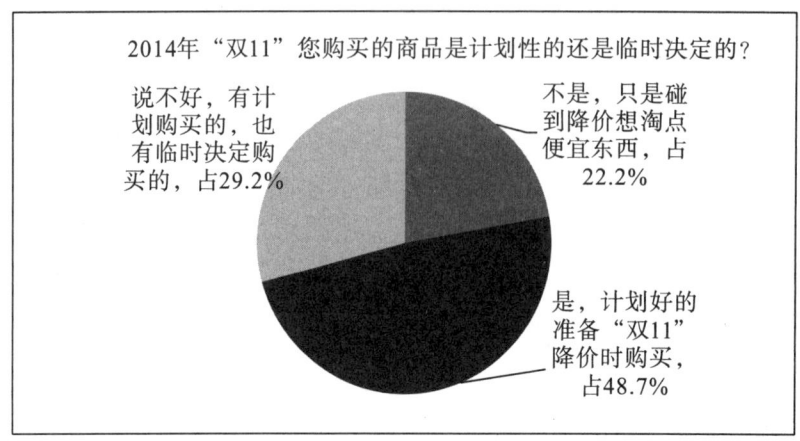

图 4-1 "双 11"消费者购买商品的消费心理

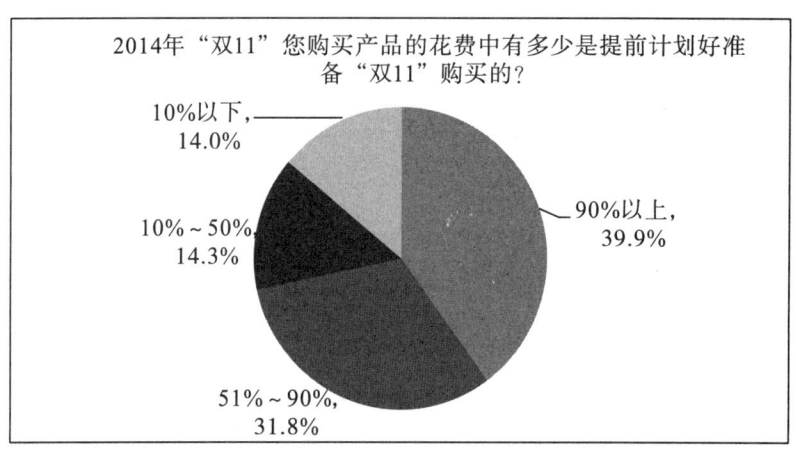

图 4-2 2014 年"双 11"消费者购买商品的计划性测量

4.1.2 策略型消费与延迟购买

策略型消费是顾客基于对产品未来价格的预期，调整购买时间，不急于购买，等待产品进一步降价的消费行为（Phillips，2005；Fisher，2006）。策略型消费行为是一种跨期决策行为，即消费者做决策时常常会对发生在不同时间即 T 期和 $T+1$ 期之间的成本收益进行权衡，并选择其中的一种决策方式

---

① 中国互联网信息中心. "双十一"计划性消费占 65%，新增消费占 35% [EB/OL] (2014-12-1). http：//www. cnnic. cn/hlwfzyj/fxszl/fxswz/201412/t20141201_50582. htm.

(Frederick S，Loewenstein G，1998)。有研究认为消费者普遍具有跨期决策的偏好，而且在购买时间上倾向于 $T+1$ 期实施跨期延迟决策（Tversky，Shafir，1992）。其原因主要是市场、产品和文化等宏观因素或微观层面的理性搜寻、消费者个体差异等。①

然而，策略型消费行为属于延迟购买，但又不等同于延迟购买行为。延迟偏好是消费者在很多情况下会出现的一种行为偏好，指消费者对于购买意向明确的产品，在有支付能力的情况下，偏好比较靠后的时间购买（Ravi Dhar，1997）。延迟偏好产生的原因一般从以下几个视角来解释：一是理性视角，如理性搜寻，即进一步搜寻会带来更大收益（Karni，Schwarz，1997），以及权衡困难（Tversky，Shafir，1992）；二是心理视角，偏好不确定，即没有一个明显偏爱的选项（Ravi Dhar，1997），负性情绪，即避免后悔和保留对未来的可能（Ravi Dhar，Itamar Simonson，2003），以及消费者的个体差异（年龄、家庭角色、婚姻）和个性（Hermann Brandstaffer，2000）；三是宏观视角，如市场因素的不确定性、预期、流动性约束（Alessie，1993）、风险（Soyoung Kim，2008）以及产品因素（耐用品使用周期）和文化因素如习惯等（Raquel Carrasco，2005）。②而策略型消费行为的延迟原因是非常明确的，就是为等待价格的下降而延迟。

4.1.3 策略型消费行为带来的困惑

价格永远是一把双刃剑。策略型消费行为虽然在一定程度上让消费者买到了更价廉的商品，但策略型消费行为在现实生活中对企业和社会经济的发展却也造成了一定的困惑，大量的研究也证实了其存在一定的负面影响。如Besanko 和 Winston（1990）研究了垄断厂商和策略顾客间的博弈，发现策略型消费行为对销售商的定价决策具有重要影响，忽视策略型消费者会使销售商的利润下降 50%。③此后的相关研究也表明，当有 10% 的消费者预期机票会降价而选择等待时，航空公司至少会损失 1% 的利润（Anderson，2003）。研究者们认为，由于策略型消费行为的出现，会形成一种恶性循环：消费者等待

---

① 李晓，张笑寒. 消费者的跨期延迟决策与跨期反转购买的实证研究［J］. 统计与决策，2010(16)：63-65.
② 李晓，屠采撷. 中国消费者的延迟购买偏好是如何反转的？［J］. 经济管理，2011（12）：11-17.
③ Besanko D，Winston L. Optimal price skimming by a monopolist facing rational consumers［J］. Management Scinece，1990，36（5）：555-567.

企业提供更加优惠的价格，企业为了刺激消费需求而越来越早地实行降价，并加大促销力度，这必然会给企业造成损失，而越来越低的利润使得企业很难顾及产品和服务的质量，导致消费者满意度降低，企业市场占有率下降（Byrnes，2004）。可见，策略型消费行为虽然对消费者自身有利，会迫使企业不断降价，减少企业利润，但同时造成产品和服务质量下降及产品积压滞销、供需不能匹配等问题，降低社会整体经济效率和社会福利（Swinney，2008）。

实证研究也支持这一观点，Nair（2007）在 Besanko 和 Winston 模型的基础上，通过基于美国电子游戏产品的实证研究，证明消费者的策略型行为会影响销售商的最优定价策略，当市场上策略型消费者数量巨大时，忽略消费者的策略型行为会导致销售商利润的大幅下降。[1] 我国学者刘晓峰等（2009）还运用经典的 Stackelberg 博弈模型，讨论了策略型消费行为下，销售商最优初始库存决策问题，指出忽略策略型消费行为会导致销售商的利润严重受损。

应对策略型消费行为，国外如 Best Buy、Bloomingdale's、Ann Taylor、Gap、Zara 等大型零售商，利用客户关系管理方法对策略型和非策略型消费者进行区分，采取价格优化、低库存和柔性补货等策略，增大消费者因盲目等待而丧失购买机会的风险，在一定程度上减小了策略型等待行为的负面影响（Sliwa，2003；Ghemawat，2003；McWilliams，2004；Kadet，2004）。如 Best Buy 通过客户关系管理有效地区分这两类消费群体，从而最大限度地减少因为消费者的等待所造成的损失。[2] 西班牙的衣服零售商 Zara 则故意利用较低的初始库存数量来促使消费者及早购买，有效地解决了消费者等待产品降价或者促销的行为。在我国汽车市场上，一些汽车经销商为消除消费者的持币待购、策略型消费行为，纷纷打出差价返还的口号，等等。因此，如何消除策略型消费行为，引导合理消费，也是企业实践中迫切值得解决的问题。

4.2 关于策略型消费行为的相关研究

面对策略型消费行为，学者们的研究主要遵循两个思路：一是企业如何通过定价、库存，以及供应链管理的策略减少策略型消费行为的负面影响，让企

---

[1] Nair H. Intertemporal price discrimination with forward looking consumers: Application to the US market for console video games quantitative marketing and economics [J]. Quantitative Marketing and Economics，2007，5（3）：239－292.

[2] McWilliams G. Minding the store: analyzing customers, best buy decides not all are welcome [N]. Wall Street Journal，2004－11－08（A1）.

业利润最大化;二是如何通过相应的销售策略去消除、转换策略型消费行为,使其实现即期购买。

4.2.1 面对策略型消费者的定价策略

Stokey(1979)最先研究耐用品的策略型消费行为,提出了单寡头垄断销售商面对策略型消费者时最佳的定价方式是采用最优连续时间定价途径(continuous time pricing path)。Harris 和 Raviv(1981)则提出还需要考虑产能因素,认为产能大于市场需求时,单一价格策略优于削价策略(markdown policy);反之,削价策略则更佳。消费者的时间折扣率也被考虑其中,Landsberger 和 Meilijson(1985)的研究表明,当消费者的时间折扣率高于销售商时,跨期差别定价优于单一价格。① 后来,基于 Stokey 的模型,Besanko 和 Winston(1990)进行了扩展研究,首次在动态定价中考虑顾客的策略行为,研究了垄断厂商和策略顾客间的博弈,进一步证明厂商随时间推移而制定的削价策略优于单一价格策略,双方的博弈为纳什博弈。而且如果将消费者的策略行为考虑到定价的过程中,比忽视这种策略行为的利润将增加20%左右,反之则可能损失50%的利润。②

在后来的研究中,考虑到消费者并非是同时决策的,Aviv 和 Pazgal(2008)在研究中假设消费者的到达过程服从强度为 λ 时的齐泊松分布,并为季节性产品设置了折扣销售时点参数,证明面对策略型消费者,预先给定折扣价格相比依据库存量定价对销售商更为有利。③ 此后,Elmaghraby 等在 Aviv 等模型的基础上考虑了完全和不完全信息的两种情景,提出并论证了最优的两步削价策略。此外,在以易逝品为对象的研究中,Levin(2005)等引入单周期折扣因子,发现折扣因子与消费行为策略型的负相关关系,折扣因子较小时,消费行为的策略型就更强。④ 他们后续对上述模型进行了扩展,建立了寡

---

① 申成霖,张新鑫. 运营管理中策略型消费行为研究述评与展望[J]. 外国经济与管理,2010,7(32):40—48.

② Bensanko D, Winston W L. Optimal price skimming by a monopolist facing rational consumers [J]. Man Management Science,1990,(36):555—567.

③ Aviv Y, Pazgal A. Optimal pricing of seasonal products in the presence of forward looking consumers [J]. Manufacturing & Service Operations Management,2008,10(3):339—359.

④ Levin Y, McGill J, Nediak M. Optimal dynamic pricing of perishable items by a monopolist facing strategic consumers [R]. Working Paper, Queen's University, Kingston, Ontario, Canada, 2005; Levin Y, McGill J, Nediak M. Dynamic pricing in the presence of strategic consumers and oligopolistic competition [J]. Management Science,2009,55(1):32—46.

头垄断竞争下基于多产品需求的策略型消费者与销售商间的随机动态博弈模型，证明存在唯一完美的均衡动态定价策略，指出销售商向消费者公布的信息越少，销售商获利越大。[1] 此后，考虑到许多研究并没有把均衡价格策略看成一个随时间动态变化的过程，Levin（2010）等在竞争环境下，研究了基于顾客策略行为的多周期动态定价问题，他们假定市场上顾客数量固定，并构造了一个厂商与顾客博弈的动态定价模型，证明了两者博弈的均衡，得到了最优价格所满足的关系式。[2]

另一方面，考虑到某些耐用品价格的周期性波动，Conlisk（1984）等提出了周期性定价模型，该模型的特点是在一个销售周期结束后，销售商将产品恢复原价，卖给下一销售期新进入市场的购买意愿较高的消费者。Narasimhan 对 Conlisk 模型进行了扩展，给出了具体的价格策略：每个周期开始时给产品定最高价，随后价格随时间的推移而单调下降，到周期结束前降至最低，然后再恢复较高价格，进入下一销售周期。[3] Su 进一步依据消费者的估值高低和耐心程度（是否愿意等待）两个维度将消费者分为高估值型消费者、低估值型消费者、策略型消费者（愿意等待的消费者）和短视型消费者（不愿意等待的消费者）。销售商可以依据需求情况动态地调整价格，既可以提价也可以降价。Su 探讨了允许产品未来价格自由升降时，策略型消费行为对动态定价策略的影响。[4]

我国的学者也对面向策略型消费者的定价策略进行了研究。吕荣胜（2009）专门研究了高新技术产品销售情况，提出了基于消费者策略行为的高新技术产品定价模型。研究得出结论是消费者会基于厂商提供的价格和数量等产品信息，动态地优化自己的购买决策。[5] 杨慧（2010）等研究了消费者为策略型或短视型的市场环境下产品的二阶段动态定价决策问题，应用逆推法得到产品的最优价格路径。数值实验表明，产品降价幅度以及两类消费者总的期望

---

[1] Levin Y, McGill J, Nediak M. Dynamic pricing in the presence of strategic consumers and oligopolistic competition [J]. Management Science, 2009, 55 (1): 32−46.

[2] Levin Y, McGill J, Nediak M. Optimal dynamic pricing of perishable items by a monopolist facing strategic consumers [J]. Production and Operations Management, 2010, 19 (1): 40−60.

[3] Narasimhan C. Incorporating consumer price expectations in a diffusion model [J]. Marketing Science, 1989, 8 (4): 343−357.

[4] Su X. Intertemporal pricing with strategic customer behavior [J]. Management Science, 2007, 53 (5): 726−741.

[5] 吕荣胜, 王晓雯. 基于消费者策略行为的高新技术产品定价模型研究 [J]. 三峡大学学报（人文社会科学版），2009, 3 (31): 64−66.

购买数量和企业总的期望利润会随着策略型消费者所占比例的增加而减小。[①] 李豪等（2011）进一步探讨了在折现竞争（zigzag competition）模式下面向顾客策略行为的多周期动态定价策略。他们从两个提供相同易逝品的零售商竞争出发，分析了在折现竞争模式下零售商在面对顾客策略行为时如何动态地决定价格，发现在供大于求的情况下顾客策略行为导致零售商的收益降低；在供小于求的情况下，一定程度的顾客策略行为可以使零售商获得更高的期望收益。[②]

4.2.2 面向策略型消费行为的库存决策

Yin 和 Tang（2006）等较早研究了库存策略对策略型消费行为的影响。他们对比了公布库存情况的 DA（Display All）策略和仅告知有货、不公布库存的 DO（Display One）策略，发现 DO 策略能够增加消费者当期购买的概率，从而使销售商获得更高的收益。相关研究也得出了同样的结论，如 Liu 和 Van Ryzin 指出，在预先给定产品降价信息的情形下，销售商控制库存水平（如使库存短缺）可以激励策略型消费者尽早以高价购买产品。[③] 可见，面对策略型消费者，有效的库存控制可以增加消费者因盲目等待而丧失购买机会的风险，迫使消费者及早购买产品，从而增加企业收益（Grichnik 等，2008）。

除了控制库存的策略，研究者还将库存决策和动态定价相结合进行研究。Cachon 等（2009）研究了不确定需求下的情形，通过两周期博弈模型的分析求解，指出销售商应该控制初始库存量，并采取动态削价策略，以获取最大收益。[④] Ovchinnikov 和 Milner（2005）研究了在多销售周期下，销售商面对策略型消费者如何根据每期的库存量设定最终折扣价格的问题。Lai 等（2010）建立了在策略型消费者和短视型消费者并存的情景下，如何确定产品的最优定价策略和库存策略，并进一步探讨了价格返还机制对策略型消费行为和销售商

---

① 杨慧，周晶，宋华明. 考虑消费者短视和策略行为的动态定价研究 [J]. 管理工程学报，2010，24（4）：133−137.

② 李豪，熊中楷，彭志强. 竞争环境下基于顾客策略行为的易逝品动态定价研究 [J]. 中国管理科学，2011，4（19）：88−98.

③ Liu Q，Van Ryzin G J. Strategic capacity rationing to induce early purchases [J]. Management Science，2008，54（6）：1 115−1 131.

④ Cachon G P，Swinney R. Purchasing, pricing and quick response in the presence of strategic consumers [J]. Management Science，2009，55（3）：497−511.

收益的影响。①

在关于库存策略的研究上，我国的学者也研究颇丰。刘晓峰等（2009）运用经典的 Stackelberg 博弈模型，讨论了消费者对风险的厌恶在很大程度上可以缓解策略型消费行为对销售商的不利影响。研究结果表明，消费者的风险厌恶程度越高，厂商的价格可以定得较高，相应的库存数量也较多。② 此后，刘晓峰等（2009）还研究了确定和随机需求下，消费者风险中性和风险厌恶的几种情形，指出销售商可以根据高估值和低估值消费者的构成，通过适当设定库存量和价格，来增加消费者买不到产品的风险，从而减少消费者的等待行为，并增加收益。③ 他们还深入讨论了面对消费者策略行为时，短生命周期产品厂商如何有效进行收益管理。结论表明，厂商可通过适当的库存数量增加产品缺货风险，而减少消费者策略行为的不利影响。④ 黄松（2010）等的研究则将报童模型做了两方面的拓展：一是考虑了战略客户对商品的价值估计值不同时的情形；二是考虑了零售商风险态度的情形，并分别给出了两种情形下理性预期均衡解的求解方法。⑤ 此后，他们（2011）在季节性产品销售环境下，考虑由一个零售商和可以无限细分的顾客群体组成的两级供应链系统，研究了考虑战略顾客行为时两阶段报童模型的库存与定价决策问题。⑥ 此外，由于顾客在决定购买时机时将会考虑到等待清仓处理时购买到产品的可能性，黄松（2011）等还研究了顾客战略行为且带有预算约束的多产品报童问题，引入理性预期均衡分析，并进一步分析了数量承诺对于均衡数量和均衡价格的影响。⑦ 同期的研究还有如李豪（2011）等的研究，其研究指出，在供小于求的情况下，一定程度的策略行为并不总是减少零售商的期望收益，随着策略程度的增加，零售

---

① Lai G M, Debo, L G, Sycara K. Buy now and match later: Impact of posterior price matching on profit with strategic consumers [J]. Manufacturing&Service Operations Management, 2010, 12 (1): 33—55.
② 刘晓峰, 黄沛. 基于策略型消费者的最优订购决策 [J]. 管理工程学报, 2009, 4 (23): 182—186.
③ 刘晓峰, 黄沛. 基于策略型消费者的最优动态定价与库存决策 [J]. 管理科学学报, 2009, 10 (12): 18—26.
④ 刘晓峰, 徐贤浩. 消费者策略行为视角下短生命周期产品的定价机制研究 [J]. 中国管理科学, 2011, 8 (19): 153—158.
⑤ 黄松, 杨超, 张曦. 考虑客户战略行为时报童模型定价与库存控制 [J]. 运筹与管理, 2010, 6 (19): 15—22.
⑥ 黄松, 杨超, 张曦. 考虑战略顾客行为时的两阶段报童模型 [J]. 系统管理学报, 2011, 1 (20): 63—70.
⑦ 黄松, 杨超, 张曦. 考虑战略顾客行为带预算约束的多产品报童问题 [J]. 中国管理科学, 2011, 6 (19): 70—78.

商的最优期望收益在某一点取得最小值,然后开始上升。[1]

4.2.3 面向策略型消费行为的供应链管理策略

Su 和 Zhang(2006)率先将策略型消费行为研究引入供应链管理领域,探讨了策略型消费行为对供应链绩效的影响。他们的研究结果显示:销售商可以通过销售量承诺和价格承诺策略来增加利润。随后,他们将模型扩展到分散式供应链情形,采用批发价格契约、削价契约和回购契约对供应链进行协调并对供应链整体绩效进行评价,得出如下结论:第一,批发价格契约下,基于策略型消费行为的分散式供应链的总体利润高于集中式供应链。第二,常见的供应链协调契约(如削价契约和回购契约)能够实现供应链的协调。第三,由于策略型消费者的存在,回购契约不能实现供应链的总体利润在各成员间的任意分配。[2]

我国的学者也在供应链管理的研究中引入了对策略型消费行为的关注。李娟等(2007)把风险中性态度下的供应链系统成员期望收益视为供应链系统绩效好坏的衡量标准,他们通过参数分析和数值模拟发现,得出顾客战略行为对供应链系统绩效是否有负面影响,取决于消费者对二级市场产品的接受程度等相关结论。[3] 齐二石等(2010)研究了供应链两部定价契约问题,提出生产商应该把两部定价契约中的批发价设定在生产商边际生产成本之上;两部定价契约中的固定费用可以实现供应链内部利润的任意分配,有利于供应链达到整体绩效最优。[4] 申成霖等(2011)考虑由单一制造商、单一零售商和一组顾客群组成的分散式供应链系统,分别研究了不进行需求信息更新与需求信息更新下,顾客为短视型和策略型时,零售商和制造商的最优决策问题。研究得出,无论顾客为何种类型,零售商均偏好于获取需求更新信息,当顾客为短视型时,制造商偏好于不获取需求更新信息,而当顾客为策略型时,制造商偏好于

---

[1] 李豪,熊中楷,彭志强. 竞争环境下基于顾客策略行为的易逝品动态定价研究[J]. 中国管理科学,2011,4(19):88-98.

[2] Su X M,Zhang F Q. Strategic customer behavior,commitment,and supply chain performance [R]. MSOM Conference,2006.

[3] 李娟,黄培清,顾锋. 基于顾客战略行为下的供应链系统的绩效研究[J]. 中国管理科学,2007,8(15):77-80.

[4] 齐二石,杨道箭,刘亮. 基于顾客战略行为的供应链两部定价契约[J]. 计算机集成制造系统,2010,4(16):828-830.

获取需求更新信息。此外，需求信息更新有助于提高零售商和供应链系统的利润。①

在供应链管理方面，学者们还研究了如何通过柔性运营策略来应对策略型消费行为。Cachon 和 Swinney（2009）研究了几种柔性运营策略对策略型消费行为下集中式供应链系统定价和库存量/订货量决策及总体收益的影响。他们发现，库存量/订货量柔性不仅能够有效减小策略型消费行为的负面影响，而且能够提高企业和消费者双方的社会福利。产品的设计柔性和混合柔性（产能可以在几种替代品或相似品之间动态分配）也能够有效减小策略型消费行为的负面影响。② 彭志强等（2010）又将再制造作为一种柔性补货机制，研究了考虑顾客策略行为的易逝品定价和再制造柔性补货问题。研究表明，顾客策略行为减少了零售商的期望利润，再制造柔性补货机制可以缓解顾客策略行为的影响，通过减少期初订货量引导顾客提前购买，增加了零售商的期望利润。③

4.2.4　面向策略型消费行为的销售策略

在研究中，学者们也提出了许多面向策略型消费行为的销售策略。无论是理论界还是管理实践，研究较多的是差价返回策略。Corts（1997）④ 和 Chen（2001）⑤ 的研究都表明，同行业内差价返还机制提高了各个零售商的价格，行业竞争程度减少了，因此零售商都保持较高的价格组成价格联盟而获得更多的超额利润。我国学者张黎（2007）还研究了零售商差价返还策略对商店整体价格形象的影响。⑥

对于差异化定价和差价返回策略，我国学者刘晓峰（2008）对二者进行了比较，认为厂商可以通过差价返还机制最大限度地获得这些高保留价格消费者的消费者剩余，并进一步应用 Stackelberg 博弈模型和合同设计理论，得出差

---

① 申成霖，张新鑫. 需求信息更新应对策略型顾客行为的价值 [J]. 中国管理科学，2012，11(19)：23—30.

② Cachon G P, Swinney R. Purchasing, pricing and quick response in the presence of strategic consumers [J]. Management Science，2009，55（3）：497—511.

③ 彭志强，熊中楷，李根道. 考虑顾客策略行为的易逝品定价与再制造柔性补货机制研究 [J]. 中国管理科学，2010，4（18）：53—57.

④ Corts K S. On the competitive effects of price-matching policies [J]. International Journal of Industrial Organization，1997，15（3）：283—299.

⑤ Chen Y, Narasimhan C, Zhang Z. Research note: Consumer heterogeneity and competitive price-matching guarantees [J]. Marketing Science，2001，20（3）：300—314.

⑥ 张黎. 零售商"差价返回"策略对商店整体价格信息的影响 [J]. 商业研究，2007，363(7)：112—117.

别定价和差价返还策略的适用条件。① 此后,彭志强等(2010)的研究也表明,策略型顾客延迟购买影响了零售商的定价决策并使得收益减少,而差价返还机制可以消除策略型顾客的延迟购买行为,提高零售商的收益。② 计国君等(2011)研究了顾客最大支付意愿事前异质和事后异质两种情形下最惠顾客保证的价值。结论表明,在事前异质中,顾客理性购买,最惠顾客保证通过创造隐性价格风险鼓励提前购买;而在事后异质中,销售商提供部分退货补偿,顾客体验购买。③

除了差价返回策略,Su 和 Zhang 还提出了价格承诺(Price Commitment,PC)策略、销售量承诺(Quantity Commitment,QC)策略、产品可获性保障(Availability Guarantee,AG)策略来控制和消除策略型消费行为的负面影响。他们探讨了策略型消费行为下库存承诺和产品可获性保障(即供应商向消费者提供缺货补偿)的价值,并基于理性预期假设,建立了供应商和消费者间的博弈模型,通过参数分析及数值模拟,指出库存承诺和产品可获性保障可以提高供应链系统的利润。④ 此外,相应的策略还有柔性策略、快速反应策略(Cachon,Swinney,2008)、退货承诺策略(Peng,2008)、动态捆绑策略等。如 Peng 和 Xiong(2008)研究了策略型顾客估价不确定时零售商的动态定价问题,并探讨了零售商如何承诺退货以提高期望利润。⑤ 我国学者程岩(2011)研究了易逝品的动态捆绑策略,运用优化后的传统 Q 学习算法,得出了"延迟购买程度越大,动态捆绑策略对收益的贡献也越显著"的结论,论证了动态捆绑策略是有效解决延迟购买效应的一种营销手段。⑥ 齐二石等(2012)考虑顾客战略行为,研究了快速时尚改进设计在销售商竞争中的价值。研究表明,改进设计增量成本较小时,顾客战略行为会放大改进设计的价值。

---

① 刘晓峰. 策略型消费者的动态定价机制与返还合同设计 [J]. 中南财经政法大学学报,2008,3(168):128—133.

② 彭志强,熊中楷,李根道. 考虑策略型顾客的动态定价和差价返还机制 [J]. 管理工程学报,2010,4(24):53—57.

③ 计国君,杨光勇. 战略顾客下最惠顾客保证对提前购买的价值 [J]. 管理科学学报,2010,7(13):18—25.

④ Su X M, Zhang F Q. On the value of commitment and availability guarantee when selling to strategic consumers [J]. Management Science,2009,55(5):713—726.

⑤ Peng Z Q, Xiong Y. Value uncertain in advance selling: the impact of offering refunds for cancellations [C]. International Conference on Service Operations and Logistics, and Informatics, Beijing, China, IEEE, 2008:64—68.

⑥ 程岩. 电子商务中面向延迟购买行为的易逝品动态捆绑策略 [J]. 系统工程与实践,2011,10(31):1892—1902.

而在存在顾客战略行为的情况下,当市场需求波动较大时,销售商可以以低成本引入改进设计,可使其利润得到最大提升,为管理实践提出了一定的指导。①

4.3　一个新的视角:CLT 理论与策略型消费行为

综上所述,在关于策略型消费行为的研究方面,当前的研究主要呈现出以下特点:

(1) 基于运营管理视角。

当前关于策略型消费行为的研究多是从运营管理的视角和理论出发,研究多从企业定价、库存管理、供应链管理等运营管理领域来考虑如何降低策略型消费行为的不良影响,并尽可能消除策略型消费行为。从营销管理及消费行为学视角的研究非常缺乏。而策略型消费行为本身作为一种较特殊的消费行为模式,如从消费者心理和消费行为本身出发,研究策略型消费行为的影响因素、驱动力、决策模式等,将可能完善对策略型消费行为的研究。

(2) 基于完全理性假设。

当前运营管理领域对策略型消费行为的研究是基于消费者完全理性假设的。即消费者根据现有的产品价格、预期的价格及预期的库存等,按照效用最大化原则来决定是现在还是将来购买。而企业则根据其对消费者的决策预期,按照利润最大化目标,进行产品价格和产量等决策。但是,由于认知局限及心理偏见,消费者在面对复杂的市场环境和不完全的市场信息时很难做出完美决策。因此,研究有限理性下的策略型消费行为对于企业而言更具有现实意义,是一个很有前景的研究方向。②

(3) 采用定量研究方式。

当前运营管理领域对策略型消费行为的研究主要采用的是定量研究方式,主要在消费者完全理性的假设基础上,以博弈论为基础建立相关数学模型,通过理论推导获得均衡解,并通过数值仿真来验证模型解的可行性。实证研究相对缺乏,从而很难判断在真实市场环境中一些策略的有效性。

因此,从市场营销的角度通过调查和实验等实证研究方法,探寻有限理性

---

① 齐二石,曹国昭. 基于顾客战略行为与改进设计的销售商竞争 [J]. 计算机集成制造系统,2012,12 (18):2745-2749.

② 申成霖,张新鑫. 运营管理中策略型消费行为研究述评与展望 [J]. 外国经济与管理,2010,7 (32):40-48.

下的策略型消费行为有一定的研究价值。在对有限理性的众多研究中，解释水平理论及心理距离理论提供了一个非常好的视角。解释水平理论（Construal Level Theory，CLT）是近些年才发展起来的"纯粹认知导向"（purely cognitive orientation，Dhar 和 Kim，2007）的社会心理学理论。解释水平理论认为，人们对认知客体的心理表征具有不同的抽象程度即解释水平，而解释水平取决于人们所感知的与认知客体的心理距离，进而影响人们的判断与决策。心理距离中包含有时间距离、社会距离等，而策略型消费行为本来就和时间感知密切相关，对时间距离的感知差异将导致消费者对短视型消费或策略型消费的决策选择。因此可以在有限理性假设的框架下，借助解释水平理论，探寻时间距离及其他心理距离对策略型消费行为的影响。

4.3.1 解释水平理论

解释水平理论（Construal Level Theory，CLT）近年来开始受到国内学者的重视（孙晓玲，张云，吴明证，2007）[①]。解释水平理论的核心思想建立在人们对社会事件的反应取决于人们对事件的心理表征这一社会认知观点基础上（Liberman，Sagristano，Trope，2002；Nussbaum，Trope，Liberman，2003[②]），认为人们对认知客体的心理表征具有不同的抽象程度即解释水平，而解释水平取决于人们所感知的与认知客体的心理距离，进而影响了人们的判断与决策。

解释水平理论是一种社会认知理论，强调个人对环境的感知和理解的重要性，并且人们对事件的心理表征具有层次性。事件的某些特征更为核心，因为相比更为外围的特征，核心特征更具解释力（Liberman，Trope，1998）。心理表征具有不同的抽象程度，这意味着人们在抽象过程中忽略那些被感知为不重要的特征而保留那些更为核心或重要的特征（Liberman 等，2002；Liberman，Trope，1998），因而抽象表征相比具体表征更为简单、明确和原型化。基于上述逻辑，解释水平理论认为人们解释世界的方式是层次性的，并形成一个连续体（Alter，Oppenheimer，2008）[③]，在理论上可以简化为高水平解释与低水平解释（Liberman 等，2002；Liberman，Trope，1998；

[①] 孙晓玲，张云，吴明证. 解释水平理论的研究现状与展望 [J]. 应用心理学，2007，13：181—186.

[②] Nussbaum S, Trope Y, Liberman N. Creeping dispositionism: The temporal dynamics of behavior prediction [J]. Journal of Personality and Social Psychology, 2003, 84: 485—497.

[③] Alter A L, Oppenheimer D M. Effects of fluency on psychological distance and mental construal [J]. Psychological Science, 2008, 19 (2): 161—167.

Nussbaum et al, 2003; Trope, Liberman, 2000[1], 2003)。高水平解释是去背景化的,更加简单、抽象、图示化,反映了事物的核心特征;而低水平解释是背景化的,更加复杂、具体、非图示化,反映了事物的表面特征。

Trope 和 Liberman(2010)提出两个标准用来区分事物的抽象表征和具体表征:一是集中性(centrality),指改变一个物体的高水平特征对该物体的影响要比改变其低水平特征大得多。例如,对于一场演讲而言,改变演讲人比改变演讲地点对演讲的影响更大。二是从属性(subordination),指低水平特征的重要性对高水平特征的依赖性要比高水平特征的重要性对低水平特征的依赖性更强。例如,对一个演讲,只有当演讲主题非常有趣时,地点才变得比较重要。这说明地点的重要性比主题的重要性低。因此,演讲地点是否重要在很大程度上取决于演讲的主题。

近年来,解释水平理论被逐渐运用到诸如选举、说服、谈判、消费者行为等应用领域,显示出该理论强大的解释和预测能力。Freitas 等(2008)[2] 把解释水平理论应用于选举行为,他们发现,在预期选举将发生在较远将来时,选举受到选举人素质表现的影响更强烈;当选举临近时,选举人的偏好会更多地受到当时具体环境的影响。Henderson,Trope 和 Carnevale(2006)[3] 把解释水平理论运用于谈判效果研究,发现谈判者在谈判正式开始前较长时间就对谈判进行准备对于谈判取得更好的成果具有重要意义。

4.3.2 另一个重要概念:心理距离

(1)心理距离的内涵。

心理距离概念源自 20 世纪初对美学的研究。1956 年,Beckerman 在研究国际贸易问题时首次将其应用到社会经济研究领域,自 20 世纪 70 年代以来,心理距离在学术界受到广泛重视,但不同领域对其概念界定却大有不同。Nordstrom 与 Vahlne(1994)将心理距离视为阻碍公司学习与理解国外环境的因素,认为心理距离包含文化差异、结构性差异(主要指法律与管理体制)

---

[1] Trope Y, Liberman N. Temporal construal and time-dependent changes in preference [J]. Journal of Personality and Social Psychology, 2000, 79: 876-889.

[2] Freitas, Langsam, Clark, Moeller. Seeing oneself in one's choices: construal level and self-pertinence of electoral and consumer decisions [J]. Experimental Social Psychology, 2008, 44 (4): 1174-1179.

[3] Henderson, Trope, Carnevale. Negotiation from a near and distant time perspective [J]. Personality and Social Psychology, 2006, 91 (4): 712-729.

以及语言差异。① O'Grady 与 Lane（1996）将其定义为公司关于国外市场的不确定性程度，这种不确定性程度来自文化差异以及其他方面的困难形成的公司对认识国外市场环境的障碍。② Lee（1998）认为，心理距离等同于文化距离，并将文化距离定义为国际化的商人根据语言、商业惯例习俗、法律政治体系，以及市场基础设施所感知或理解的母国与海外目标市场国的社会文化距离。③

（2）心理距离的基本维度。

在社会心理学领域，Liberman 于 1998 年第一个将心理距离概念与解释水平理论相联系，形成了对心理距离较成熟的理论，该理论核心思想建立在人们对社会事件的反应取决于人们对事件的心理表征这一社会认知观点基础上。心理距离（Psychological Distance）是人对某事物接近或远离参照点（自己、此刻、此地）时产生的一种主观经验（Trope and Liberman，2010）。④ 心理距离强调自我中心（egocentric），其参照点是"自己"（self）、"此地"（here）或"此刻"（now）。Liberman（2002）⑤ 界定心理距离包含四个维度：时间距离、空间距离、社会距离以及假设性（Bar－Anan 等，2006⑥；Bar－Anan et al，2007⑦；Trope et al，2007⑧；Trope and Liberman，2010），它们共同构成了心理距离的基本框架。

在 Liberman 所界定的心理距离的 4 个维度中，时间距离（Temporal Distance，简称 TD）是指人们以现在为基准，所感知到的事件发生的时间远

---

① Nordstrom, Erik Vahlne. Is the globe shrinking? psychic distance and the establishment of swedish sales subsidiarie during the Last 100 Years [A]. 1994.

② O'Grady, Lane H W. The psychic distance paradox [J]. Journal of International Business Studies, 1996, 27 (2): 309－33.

③ Lee. The effect of cultural distance on the relational exchange between exporters and importers: the case of australian exporters [J]. Journal of Global Marketing, 1998, 11: 7－22.

④ Trope Y, Liberman N. Construal－Level theory of psychological distance [J]. Psychological Review, 2010, 117: 440－463.

⑤ Liberman N, Sagristano M D, Trope Y, The effect of temporal distance on level of mental construal [J]. Journal of Experimental Social Psychology, 2002, 38 (6): 523－534.

⑥ Bar－Anan, Libermaii, Trope. The association between psychological distance and construal level: Evidence from an implicit association test [J]. Journal of Experimental Psychology General, 2006, 135 (4): 609－622.

⑦ Bar－Anan Y, Liberman N, Trope Y, Algom D. Automatic processing of psychological distance: Evidence from a Stroop task [J]. Journal of Experimental Psychology: General, 2007, 136: 610－622.

⑧ Trope Y, Liberman N, Wakslak C. Construal levels and psychological distance: Effects on representation, prediction, evaluation, and behavior [J]. Journal of Consumer Psychology, 2007, 17 (2): 83－95.

近（Bar-Anan 等，2006），如近期将来（一周后）和远期将来（一年以后）；社会距离（Social Distance，SoD）是指个体以自我为基准，事件主体与自己关系的远近程度的感知，如自我与他人；空间距离（Spatial Distance，SpD）是指个体对事件或对象相距空间远近的感知，如家乡和国外；假设性（Hypotheticality）是指事件或客体发生的可能性大小或与现实的距离远近（Bar-Anan 等，2006）。人们依据对象或事件相对于本人的主观距离，即心理距离，进行评价和决策。

实际上，心理距离并不完善，是否还存在其他的距离维度，一直存在争议。除了上述维度之外，还有其他的距离维度会影响人们的思维方式和行为。Liberman et al（2007）认为除了上述四种维度之外，心理距离应该还包含其他维度。[①] 但其他心理距离维度形式的存在性共识还没有更广泛的实验研究支持。Fiedler（2007）认为信息距离（Informational Distance）、透视距离（Perspective Distance）、情绪距离（Affective Distance）和体验距离（Experiential Distance）等也可以作为心理距离的维度组成。其中，信息距离是指消费者所掌握的与决策有关的知识量或相关数据，即可用事实、经历、细节和知识单元的数目。信息密度越大，距离越短。体验距离可通过获得第一手信息（如消费者自己的经历）或第二、第三手信息（与他人的交流）或通过其他媒体来判断此信息距离是否有效以及信息数量多少。[②] 信息距离、体验距离等距离更像是心理距离变化的结果，而非距离维度本身。但目前这些维度适用性方面的研究还非常匮乏，有待于进一步探讨。因此，时间距离、社会距离、空间距离及假设性是讨论最多的也是被广泛认同的心理距离维度组成。

（3）心理距离各维度之间的关系。

心理距离各维度的本身属性存在差别。时间距离的特征表现为线性的、一维的、不可控的，人们只能从过去走向未来，而不能控制时间变化；空间距离是三维的，较为稳定，具有可控性（即改变客体或者人们之间的空间距离）；社会距离部分可控，如人们可以拉近与他人的关系，却不能完全控制关系；假设性部分可控，如人们可以提高或降低某事件发生的可能性，却不能保证此事件一定发生。心理距离各距离维度虽然存在差别，但由于心理距离是各维度的共有意义，因此，心理距离各维度之间具有密切关系。研究表明其作用机制相

---

① Liberman N, Trope Y, Stephan E. Psychological distance [J]. Social psychology: Handbook of basic principles, 2007（2）：353-383.

② Fiedler K. Construal level theory as an integrative framework for behavioral research and consumer psychology [J]. Journal of Consumer Psychology, 2007, 17（2）：101-106.

似，而且相互影响。

心理距离各维度的共性允许信息感知可以在不同的维度之间实现交换，不同维度的心理距离在认知上的作用是同向的，不同维度的心理距离某种程度上对预测、表现和自控的影响可以互换。越来越多的研究发现，时间距离、空间距离、社会距离等维度都属于心理距离的范畴，它们都以个体自己直接的当前经验作为原点而从不同方向进行延伸（Bar-Anan等，2006；Bar-Anan等，2007；Liberman等，2006；Trope等，2007；Shani，Zeelenberg，2009[①]）。时间间隔越长，空间位置越远，人际关系越生疏，人们感知到的心理距离就会越远。Bar-Anan等（2006）采用图-词Stroop任务，证实了解释水平理论提出的心理距离维度之间相互联系、相互通达关系的存在，被试对距离一致刺激比对距离不一致刺激反应快。Trope和Liberman（2007）的实验也证实了这一点，在要求被试补全"很久以前，在……地方"这个句子时，被试更偏爱用"遥远"（far away）而不用"附近"（nearby）。这不仅仅反映了一种文学习惯，更反映了大脑的无意识倾向。

各距离维度之间也存在相互影响，即一种距离维度的变化会影响其他距离维度。Fiedler（2007）提到了不同距离维度交互作用的问题。根据解释水平理论，心理距离各维度对个体反应的作用机制非常相似，增加一种维度的心理距离会使个体对其他距离维度的感知产生影响。对时间距离、概率性和社会距离的操作确实能够改变心理距离（陈海贤，2012）。[②] 在关于假设性影响的研究中，Wakslak和Trope（2010）证明，假设性影响人对时间、空间、社会距离的感知。人们对于不可能事件的心理表征更抽象，感觉距离自己更远；对可能的事件，人们的心理表征相对具体，感觉距离自己较近。在关于社会距离影响的研究中，Boroditsky（2000）证实了时间距离与空间距离的相似性联系，即空间概念的激活将影响对时间维度的判断，结果发现，被试可自发地使用空间变量提供的结构化信息来处理时间问题，表明时间距离和空间距离在语言和概念结构上均具有相似性联系。[③] Stephan等（2010）使用礼貌性来表征社会距离，根据礼貌性理论实验证明了社会距离与时间距离、空间距离之间存在相互

[①] Shani, Zeelenberg. Different ways of looking at unpleasant truths: How construal levelsinfluence information search [J]. Organizational Behavior and Human Decision Processes, 2009, 110: 36-44.

[②] 陈海贤. 心理距离对跨期选择和风险选择的影响 [D]. 浙江大学, 2012.

[③] Boroditsky. Metaphoric structuring: Understanding time through spatial metaphors [J]. Cognition, 2000, 75: 1-28.

影响。① 同样，空间距离对其他心理距离的影响也是显著的，Williams and Bargh（2008）使用笛卡尔平面（cartesian plane）研究了空间距离对社会距离的影响，结果显示，远距离组被试报告与亲人和家乡的关系较疏远，且与近距离组被试的调查结果差异显著。② Stephan 等（2010）的研究结果表明，若增大时间距离（远的将来），将使被试感到更远的社会距离（Stephan 等，2011）。Fiedler（2007）还提到了不同距离维度交互作用的问题。

总之，不同距离维度对个体感知和理解事物有不同的重要性，并且心理距离的 4 个维度之间是相互平行的关系，都会独立影响到解释水平，不过 4 个维度相互之间的作用和关系以及对解释水平影响的贡献率等方面的研究目前还鲜有涉及。

4.3.3 从解释水平到心理距离

首先，心理距离和解释水平之间是自动联结的。Bar-Anan，Liberman 和 Trop（2006）采用内隐联想测验测试了心理距离和解释水平之间的关系。结果显示，在所有心理距离中（时间、空间、社会距离及假设性），被试对一致组刺激的反应比对不一致组刺激反应快，说明被试内隐地将远心理距离与高水平解释联系在一起，把近心理距离与低水平解释联系在一起。这表明，心理距离与解释水平的联系是自动被激活的，并不需要意识的参与。

其次，心理距离和解释水平之间存在双向联结。解释水平理论认为，人对客体的心理表征具有不同的抽象程度，即解释水平。解释水平取决于人所感知的与认知客体的心理距离（李雁晨，周庭锐，周琇，2009）。③ 个体与事物的心理距离影响其对该事物的解释水平。心理距离较远的事物，解释水平亦高，心理距离较近的事物，解释水平亦低。解释水平也影响人对物体的心理距离的知觉。人倾向于用高水平解释来表征心理距离较远的事物，用低水平解释来表征心理距离较近的事物。因此，心理距离和解释水平之间存在着双向的联结（Bar-Anan，Liberman，Trope，2006；Liberman，Trope，McCrea，2007④）。这

---

① Stephan E, Liberman N, Trope Y. Politeness and social distance: A construal level perspective [J]. Journal of Personality and Social Psychology, 2010, 98: 268-280.

② Williams L E, Bargh J A. Keeping one's distance: the influence of spatial distance cues on affect and evaluation [J]. Psychological Science, 2008, 19: 302-308.

③ 李雁晨，周庭锐，周琇. 解释水平理论：从时间距离到心理距离 [J]. 心理科学进展，2009，17: 667-677.

④ Liberman N, Trope Y, McCrea S M. The effect of level of construal on the temporaldistance of activity enactment [J]. Journal of Experimental Social Psychology, 2007, 43 (1): 143-149.

种联结建立在事件的信息和直接经验的关系之上。事件越远离直接经验,即事件发生的心理距离越远,与事件相关的信息越不容易获得,人就更倾向于形成该事件的抽象的心理表征(高水平解释);反之,则形成该事件的具体的心理表征(低水平解释)。反过来,当某事件被表征得更抽象时,人知觉该事件发生的心理距离较远;反之,则认为该事件发生的心理距离较近。

最后,心理距离对解释水平影响的原因有多种解释。解释水平理论的创始人(Liberman 和 Trope,1998;Trope 和 Liberman,2003)仅仅给出了一些猜测。他们认为,距离影响解释水平的原因首先可能是因为距离的远近使关于事物及其背景信息的可得性和可靠性发生变化,距离越远,事物及其背景的具体信息越不可靠甚至不易得,而当距离靠近时,具体信息才变得详细、清晰、可靠。对于这一猜测,最直观的类比是当人们从远处看一大片不同种类的树时,它是森林,而当距离越来越近时,一棵棵活生生的树会变得越来越清晰(Dhar 和 Kim,2007;Trope 和 Liberman,2003;Wakslak 等,2006[①])。距离影响解释水平的另一个可能原因是源于人们的计划习惯。人们的行为是目标驱动的,当人们计划未来时,人们会首先考虑行为结果的渴望程度,其次才会考虑行为的可行性;而且,对于未来的计划,人们既可以推迟,也可以变更,这也使得人们可以推迟考虑那些有关计划的具体的、与低水平解释相关的信息。Trope 和 Liberman(2003)进一步猜测,由于信息的可得性和人们的计划习惯的长期作用,距离对于解释水平的影响进化成为人们在决策中使用的一种一般的启发法,这使得即使人们面对同样的与不同解释水平相关的信息(即不存在具体信息是否可得的问题),距离对解释水平的效应仍然系统性地影响人们的决策与判断。

4.3.4 心理距离和解释水平对消费者行为的影响

近年来,消费者行为领域的学者逐渐认识到解释水平理论对于理解人类消费行为的重要意义。Dhar 和 Kim(2007)、Lynch 和 Zaubennan(2007)都在他们的研究中探讨了解释水平在消费者购前产品评价,特别是品牌考虑集(consideration set)形成过程中的作用,当消费者考虑购买某种商品时,首先会建立一个备选品牌的考虑集,由于这一考虑阶段和实际的购买存在时间间

---

① Wakslak C J, Trope Y, Liberman N. Transcending the now: time as a dimension of psychological distance [M] //Timing the Future: TheCase for a Time-Based Prospective Memory, 2006: 171-189.

隔，因此，消费者的考虑集更多地受消费目标和产品抽象属性等高水平解释的影响；而消费者的实际选择则更多地受广告、促销、消费情境等低水平解释的影响。因此，消费者实际选择与其购前的基于消费目标的考虑往往存在不一致，这又可能导致消费者后悔。① Fiedler（2007）引入了信息距离这一概念，他认为消费者所拥有的产品信息越多，则信息距离越小，消费者会在低水平解释基础上评价产品，同时考虑过多的产品属性，从而导致决策冲突，最终导致产品满意度下降。

Fujita 等（2008）研究了时间距离对于说服和态度改变的影响。他们发现，当态度的客体在时间距离上相对更远时，强调主要特征、强调渴望性、强调一般性的论点更具有说服力，更有可能造成说服对象的态度改变；而当态度的客体在时间距离上更近时，强调次要特征、强调可行性和强调特例的论点更容易改变说服对象的态度。②

刘红艳，李爱梅，王海忠，卫海英（2012）从解释水平理论视角比较了价格促销和赠品促销信息对消费者购买决策的影响（价格促销和赠品促销分别对应于高解释水平和低解释水平）。当促销方式表征水平与个体目标和任务匹配时，促销方式对消费者的判断和决策产生更积极的影响。促销方式的表征水平能否被激活并影响消费决策还取决于消费目标和决策任务类型，当促销信息与任务类型匹配时，消费者对产品的评价更积极。③

陶建蓉，赵建彬（2013）通过引入心理距离认为产品属性对购买意向的影响是不一样的，如果消费者处在远心理距离的情景，那么产品享乐属性对他们的购买意向有更强烈的影响，如果心理距离减少，产品实用属性对消费者购买意向有更强烈的影响，并认为消费者心理距离的变化会对产品享乐属性和实用属性的偏好发生反转。④ 同样是研究产品属性，宋卓昭，冯蛟，吕一林（2013）引入解释水平理论，研究了自我控制目标对实用品与享乐品解释水平的影响，认为约束目标型自我控制的消费者，对实用品的心理距离近，对享乐品的心理距离远，在处理实用品时会采用低水平的解释，而处理享乐品时采用

---

① Lynch Jr J G, Zauberman G. Construing consumer decision making [J]. Journal of Consumer Psychology, 2007, 17 (2)：107－112.

② Fujita K, Eyal T, Chaiken S, et al. Influencing attitudes toward near and distant objects [J]. Journal of Experimental Social Psychology, 2008, 44 (3)：562－572.

③ 刘红艳，李爱梅，王海忠. 不同促销方式对产品购买决策的影响——基于解释水平理论视角的研究 [J]. 心理学报，2012, 44 (008)：1100－1113.

④ 陶建蓉，赵建斌. 不同心理距离情境下产品属性对购买意向的影响 [J]. 江苏商论，2013, 5：8－11.

高水平的解释；而放纵目标型自我控制的消费者则恰恰相反，在处理实用品时会采用高水平的解释，而处理享乐品时采用低水平的解释。①

解释水平除了影响人们的偏好、判断和选择外，也影响人们对未来的预测和计划（李雁晨，周庭锐，周琇，2009），并表现在人们对用于预测的信息的偏好（Kim，John，2008）。Nussbaum，Trope，Liberman（2003）通过实验研究发现，允许被试在对目标人物的行为做预测之前搜寻新的信息，则他们在预测远期行为时更倾向于搜寻有关目标人物的综合的、整体的、更多受性格特质影响的信息。此外，Nussbaum，Liberman 和 Trope（2006）② 还发现人们对未来有过度自信的倾向。在预测远期进行的实验结果时，相比将要立即进行的实验，被试更多地依据一般理论进行预测，也对预测结果更加自信。

4.4 时间距离对策略型消费行为的影响

4.4.1 研究模型与假设

大量不同背景的研究表明，时间距离能系统性地影响人们对未来事件的解释方式，从而影响偏好和选择。在实际购物情景中，在一定的降价预期下，感知时间距离越远，消费者做出短视型决策的可能性越大，而感知时间距离越近，消费者做出策略型购买的可能性就会越大。与此同时，心理距离还影响个人解释水平（李雁晨，周庭锐，周琇，2009），且心理距离和个人解释水平有双向联结关系（Bar–Anan，Liberman，Trope，2006；Liberman，Trope，McCrea，2007），个人解释水平也影响心理距离感知（祝帼豪，张积家，陈俊，2012）。对于同一时间距离，不同解释水平的个人对时间距离的感知是有差异的。因此，除了时间距离对在线购买决策的影响以外，个人解释水平可能会在时间距离对在线购买意愿影响中起到调节作用。

据此提出假设：

H1：时间距离感知对消费者的跨期选择影响显著，对策略型消费意向存在负向影响，对短视型消费意向存在正向影响；

H2：个人解释水平在时间距离对消费者跨期选择的影响中起调节作用；

---

① 宋卓昭，冯蛟，吕一林. 自我控制目标对实用品与享乐品解释水平的影响［J］. 中国流通经济，2013，2：96-102.

② Nussbaum S，Trope Y，Liberman N. Predicting the near and distant future［J］. Journal of Experimental Psychology：General，2006，135（2）：152-161.

H2a：相较于高个人解释水平消费者，低个人解释水平消费者的短视型购买意愿更强烈；

H2b：相较于低个人解释水平消费者，高个人解释水平消费者的策略型购买意愿更强烈。

研究的总体概念模型如图4－3所示。

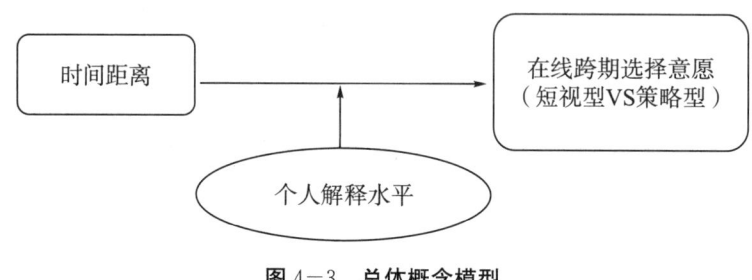

图4－3　总体概念模型

4.4.2　研究设计

（1）实验产品的选择。

根据对文献的梳理，本研究整理了我国学者在相关研究中用到的实验产品，如表4－1所示。

表4－1　相关研究中的实验产品

学者	实验材料
Huber等（1982）	啤酒
杜青龙（2011）	相机
宋思银（2011）	汽车轮胎、家用电话机
蒲素（2012）	数码相机
严建援，郭海玲等（2012）	便利品（饼干、电池、牙膏、伞），购物品（数码相机、手机、羽绒服、洁面乳）
张成全（2012）	笔记本电脑、MP4、数码相机、洗衣机
李东进（2012）	扫描仪、运动外套、双筒望远镜
孙洪杰（2013）	牙齿矫正手术、牙膏、MP3
姚卿，陈蓉（2013）	实用品，享乐品
王茜（2013）	手机
郭俊辉（2014）	电信宽带、MP3
陈良凯，张一（2014）	银行理财产品

由表 4-1 可见，我国学者采用 3C 产品作为相关研究的实验产品频率最高，可能是因为 3C 产品是消费者日常生活中接触最多、消费最多的产品之一，作为实验产品能够使消费者很好地融入实验情景之中。此外，根据我国 3C 行业报告数据显示，3C 产品有着较为固定的降价周期。以手机为例，从新产品上市开始，每 3 个月大约降 15%～20%，如此降价 4 轮，即新产品上市一年后，价格基本稳定。而 3C 产品的降价周期已被众多消费者掌握，因此 3C 产品的商家也正好面临日益增多的策略型消费者。因此，本研究以手机作为实验产品。

（2）时间距离的操纵。

本研究的时间距离是指消费者预期购买商品的时间点距离现在的远近。与近期购买相比，远期购买时间相对于当前时间心理感知上更远。以往研究者们实施近期和远期实验操作时采用一系列不同时间周期控制，具体操纵方式如表 4-2 所示。

表 4-2 时间距离操纵方式

操纵方式	文献来源
明天 VS 明年	Liberman, Trope, 1998；Nussbaum 等（2003）；Forster 等（2004）；Kim 等（2008）；张梦（2012）
本周末与几个月以后的周末	Libennan 等（2002）
两天后 VS 6 个月以后	Yan, Sengupta（2011）
1 周之内 VS 9 周以后	Libeman and Trope（1998）
当天（或现在）VS 2 个月后	刘红艳（2010）；Sagristano 等（2002）
1 周内 VS 1 年后	张缓（2010）
（离毕业远近）新生 VS 高年级学生	Huang 等（2011）
明天 VS 10 年后	钟毅平，张志（2011）
2 天 VS 2 个月后	Zhao, Xie（2011）
一级城市 3～4 天 VS 1～2 天	章玻（2012）
二线城市 7～10 天 VS 3～4 天	
明天 VS 下个学期	曾挺（2012）
前几天 VS 3 年前	王珍（2013）

本研究对时间距离的操纵为 1 周以内（近的将来）和 9 周以后（远的将

来)。为检验操纵是否成功,问卷加入了时间距离的操纵检验项,题项以 Kimand Jonh (2008)、Mogiliner 等 (2008) 和张媛 (2010) 的研究方法为参考,根据实际操控方法进行调整。

(3) 实验设计。

实验设计是请被试想象如下情景:他(她)正打算购买一款新手机,在浏览相关网站时,对某商家的某一品牌新款手机产生了兴趣。该款手机在配置上,搭载最新版本操作系统、全高清级别分辨率、四核处理器、内存支持大量丰富应用软件、双高清摄像头、超大容量电池,且采用全新的工艺设计,外观选择多样,通话质量较好,支持 4G 高速网络。在了解了产品特征、价格及售后服务后,被试打算购买该款手机。

然后告知被试,新款手机在本周内保持原价销售,在 9 周后将会有促销活动降价 20%。需要被试在这两种购买方式中做出选择。需要说明的是,无论本周内购买或 9 周后购买,都不会影响到正常生活。对被试在"1 周内购买"和"9 周后购买"的意愿进行测量。同时,要求被试对 1 周内和 9 周后这两个时间距离现在远近的感知做出评价。测量和评价都采用李克特 7 级量表。

4.4.3 数据分析及研究结论

(1) 实验实施。

通过梳理分析以往研究结果,并未发现消费者人口统计特征对心理距离产生显著影响,即相关研究对人口统计特征没有特殊要求。本研究中,通过线上和线下进行实验。实验对象为 18—50 岁之间的学生、企事业单位人员、自由职业者,当前所在地涵盖四川、广东、安徽、甘肃等,共 300 位被试参加,共收到有效样本 230 份。

(2) 时间距离的操纵性检验。

为检验使用实验材料是否能操纵被试的时间距离感知,参考以往操纵研究经验,本研究进行了预测试,要求被试在阅读材料后,将选择对"1 周内距离现在"和"9 周后距离现在"(1 和 7 分别代表极其近和极其远)的感知。描述性统计分析结果如表 4-3 所示,分数越低表明被试时间距离感知越近,分数越高表明被试感知越远。从表中可以看出,被试对"1 周内距离现在"和"9 周后距离现在"的时间距离感知差异显著 ($M_{1周内TD}=1.94<M_{9周后TD}=5.58$;$T=-36.535$,$P<0.001$),这说明时间距离操纵成功。

表4-3 时间距离操纵性检验

时间距离	N	Mean	Std. D	配对比较
1周内距离现在	230	1.94	1.054	$T=-36.535$
9周后距离现在	230	5.58	1.102	$P=0.000$

（3）时间距离感知对策略型消费影响显著。

数据相关分析结果显示，消费者在1周内购买手机的选择意愿与9周后这一时间距离感知相关性显著（$P=0.000$）；在9周后购买手机的选择意愿也与9周后距离现在的时间距离感知相关性显著（$P=0.001$）。对其进一步做回归分析，结果见表4-4和表4-5。

表4-4 时间距离感知对短视型消费意愿的回归分析结果

模型	非标准化系数		t	$Sig.$
	B	标准误差		
（常量）	0.897	0.571	1.571	0.118
9周后距离现在	0.384	0.100	3.824	0.000

注：因变量为1周内购买手机。

表4-5 时间距离感知对策略型消费意愿的回归分析结果

模型	非标准化系数		t	$Sig.$
	B	标准误差		
（常量）	7.265	0.564	12.876	0.000
9周后距离现在	-0.334	0.099	-3.362	0.001

注：因变量为9周后购买手机。

由此可知，时间距离感知对短视型消费意愿有正向影响，时间距离感知对策略型消费意愿有负向影响，相应的回归方程为：

短视型消费意愿＝0.897＋0.384×9周后距离现在的时间距离感知

(4-1)

策略型消费意愿＝7.265－0.334×9周后距离现在的时间距离感知

(4-2)

数据分析结果支持H1，即时间距离感知对不同类型消费者在线跨期选择影响显著，时间距离感知对策略型消费意愿存在负向影响，而对短视型消费意愿存在正向影响。即时间距离感知越远，消费者短视型购买意愿越强，而策略型购买意愿越弱,两者此消彼长。

(4) 个人解释水平的调节作用。

为验证个人解释水平的影响,本研究还对个人解释水平进行了测量。根据被试的个人解释水平高低进行分类,探讨不同个人解释水平对消费者购买意愿的影响。测量工具选择目前普遍采用的 Vallacher 和 Wegner(1989)编制的"行为鉴别项目测试"(Behavior Identification Form,BIF)问卷。参照 Kim 和 John(2008)的研究,采用均值切分法划分被试个人解释水平,最后得分大于或等于 14 分的划分为高水平解释组,得分小于 14 分的划分为低水平解释组。

本研究对个人解释水平进行测量,得到高低两组个人解释水平。运用方差分析验证个人解释水平的调节作用,分析结果如表4-6和图4-4所示。

表4-6 个人解释水平对消费者在线跨期选择的方差分析

	描述性统计				方差分析			
		N	Mean	Std. D		df	F	Sig.
QA1: 1周内购买手机	低解释水平	69	3.46	1.852	组间	1	6.114	0.014
	高解释水平	161	2.86	1.639	组内	228		
	总体	230	3.04	1.724	总体	229		
QA2: 9周后购买手机	低解释水平	69	4.88	1.851	组间	1	9.677	0.002
	高解释水平	161	5.63	1.572	组内	228		
	总体	230	5.40	1.692	总体	229		

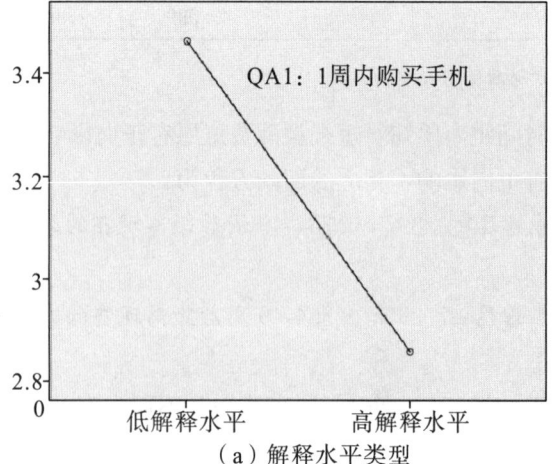

(a) 解释水平类型

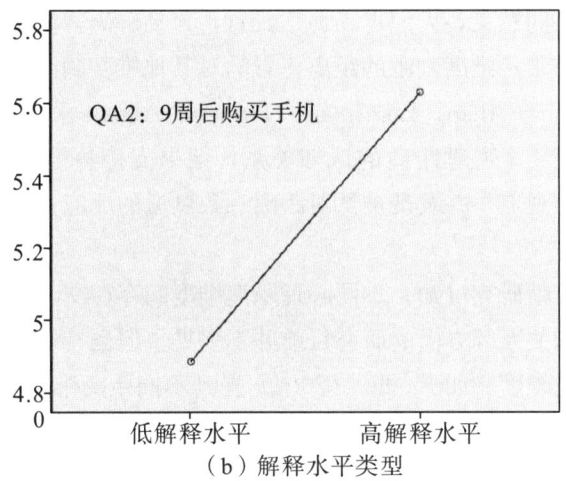

图 4－4　个人解释水平对在线跨期选择的方差分析均值

由表 4－6 和图 4－4 可知，个人解释水平对在线跨期选择意愿的调节作用显著 $\{F_{1周}(1, 228)=6.114, P=0.014; F_{9周}(1, 228)=9.677, P=0.002\}$。即个人解释水平对短视型消费意愿有负向影响，对策略型消费意愿有正向影响，即个人解释水平越高，更倾向于选择策略型消费。假设 H2 得证，个人解释水平在时间距离对不同类型消费者在线跨期选择的影响中起调节作用。

根据进一步分析显示，低个人解释水平消费者比高个人解释水平消费者的短视型（近期无折扣）选择意愿更强烈（$M_{低}=3.46 > M_{高}=2.86$），实验结果支持假设 H2a，即相较于高个人解释水平，低个人解释水平的消费者短视型选择意愿更强烈。高个人解释水平消费者比低个人解释水平消费者的策略型（远期高折扣）意愿更强烈，实验数据支持假设 H2b，即相较于低个人解释水平，高个人解释水平的策略型消费者意愿更强烈（$M_{低}=4.88 > M_{高}=5.63$），实验结果支持假设 H2b。

4.5　运用社会距离反转策略型消费偏好的实证研究

4.5.1　研究假设的提出

个人解释水平理论指出，不同心理距离的心理机制相似（Bar－Anan, Liberman, Trope, 2006; Liberman, Trope, McCrea, 2007）。不同心理距离都以一个相同的自我中心为参照点，心理距离之间相互关联，对事物的影响相似，且具有共同意义，人们自动通达其意，自动解码客体。各维度距离自动联系的关系使得某一维度刺激的距离将影响对其他维度刺激的感知，进而影响判断和决策。Bar-Anan，Liberman，Trope 和 Algom 采用图－词 Stroop 任务（2007）验证4个心理距离的认知关系，结果支持各维度心理距离相互联系、相互通达的观点，并发现被试对距离一致刺激的反应快于对距离不一致刺激的反应。

从前面的文献研究可知，不同心理距离维度间存在交互作用，但各维度相互之间的作用和关系等方面的研究目前并不多见。但也有研究表明，一种维度的变化影响其他维度。如 Fiedler（2007）提到不同距离维度交互作用的问题，心理距离各维度对个体反应的作用机制相似，增加一种维度的距离会使对其他维度的感知产生影响，如表4－7所示。

表4－7 心理距离各维度对其他维度的影响

维度	影响	学者
假设性	影响人们对时间、空间、社会距离的感知。某种情境下，人们自然地将事件可能性转移到其他维度距离上，认为相对于可能事件，不可能事件在时间、社会、空间距离上较远	Wakslak，Trope（2010）
社会距离	根据礼貌性理论实验，证明社会距离和时间、空间距离之间相互影响	Stephan 等（2010）①
空间距离	使用笛卡尔平面研究空间距离对社会距离的影响，随机分配到3种空间距离不同的组中，结果显示：远距离组的被试报告与亲人和家乡关系较疏远，与近距离组被试调查结果有显著差异	Williams，Bargh（2008）②
时间距离	增大时间距离将使被试感到社会距离更远	Stephan 等（2010）

因此，除了探究时间距离对策略型消费行为的影响，本研究认为社会距离也可能对消费者的策略型消费行为产生影响。而且，社会距离和时间距离的一致性也会对该行为产生影响，甚至可能反转策略型消费偏好。

据此提出本文假设：

H3：社会距离感知对策略型消费行为影响显著；

---

① Stephan E，Liberman N，Trope Y. Politeness and social distance：a construal level perspective [J]. Journal of Personality and Social Psychology，2010，98：268-280.

② Williams L E，Bargh J A. Keeping one's distance：The influence of spatial distance cues on affect and evaluation [J]. Psychological Science，2008，19：302-308.

H4：社会距离和时间距离感知的一致性对消费者策略型消费行为影响显著；

H5：社会距离感知对策略型消费偏好反转影响显著。

4.5.2 研究设计

本次实验是在上述时间距离的实验基础上进行改进的，采用前后对比测试的方法，测试加入社会距离影响后，对被试的策略型消费行为（或短视型消费行为）可能产生的影响。

根据文献研究可知，社会距离具体表现为自己－他人、群体内－群体外成员、相似－不相似的人、朋友－陌生人的差异等（Pronin 等，2008；Stone，2008；Liviatan 等，2008；Kim 等，2008；黄静等，2011；Huang，2011；徐惊蛰，谢晓非，2011；Zhao，Xie，2011；曾挺，2012；张梦，2012；王财玉，2012；杨慧，2013；王珍，2013）。Smith，Trope（2006）和 Liviatan 等（2008）分别通过权力和相似性操纵社会距离进行研究，发现权力体验会增加个体－他人的心理距离，人际相似性会缩短双方心理距离。因此，本研究分别从熟悉程度、权力距离和相似性（特征一致性）3 个方面操纵社会距离。

正式实验分别从社会距离的熟悉程度、权力距离和一致性 3 个方面进行实证研究，分别进行 3 次实验来验证不同的熟悉程度（熟悉且购买过的商家 VS 不熟悉且未曾购买过的商家）、权力距离（VIP 会员 VS 普通消费者）和特征一致性（与自身风格高度一致 VS 与自身风格不相符合）对消费者短视型或策略型消费行为的影响。具体实验如下：

实验 1："熟悉程度"实验

在先测试对手机购买的策略型和短视型消费意愿之后，对实验组和对照组分别加入近/远社会距离条件，即"我曾经购买过且熟悉的商家"和"我不曾购买过且不熟悉的商家"，被试须经过重新考虑，再次做出选择（1 周内购买的意愿和 9 周后购买的意愿），并回答有关社会距离感知的测量问项。

实验 2："权利距离"实验

在先测试对手机购买的策略型和短视型消费意愿之后，对实验组和对照组分别加入不同的近/远社会距离条件，即"作为商店 VIP 会员"和"作为商店普通消费者"，被试须经过重新考虑，再次做出选择（1 周内购买的意愿和 9 周后购买的意愿），并回答有关社会距离感知的测量问项。

实验 3："特征一致性"实验

在先测试对手机购买的策略型和短视型消费意愿之后，对实验组和对照组分别加入不同的近/远社会距离条件，即"手机及其品牌与我的个性是否高度一致和相符合"，然后被试须经过重新考虑，再次做出选择（1周内购买的意愿和9周后购买的意愿），并回答有关社会距离感知的测量问项。

由此，研究假设进一步细化为：

H3：社会距离感知对不同类型消费者在线跨期选择影响显著；

H3a：熟悉程度感知对不同类型消费者在线跨期选择影响显著。熟悉程度感知越远，越倾向于策略型购买，熟悉程度感知越近，越倾向于短视型购买；

H3b：权力距离感知对不同类型消费者在线跨期选择影响显著。权力距离感知越远，越倾向于策略型购买，权力距离感知越近，越倾向于短视型购买；

H3c：特征一致性感知对不同类型消费者在线跨期选择影响显著。特征一致性感知越远，越倾向于策略型购买，特征一致性感知越近，越倾向于短视型购买。

H4：社会距离和时间距离感知的一致性对不同类型消费者在线跨期选择影响显著；

H4a：熟悉程度和时间距离感知的一致性对不同类型消费者在线跨期选择影响显著；

H4b：权力距离和时间距离感知的一致性对不同类型消费者在线跨期选择影响显著；

H4c：特征一致性和时间距离感知的一致性对不同类型消费者在线跨期选择影响显著；

H5：社会距离感知对不同类型消费者在线跨期消费偏好反转影响显著；

H5a：熟悉程度感知对不同类型消费者在线跨期消费偏好反转影响显著；

H5b：权力距离感知对不同类型消费者在线跨期消费偏好反转影响显著；

H5c：特征一致性感知对不同类型消费者在线跨期消费偏好反转影响显著。

正式实验共有时间距离、社会距离、个人解释水平和在线跨期选择意愿4个变量，除个人解释水平外，其余3个变量分别采用李克特7级量表来衡量实验对象对问项的态度（1-非常不愿意，2-比较不愿意，3-有点不愿意，4-一般，5-有点意愿，6-比较愿意，7-非常愿意；或1-极其近，2-比较近，3-有点近，4-一般，5-有点远，6-比较远，7-极其远）。

4.5.3 数据分析及研究结论

（1）社会距离的操纵性检验。

为检验实验材料是否能操纵被试对社会距离的感知,对被试在阅读材料后分别询问 A 卷(近社会距离)和 B 卷(远社会距离)的社会距离感知(1 和 7 分别代表极其近和极其远)。描述性统计分析结果显示,分数越低表明被试时间距离感知越近,分数越高表明被试感知越远。被试对"熟悉且购买过的商家"和"不熟悉且未曾购买过的商家"的感知差异显著($M_{B近}=2.87<M_{B远}=5.72$;$t=-20.356$,$P=0.000<0.05$),对"VIP 会员"和"普通消费者"的感知差异显著($M_{C近}=2.61<M_{C远}=5.55$;$t=-20.339$,$P=0.000<0.05$),对"产品风格与我高度一致"和"产品风格与我不相符合"的感知差异显著($M_{D近}=2.50<M_{D远}=5.79$;$t=-22.090$,$P=0.000<0.05$),这表明社会距离操纵成功。

(2)社会距离对策略型消费行为影响显著。

本研究从熟悉程度、权利距离、特征一致性(产品与购买者的特征一致性程度)这 3 个维度来讨论社会距离对策略型消费行为的影响。

①熟悉程度感知对消费者跨期选择行为的影响。

回归分析结果(见表 4-8)显示,熟悉程度对短视型跨期选择意愿有显著影响,商家与我的熟悉/陌生关系对选择意愿产生负向影响,回归方程为:

$$短视型选择意愿=4.249-0.293×商家与我的关系感知 \quad (4-3)$$

但对于策略型选择意愿而言,可能由于样本量较小,故相关性不显著。故 H3a 未得到验证,即熟悉程度感知对不同类型消费者跨期选择影响显著这一假设未得到验证。

表 4-8 熟悉程度对短视型选择意愿的回归分析结果

模型	非标准化系数		t	$Sig.$
	B	标准误差		
(常量)	4.249	0.314	13.539	0.000
商家与我(熟悉/陌生)的关系	-0.293	0.069	-4.258	0.000

注:因变量为 QB1,即 1 周内购买手机。

②权力距离感知对消费者跨期选择行为的影响。

回归分析结果(见表 4-9、表 4-10)显示,权力距离对不同类型跨期选择意愿均有显著影响。对于短视型选择意愿而言,商家与我的关系感知对其产生负向影响,回归方程为:

$$短视型选择意愿=5.018-0.412×商家与我的关系感知 \quad (4-4)$$

即权力距离感知越近,短视型选择意愿越强烈。对于策略型选择意愿而

言,商家与我的关系感知对其产生正向影响,回归方程为:

$$策略型选择意愿=4.438+0.137×商家与我的关系感知 \quad (4-5)$$

故 H3b 得证,权力距离感知越远,越倾向于策略型购买;权力距离感知越近,越倾向于短视型购买。

表4-9 权力距离对短视型选择意愿的回归分析结果

模型	非标准化系数		t	$Sig.$
	B	标准误差		
(常量)	5.018	0.303	16.581	0.000
商家与我(VIP/普通)的关系	-0.412	0.069	-5.962	0.000

注:因变量为 QC1,即1周内购买手机。

表4-10 权力距离对策略型选择意愿的回归分析

模型	非标准化系数		t	$Sig.$
	B	标准误差		
(常量)	4.438	0.273	16.264	0.000
商家与我(VIP/普通)的关系	0.137	0.062	2.194	0.029

注:因变量为 QC2,即9周后购买手机。

③特征一致性对不同类型消费者跨期选择的影响。

回归分析结果(见表4-11、表4-12)显示,特征一致性对不同类型跨期选择意愿均有显著影响。对于短视型选择意愿而言为负向影响,回归方程为:

$$短视型选择意愿=5.363-0.434×特征一致性程度 \quad (4-6)$$

即特征一致性感知越近,短视型选择意愿越强烈。对于策略型选择意愿而言,商品手机与我的关系感知对其产生正向影响,回归方程为:

$$策略型选择意愿=3.473+0.243*特征一致性程度 \quad (4-7)$$

即特征一致性感知越远,策略型选择意愿越强烈。故 H3c 得证,特征一致性感知越远,越倾向于策略型购买;特征一致性感知越近,越倾向于短视型购买。

表 4-11 特征一致性对短视型选择意愿的回归分析结果

模型	非标准化系数		t	$Sig.$
	B	标准误差		
（常量）	5.363	0.292	18.344	0.000
手机与我（特征一致性）的关系	−0.434	0.065	−6.656	0.000

注：因变量为 QD1，即 1 周内购买手机。

表 4-12 特征一致性对策略型选择意愿的回归分析结果

模型	非标准化系数		t	$Sig.$
	B	标准误差		
（常量）	3.473	0.231	15.029	0.000
手机与我（特征一致性）的关系	0.243	0.051	4.724	0.000

注：因变量为 QD2，即 9 周后购买手机。

因此，研究得出结论：社会距离对不同类型消费者跨期选择影响显著，社会距离感知越远，越倾向于策略型购买，社会距离感知越近，越倾向于短视型购买。

（3）社会距离和时间距离的一致性对不同类型消费者跨期选择影响显著。

本研究继续讨论社会距离和时间距离一致的情况下，对不同类型消费者在跨期选择中的影响，研究结论如下：

①当熟悉程度与时间距离感知一致时，会增强相应的跨期选择行为。

方差分析（见表 4-13）显示，熟悉程度对不同类型跨期选择行为影响的方差均显著 $[F_{短视}(1, 47)=35.741, P=0.000; F_{策略}(1, 179)=4.881, P=0.028]$。对于初期为短视型选择的消费行为而言，加入高熟悉程度后的近期选择意愿比加入低熟悉程度更强烈（$M_{近}=3.83>|M_{远}|=1.36$）。对于初期为策略型选择的消费行为而言，加入低熟悉程度后的远期选择意愿比加入高熟悉程度更强烈（$|M_{近}|=2.68<|M_{远}|=3.48$）。实验结果表明：在低熟悉程度下，相比高熟悉程度，策略型消费者的购买意愿更强。故 H4a 得证。

表 4-13 熟悉程度对不同类型消费者在线跨期选择影响的方差分析

初期	描述性统计量				方差分析			
	熟悉程度	N	Mean	Std.D		df	F	Sig.
短视型选择	高	27	3.56	2.391	组间	1	35.741	0.000
	低	22	−1.36	3.360	组内	47		
	总体	49	1.35	3.761	总体	48		
策略型选择	高	96	−2.68	2.622	组间	1	4.881	0.028
	低	85	−3.48	2.234	组内	179		
	总体	181	−3.06	2.474	总体	180		

②当权力距离与时间距离感知一致时，会增强相应的跨期选择行为。

方差分析（见表 4-14）显示，权力距离对不同类型跨期选择行为影响的方差均显著 [$F_{短视}$（1，47）=12.689，P=0.001；$F_{策略}$（1，179）=21.803，P=0.000]。对于初期为短视型选择的消费行为而言，加入近权力距离后的近期选择意愿比加入远权力距离后的更强烈（$M_{近}$=2.59＞|$M_{远}$|=0.73）。对于初期为策略型选择的消费行为而言，加入远权力距离后的远期选择意愿比加入近权力距离后的更强烈（|$M_{近}$|=1.38＜|$M_{远}$|=3.42）。故 H4b 得证，即权力距离和时间距离感知的一致性对不同类型消费者跨期选择影响显著。

表 4-14 权力距离对不同类型消费者在线跨期选择影响的方差分析

初期	描述性统计量				方差分析			
	权力距离	N	Mean	Std.D		df	F	Sig.
短视型选择	近	27	2.59	3.079	组间	1	12.689	0.001
	远	22	−0.73	3.439	组内	47		
	总体	49	1.10	3.618	总体	48		
策略型选择	近	96	−1.38	3.410	组间	1	21.803	0.000
	远	85	−3.42	2.311	组内	179		
	总体	181	−2.34	3.111	总体	180		

③当特征一致性与时间距离感知一致时，会增强相应的跨期选择行为。

方差分析（见表 4-15）显示，特征一致性对不同类型跨期选择行为影响的方差均显著 [$F_{短视}$（1，47）=10.661，P=0.002；$F_{策略}$（1，179）=237.680，P=0.000]。对于初期为短视型选择的消费行为而言，产品特征与

个人风格一致时的近期选择意愿比不一致时的意愿更强烈（$M_{近}=2.70>|M_{远}|=0.45$）。对于初期为策略型选择的消费行为而言，产品特征与个人风格不一致时的远期选择意愿比一致时的意愿更强烈（$|M_{近}|=0.20<|M_{远}|=2.78$）。故 H4c 得证，即特征一致性和时间距离感知的一致性对不同类型消费者跨期选择影响显著。

表 4-15　特征一致性对不同类型消费者在线跨期选择影响的方差分析

初期	特征一致性	描述性统计			方差分析			
		N	Mean	Std.D		df	F	Sig.
短视型选择	一致	27	2.70	3.196	组间	1	10.661	0.002
	不一致	22	−0.45	3.569	组内	47		
	总体	49	1.29	3.691	总体	48		
策略型选择	一致	96	−0.20	3.282	组间	1	37.680	0.000
	不一致	85	−2.78	2.184	组内	179		
	总体	181	−1.41	3.095	总体	180		

（4）社会距离对不同类型消费者跨期消费偏好反转影响显著。

本研究继续讨论了当社会距离和时间距离不一致的情况下，社会距离是否能对消费者跨期消费偏好的反转有显著影响。

研究依次加入 3 种社会距离的影响，其研究结果分别如下：

① 熟悉程度对消费者跨期选择意愿的影响显著。

加入熟悉程度后不同类型消费者跨期选择的人数变化见表 4-16。

表 4-16　加入熟悉程度后不同类型消费者跨期选择的人数变化

初期选择	加入熟悉程度	1 周购买（人）	9 周购买（人）	人数转化率%
短视型 49 人	高 27 人	25（保持）	2	7.4
	低 22 人	7（保持）	15	68.2
策略型 181 人	高 96 人	11	85（保持）	11.5
	低 85 人	6	79（保持）	7.1

由表 4-16 知，初期为短视型选择行为的消费者在加入低熟悉程度后有 68.2% 的消费者转向策略型购买；策略型消费者加入高熟悉程度后，有 11.5% 的消费者转向短视型购买。故 H5a 得证，即熟悉程度对消费者跨期消费偏好反转影响显著。

②权力距离对消费者跨期偏好反转的影响。

加入权力距离后不同类型消费者跨期选择的人数变化见表4-17。

表4-17 加入权力距离后不同类型消费者跨期选择的人数变化

初次选择	加入权力距离	1周购买（人）	9周购买（人）	人数转化率%
短视型 49人	近27人	22（保持）	5	18.5
	远22人	10（保持）	12	54.5
策略型 181人	近96人	31	65（保持）	32.3
	远85人	7	78（保持）	8.2

由表4-17可知，初期为短视型选择行为的消费者在加入远权力距离后有54.5%的消费者转向策略型购买；策略型消费者加入近权力距离后，有32.3%的消费者转向短视型购买。故H5b得证，即权利距离对消费者跨期消费偏好反转影响显著。

③特征一致性对消费者跨期偏好反转的影响。

加入特征一致性后不同类型消费者跨期选择的人数变化见表4-18。

表4-18 加入特征一致性后不同类型消费者跨期选择的人数变化

初次选择	加入特征一致性	1周购买（人）	9周购买（人）	人数转化率%
短视型 49人	一致27人	23（保持）	4	14.8
	不一致22人	10（保持）	12	54.5
策略型 181人	一致96人	42	54（保持）	43.8
	不一致85人	9	76（保持）	10.6

由表4-18可知，初期为短视型选择行为的消费者在加入产品特征与个人风格不一致的条件后有54.5%的消费者转向策略型购买；策略型消费者加入产品特征与个人风格一致的条件后，有43.8%的消费者转向短视型购买。故H5c得证，即特征一致性对消费者跨期消费偏好反转影响显著。

(5) 启示与对策。

从实践层面来看，本研究所得到的结论对企业在影响消费者的策略型购买偏好的指导意义主要为以下4点。

①提高消费者对商家的熟悉程度，对促进即期购买具有重要意义。

消费者对陌生商家会存在距离感，对熟悉商家有着天然的亲切感。当感觉和商家亲近时，消费者往往更容易认同商家提供的产品/服务质量和属性，产生长期信赖感。由此可见，为促进消费者当期购买，防止库存积压，减少运营成本，企业应当为消费者提供适当的有效信息，形成与消费者之间的良性、持续的互动，建立消费者与企业间良好的关系，从而增进认识，促进即期购买的产生。

②减少消费者与商家的权利距离，有助于抑制策略型购买。

赋予消费者适当权利，可以减少消费者与商家的权利距离感。在减少权利距离的手段中，会员制被认为是最能培养顾客忠诚度的有效营销手段：一是会员制能稳定顾客，培养忠诚度，保证拥有一定数量的客源将降低新顾客开发成本，为企业带来稳定的收益；二是会员制能使商家通过特有沟通渠道掌握消费者信息，了解消费者需求，为改进企业经营和服务提供客观依据；三是通过对会员实施个性化、人性化的客户关系管理，最大程度满足会员需求，增强企业竞争力。对选择短视型购买的消费者而言，拥有适当的会员特权会增加利益感知和对商家的黏性，对选择策略型购买消费者而言，拥有会员特权会在一定程度上弱化时间距离的影响。

③通过准确定位提升特征一致性，也有助于促进即期购买。

产品特征、包装、服务等方面具有一定特色，与目标客户的类型和偏好相一致，让消费者能明显感觉到该产品就是为自己量身定制的，为其留下深刻鲜明的印象，增强企业竞争力。无论是短视型消费者还是策略型消费者，面对能够高度体现自己风格特色的商品时，总能明显感觉到与商品之间的心理距离拉近了，很容易产生当期购买行为。而面对与自己风格特色不相符合的商品时，消费者考虑的时间延长，更加关注商品的实用性或性价比。因此，合理而准确的市场定位、基于目标市场需求的产品设计以及高效精准的整合营销传播，将有助于拉近消费者与产品的心理距离，从而增强这一类消费者在近期购买的可能性和意愿。

④针对不同解释水平的个人，差异化营销有助于减少策略型选择。

不同解释水平的个人，天然对心理距离会有差异，企业可以借助大数据营销、借助客户画像等技术，通过差异化营销来影响他们的跨期购买决策。例如，选择短视型购买的消费者，在低个人解释水平下，他们看中商品的外围或边缘信息，如商品的额外功能、促销力度、售后服务等方面，向他们提供此类信息，让商家成为购物时的首选，促进交易发生。对于发生策略型选择行为的消费者而言，商家可以为其提供远期出售的商品或服务的预售，帮助其做出决策，有效把握货品销售节奏。此外，提供其他详细的信息，可以拉近策略型消费者与商家的心理距离（社会距离），促成当期购买行为。

第5章　情境效应与绿色消费行为

故事1：

张阿姨装新房，打算购买淋浴器。一天，她在一家装饰商城的品牌专卖店中看到有A和B两种淋浴器。张阿姨很中意这个品牌的商品，从销售人员那里了解到市场对这两款淋浴器的洗浴体感评价均是优良。其中淋浴器B还具有很好的节水效果。销售人员还告诉她：淋浴器A体感舒适，是传统的淋浴器，但无节水效果，售价300元。而淋浴器B体感舒适，有较好的节水效果，节水量约60%左右，价格700元。一听价格，张阿姨有些犹豫，虽然说节约用水不可细算，但这节水淋浴器的价格比传统的高出了1倍多啊。她想，还是买传统的淋浴器A算了。正在犹豫时，销售人员又告诉她，除了A和B两种淋浴器之外，还有另一种淋浴器C可供选择，市场对淋浴器C的洗浴体感评价也是优良。该款淋浴器其他功能与淋浴器B相同，但由于安装有沐浴专用净水器，能除去水中细小固体颗粒和漂浮物，杀灭细菌，滤除有害化学成分，所以价格稍贵，售价900元，而且还需定期（3~6个月）更换滤芯。张阿姨一听，心里犯嘀咕了，原来现在的淋浴器都这么贵，那C款还不如B款划算，只要能节水就够了。这样一想，看来还是B款淋浴器更好吧！

故事2：

A公司是一家专门卖家庭面包机的公司，他们的面包机一直是消费者的首选品牌，但是公司最新推出的智能面包机JS的销量却一直不太理想。市场调查后发现，虽然竞争对手一直以来紧随其后，但由于这种新型智能面包机的技术要求比较高，A公司拥有专利技术，目前市场上并没有同类的产品。渠道方面反馈的意见是来询问的消费者还不少，但总是犹豫不决，可能是因为这种新型智能面包机相比传统面包机而言价格较高。公司营销部门经过讨论，并没有决定调整价格，而是决定生产一款容积更大，价格更贵的同类新型智能面包机JB。刚开始很多人不理解，认为智能面包机JS的销售都遇到困难，智能面包机JB更是不可能受到市场的欢迎。当JB投入市场后，的确证实了多数人的猜测，JB的确在销售上出师不利，可是，JS的销量却出奇地开始增长了。

故事1是一个关于"买"的故事,故事2是一个关于"卖"的故事,但是两者都是一个关于选择的故事。从这两个故事背后,可以洞见的是人们选择的习惯。行为科学的研究表明,消费者的理性都是有限的,甚至经常会做出非理性的决策。作为消费者的我们无法准确判断某个商品真正的价值是多少,因此,我们选择的是比较起来觉得好的那一个。所以,行为科学研究的结论是个体的选择是基于背景的。于是,就有了故事中以 C 款淋浴器作为背景,让王阿姨在犹豫过后选择了 B 款淋浴器;有了面包机 JB 作为背景,面包机 JS 就更好卖了。本章所讨论的就是基于选择集的情境效应,情境效应不仅影响消费者的偏好及行为选择,甚至还可以通过情境效应的设计来反转消费偏好。

5.1 基于选择集的情境效应

5.1.1 情境理论的提出

"经纪人"假说,是 20 世纪非常流行的个体决策行为的观点,"经纪人"假说认为,在给定的选择集中,人们会选择效用最大的选项。基于此,Luce(1959)提出了标准型假设(Normal Hypothesis),也被称为规范性假设(Regularity Hypothesis),即在一个选择集中,新的备择项的加入会使得原有的各个备择项被选择的概率降低,而且这种降低的幅度是等比的。而标准型假设成立的基本前提是人们的偏好具有独立性。[①] 也即是如 a 属于集合 X,而 X 是集合 Y 的子集,则 a 在集合 X 中被选中的概率是大于 a 在集合 Y 中被选中的概率。用公式表示即为:

若 $a \in X$,且 $X \subset Y$,则 $P(a;X) \geq P(a;Y)$。

标准型假设最重要的观点是认为在一个选择集中加入新的备择项后,原有的备择选项被选中的概率会降低,而且这一降低的幅度是等比例降低的。如果在上述 X 集合中有 a、b 两个备择选项,当加入一个备择项 c,形成选择集 Y 之后,a、b 被选中的概率是等幅度降低的,用公式表示为:

$$\frac{P(a;X)-P(a;Y)}{P(a;X)} = \frac{P(b;X)-P(b;Y)}{P(b;X)} \tag{5-1}$$

这表明新加入的备择项 c 不会改变消费者对 a 和 b 的偏好,它们是相互独

[①] 张全成,卢东,周庭锐. 消费者决策行为中的情境效应研究评述及展望[J]. 软科学,2011,10:130—134.

立的。然而，随着更多研究的出现，学者们发现，消费者的偏好在现实的消费情境中是难以保持其独立性的。Tverskey（1972）发现，消费者对在不同的参考点上，对相同的产品会产生不一样的价值判断，因此，由于忽略了新加入的备择项的参照性作用，使得标准型假设存在一定的局限性。[①] Tversky 和 Simonson（1993）在后来的研究中发现，消费者偏好是现场性的、适应性的、习得的、易变的和可操控的，且容易受到情境的影响。[②] 原有的备择项会随着新备择项的加入，而产生系统性的变化（Prelec 等，1997；Pettibone 等，2000）。国内也有学者进行了相关的研究，如李纾（2006）等认为，决策者无法做到无限理性，决策的真正机制应当是辨别各个方案的相对优势，而不是去追求最大效用。因此，情境会对消费者的选择偏好造成影响。

由于情境理论发展的时间尚短，到目前为止，"情境"一词在学术界尚没有形成统一的定义。贝克理论认为，"情境"包括了 17 个变量，如消费者的情绪、购物的物理环境、天气情况等；李华敏（2010）将情境变量定义为时间、物质、心理、环境、营销、互动等。大多数情境理论的研究还是将重心放在了选择集中。如 Prelec（1997）在其研究中，将情境效应定义为，消费者从选择集内选择特定的产品时，当在选择集内加入一个受控诱引方案后，消费者会受到新选择集中选项间的关系和配置状况影响，导致选项被选中概率的变化。Sheng，Parker 等（2005）的研究也证实，当评价一个方案时，个体会考虑选择集内其他方案的属性。可见，"情境效应"强调了消费者对选择集各属性进行比较的心理机制。此处所研究的情境效应也主要关注选择集的变化带来的消费决策和偏好的改变。

5.1.2 情境效应的类型

奥田（2003）总结了前人的研究，根据他的研究，常见的情境效应主要分为 4 类：替代效应、吸引效应、幻影效应及折衷效应。[③]

（1）替代效应。

Tversky（1972）在 Debreu（1960）的研究基础上，提出了相似性假设：选择集各备择项间相似性越高，则其被相互替代的可能性越大，这意味着选择

[①] Tversky A. Elimination by aspects：A theory of choice [J]. Psychological Review，1972，79（7）：281—299.

[②] Tversky A，Simonson I. Context-dependent Preference [J]. Management Science，1993，39（10）：1179.

[③] 郭俊辉，阮尹，南仲信. 情境效应与消费者品牌选择 [J]. 商业时代，2009（10）.

集备择项间存在替代效应（见图5-1）。即是说，在选择集（X，Y）中，加入与X类似的备择项Z，由于替代效应的存在，Z会抢夺X的市场份额，则X相对于Y的市场份额就会下降。①

虽然替代效应的提出给企业推出新产品时，提供了避免"同类相食"的启示，但实际上，相似性假设在营销运用上还存在许多挑战：第一，在实际应用中，很难去估计产品间相似距离；第二，相似性假设仅考虑了效用的替代性特征，而没有考虑备择项的相对位置、优劣关系等因素的影响。

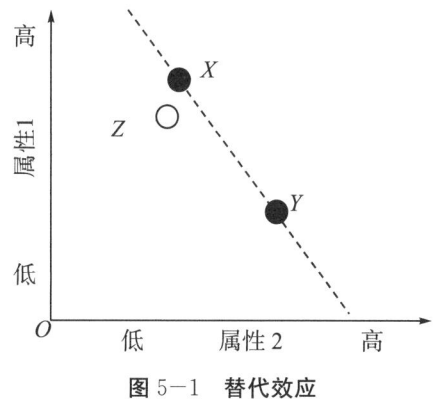

图5-1 替代效应

（2）吸引效应。

Huber等（1982）在研究中，要求被试在只给定价格和质量得分的情况下，选择购买自己最喜欢的啤酒。然而实验结果却很出人意料。当选择集为（X，Y）时，X被选中的概率为43%，而Y被选中的概率为57%；但是，当加入质量得分与Y一致，价格也与Y相似的备择项A之后，消费者在选择集（X，Y，A）中进行选择，Y被选择的概率上升到了75%。这个实验结论显然违背了相似性假说的论断。

根据该实验结论，Huber等（1982）提出了不对称占有备择项，即在图5-2的选择集（X，Y）中，加入的备择项A，至少被一个备择项占优且至少不被另一个备择项占优。② 其结果可能是加入A之后，不是同时降低X和Y的选择比例，反而有可能提高Y的选择比例。

此后，Pettibone和Wedell（2000）在研究中对"被占优"进行了定义：

---

① Tversky A. Elimination by aspects: A theory of choice [J]. Psychological Review, 1972, 79 (7): 281-299.

② Huber J, Payne J W, Puto C. Adding asymmetrically dominated alternatives: Violations of regularity and the similarity hypothesis [J]. Journal of Consumer Research, 1982, 6 (9): 90-98.

若选项1被选项2占优,则选项1至少有一个属性值劣于选项2,而在其他属性上也都不会优于选项2。① 图5-2中的阴影区域均为不对称备择项的引诱区域。

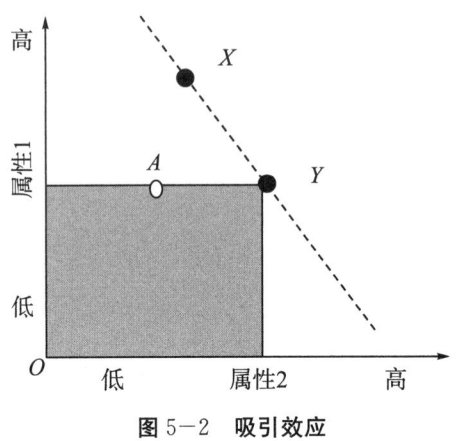

图5-2 吸引效应

(3) 幻影效应。

传统决策理论认为,不可供备择项不会对选择集中其他备择项被选中的概率产生影响,故可以从选择集中剔除(Von Winterfeldt, Edwards, 1986)。但在近期的研究中,学者们发现在选择集中,其他备择项的被选中概率会受到不可供备择项呈现与否的影响。幻影效应指的是不可供备择项出现后再"消失",会改变其他备择项被选中的概率(见图5-3):一类是知情幻影,即在选择集(X, Y, B)中,决策者在做出决策前,就已经知道备择项B是不可被选择的;另一类是未认出幻影,即在选择集(X, Y, B)中,决策者在决策前以为所有的选项都是可供选择的,直到在其选择了幻影项B之后,才被告知该选项是不能获得的。② Farquhar 和 Pratkanis(1992)将幻影备择项定义为,看起来真实但是总有原因无法选中的选项。③

Dhar 和 Glazer(1996)认为,在选择集(X, Y, B)中,加入幻影备择项B,会改变决策者对原各备择项X、Y的心理感知距离,这加大了它们在各

---

① Pettibone J C, Wedell D H. Examining models of non-dominated decoy effects across judgment and choice [J]. Organizational Behavior and Human Decision Processes, 2000, March (81), No2: 300-328.

② 张全成,卢东,周庭锐. 消费者决策行为中的情境效应研究评述及展望[J]. 软科学, 2011, 10: 130-134.

③ Farquhar P H, Pratkanis A R. Decision structuring with phantom alternatives [J]. Management Science, 1993, 10 (39) Issue 10: 1214-1226.

属性上差异感知。① Min 和 West（2003）指出，在选择集（X，Y，B）中，未认出幻影（即当决策者选择了幻影项 B 后，才被告知不可选择），此时会引起消费者的反感，从而转变对各属性的评价。② Hedgcock 等（2009）认为，在选择集（X，Y，B）中，幻影备择项 B 改变了决策者对选择集中属性的权重，会使消费者关注其优势属性。③

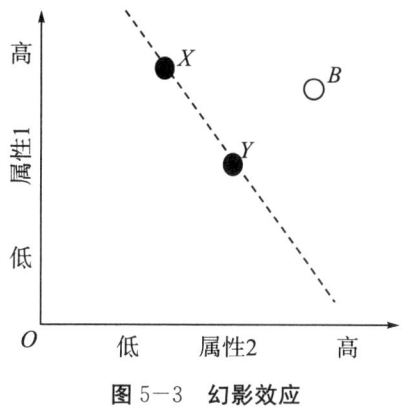

图 5-3　幻影效应

（4）折衷效应。

Simonson（1989）提出，在情境效应中，特别容易发生的一种现象是折衷效应，即在选择集（X，Y，C）中，决策者总是喜欢选择处于中间位置的选项 C。④ 如图 5-4 所示，在选择集（X，Y）中加入了 C_1，使得 Y 的位置居中，从而使得相对于 X，Y 被选中的概率得到了提升；同样的，加入了 C_2，使 X 的位置居中，则相对于 Y，X 被选择的概率上升。

---

① Dhar R, Glazer R. Similarity in context: cognitive representation and violation of preference and perceptual invariance in consumer choice [J]. Organizational Behavior & Human Decision Processes, 1996, 67 (3): 280-293.

② Min Sam Kyeong, West, Patricia M. Consumer response to product unavailability [J]. (Summary) Advances in Consumer Research, 2003, 30: 197-198.

③ Hedgcock W, Rao A R, Chen H. Could ralph nader's entranceand exit have helped al gore? the impact of decoy dynamics on consumer choice [J]. Journal of Marketing Research, 2009, 6: 330-343.

④ Simonson I. Choice based on reasons: The case of attraction and compromise effects [J]. Journal of Consumer Research, 1989, 16 (12): 158-173.

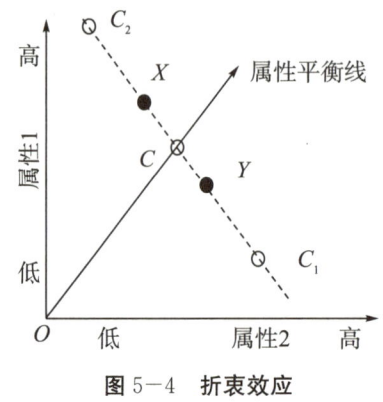

图 5-4 折衷效应

5.1.3 情境效应对消费者行为偏好的影响

Dhar R（1992）认为，消费者通常做出不同偏好判断的依据来源于比较，而这些比较更多的是对选择集内的产品属性的比较，由此可见，基于情境的属性比较对消费者偏好有着重要的影响。Koforad（1998）的研究发现，情境效应使得消费者对产品的感知价值和购买意愿得到提升。张全成等（2011）也发现，通过在选择集中加入诱引选项，会使消费者对产品的感知风险降低，从而提升消费者对备择项的支付意愿。

同时，Amir 和 Levav（2008）认为，基于情境效应的选择构建行为不是稳定的偏好，Simoson 和 Yooh（2008）的研究也与 Amir 等（2008）的研究不谋而合，他们也认为，由情境效应而产生的选择构建行为不是稳定的偏好，并且认为情境效应使消费者聚集在情境而非选择项上，因此这种偏好的稳定性不高，无法作为重购的预测依据。但即便如此，对情境效应的研究仍然非常有趣而有意义。

5.2 选择集对延迟购买偏好的影响研究

前面研究了策略型消费行为，其实策略型消费行为是消费者延迟购买行为的一种较为特殊的表现。延迟购买行为是指消费者对于购买意向明确的产品，在有支付能力的情况下，偏好比较靠后的时间购买的行为（Ravi Dhar, 1997）。延迟购买行为产生的原因很多，时间压力、感知风险、对购物的态度、依赖他人的意见、程序的不确定、搜集更多信息、预期降价、预期产品质量或技术的改善等都可能导致延迟购买。①

当消费者决定延迟购买之后，其购买偏好就真的会一直不变么？Lichtenstein S 和 Slovic P 在其1973年的研究中发现，消费者的决策和行动之间常常存在着时间的动态不一致性。② 在此之后，大量研究者（Grether 和 Plott，1979；Reilly R，1982；Tversky 和 Kahneman，1990；Zerman，1992；Nowlis 和 Sinonson，1997；Hsee，1998；J Laran 和 C Janiszewski，2009）从心理学、行为学等不同角度，证实了偏好反转现象是普遍存在的。我国的学者也进行了这方面的研究。如李晓、屠采撷（2011）在研究延迟购买偏好逆转时，发现了3条发展路径，即：态度改善、面子意识及群体评价提升、感知行为控制增强。③ 程岩（2011）在其对于电子商务中的延迟购买行为进行研究时，提出了适应动态捆绑策略的优化问题。④ 那么，对于策略型购买这样的延迟购买偏好是否可以反转呢？如前所述，策略型购买可能导致企业利润降低、生产物流压力等一系列问题，因此，下面的研究拟以策略型消费行为为研究对象，从基于选择集的情景效应探讨如何运用吸引效应、幻影效应和折衷效应去反转策略型延迟偏好。

5.2.1 情境效应对购买影响的实验设计

（1）实验材料的选择。

根据对文献的梳理，本研究主要整理了我国学者在情景效应的实验研究中主要使用的实验材料，见表5-1。

表5-1 情景效应实验材料

学者	实验材料
Huber 等（1982）	啤酒
杜青龙（2011）	相机
宋思根（2011）	汽车轮胎、家用电话机

---

① 李晓，屠采撷. 中国消费者的延迟购买偏好是如何反转的？[J]. 经济管理，2011，33（12）：10—17.
② Lichtenstein Slovic, Slovic Paul. The construction of preference [J]. American Psychologist, 1973, 50（5）: 364—371.
③ 李晓，屠采撷. 中国消费者的延迟购买偏好是如何反转的 [J]. 经济管理，2011，33（12）：10—17.
④ 程岩. 电子商务中面向延迟购买行为的易逝品动态捆绑策略 [J]. 系统工程理论与实践，2011，10：1892—1902.

续表5-1

学者	实验材料
蒲素（2012）	数码相机
严建援，郭海玲等（2012）	便利品（饼干、电池、牙膏、伞），购物品（数码相机、手机、羽绒服、洁面乳）
张成全（2012）	笔记本电脑、MP4、数码相机、洗衣机
李东进等（2012）	扫描仪、运动外套、双筒望远镜
孙洪杰（2013）	牙齿矫正手术，牙膏、MP3
姚卿，陈蓉（2013）	实用品、享乐品
王茜（2013）	手机
郭俊辉（2014）	电信宽带、MP3
陈良凯，张一（20014）	银行理财产品

由表5-1可见，我国学者在进行情景理论实验时，使用3C产品作为实验刺激材料的频率最高，这大概是因为3C产品是消费者日常生活中接触最多、了解最多的产品，因而在进行实验时，可以使消费者更好地融入实验情景。基于此，本研究对情景效应的研究也采用3C产品作为刺激材料。

（2）情境效应的实验操纵。

在实验中，将策略型消费行为定为其中一个竞争备择选项 Y，当期购买行为（即非策略型消费行为）定为目标备择项 X。根据策略型消费行为的定义，将产品价格 P 及等待降价的延迟时间 T 设为备择项的两个属性。对于产品价格 P 和等待降价的延迟时间 T 的操作，依据3C产品的行业规律，每3个月降价20%。即对各个情景效应的操纵见表5-2。

表5-2 情景效应的操纵

情景效应类型	备择项	价格	延迟时间	来源
吸引效应	非策略型购买偏好 X	P	T（即期）	Huber，1982；Wedell，1996
	策略型购买偏好 Y	$P_2=0.8P$	$T_2=T+\alpha$ $(\alpha>0)$	
	吸引备择项 A	$P_3=P$	$T_3=T+(2\alpha/3)$ $(\alpha>0)$	
幻影效应	非策略型购买偏好 X	P	T（即期）	Highhouse，1996；Hedgcock，2009
	策略型购买偏好 Y	$P_2=0.8P$	$T_2=T+\alpha$ $(\alpha>0)$	
	幻影备择项 B	$P_4=0.9P$	$T_4=T$	

续表5-2

情景效应类型	备择项	价格	延迟时间	来源
折衷效应	非策略型购买偏好 X	P	T（即期）	Simonson, 1989; Kivetz, 2004; Mourali, 2007
	策略型购买偏好 Y	$P_2 = 0.8P$	$T_2 = T + \alpha$ $(T > \alpha > 0)$	
	折衷备择项 C	$P_5 = 1.2P$	$T_5 = T - \alpha$ $(T > \alpha > 0)$	

注：延迟时间的单位为"月"。

5.2.2 情境效应对购买影响的研究假设

（1）吸引效应对购买影响的研究假设。

根据情景理论，策略型消费行为相关的两个属性是价格水平和延迟时间，如果通过这两个属性的不同组合，改变消费者的选择集，则消费者的行为是可引导和改变的，即策略型消费行为可能在选择集变化的影响下，产生行为偏好的改变。

本研究策略型消费者的定义将消费行为选择定义为由价格和延迟时间两个属性构成的选择，当前购买的消费者选择为 $X(P, T)$，其中的 P 为当期价格，T 为当期；策略型消费选择 $Y(P_2, T_2)$，根据策略型消费者的定义，有 $P > P_2$，$T < T_2$。

Huber（1982）、Wedell（1996）对吸引效应进行了研究，采用在如表5-3所示的策略加入诱引项 $A(P_3, T_3)$，根据 Pettibone 等（2000）的定义，若 A 被 X 占优，即 A 至少有一个属性值（时间）劣于 X，并在其他属性上都不优于 X（价格都一样为 P）。据此，本研究设计的吸引备择项 $A(P_3, T_3)$，其中，T_3 优于 T_2 且劣于 T，并提出 H1、H1a、H1b3 个假设。

表5-3 吸引效应

	价格	延迟时间
当期购买偏好 X	P	T
策略型购买偏好 Y	$P_2 = 0.8P$	$T_2 = T + \alpha$ $(\alpha > 0)$
吸引备择项 A	$P_3 = P$	$T_3 = T + (2\alpha/3)$ $(\alpha > 0)$

H1：在选择集中，加入不对称占优项 A，且 A 在时间属性上劣于当期购买项 X，且优于策略型购买项 Y，会增加备择项 X 的购买偏好。

H1a：在选择集中，加入不对称占优项 A，且 A 在时间属性上劣于当期

购买项 X，且优于策略型购买项 Y，会提升当期购买备择项 X 的购买意愿及支付意愿。

H1b：在选择集中，加入不对称占优项 A，且 A 在时间属性上劣于当期购买项 X，且优于策略型购买项 Y，会降低策略型消费备择项 Y 的购买意愿及支付意愿

（2）幻影效应对购买影响的研究假设。

Highhouse（1996）及 Hedgcock（2009）研究了幻影效应实现的策略见表5-4。在这个策略下，虽然诱引项 B（P_4，T_4）不能被选择，但出现增加价格属性的权重，进而增加目标选项 X 相对于竞争选项优势。考虑到消费者经常会遇到的限时、限量打折的情景，据此，本研究设计幻影备择项为 B（$P_4=0.9P$，$T_4=T$），B 在价格上优于 X 且劣于 Y，并提出 H2、H2a、H2b 3 个假设。

表5-4 幻影效应

	价格	延迟时间
当期购买偏好 X	P	T
策略型购买偏好 Y	$P_2=0.8P$	$T_2=T+\alpha$（$\alpha>0$）
幻影备择项 B	$P_4=0.9P$	$T_4=T$

H2：在选择集中，加入幻影备择项 B，且 B 在价格属性上优于当期购买项 X，并劣于策略型购买项 Y，则 B 的加入会影响增加当期购买备择项 X 的购买偏好。

H2a：在选择集中，加入幻影备择项 B，且 B 在价格属性上优于当期购买项 X，并劣于策略型购买项 Y，则 B 的加入会提升当期购买备择项 X 的购买意愿及支付意愿。

H2b：在选择集中，加入幻影备择项 B，且 B 在价格属性上优于当期购买项 X，并劣于策略型购买项 Y，则 B 的加入会降低策略型购买备择项 Y 的购买意愿及支付意愿。

（3）折衷效应对购买影响的研究假设。

根据 Simonson（1989）、Kivetz（2004）、Mourali（2007）对折衷效应的研究，为诱使目标选项 X 成为折衷选项，增加其吸引力，采用表5-5的策略，加入备择选项 C（P_5，T_5），其中 $P_5=1.2P$，$T_5=T-\alpha$。据此，本研究提出 H3，H3a，H3b 3个假设。

表 5-5 折衷效应

	价格	延迟时间
当期购买偏好 X	P	T ($T>\alpha>0$)
策略型购买偏好 Y	$P_2=0.8P$	$T_2=T+\alpha$ ($T>\alpha>0$)
折衷备择项 C	$P_5=1.2P$	$T_5=T-\alpha$ ($T>\alpha>0$)

H3：在选择集中，加入备择项 C，使得当期购买选择 X 成为折衷选项，则选择集的折衷效应会增加当期购买备择项 X 的购买偏好。

H3a：在选择集中，加入备择项 C，使得当期购买选择 X 成为折衷选项，则会提升当期购买意愿及支付意愿。

H3b：在选择集中，加入备择项 C，使得当期购买选择 X 成为折衷选项，则会降低策略型购买意愿及支付意愿。

5.2.3 实验过程与数据收集

（1）实验过程。

实验将首先进行预测试，根据预测试结果检验实验是否可以成功操纵，并通过预测试的情况不断完善实验设计，在此基础上，进行正式实验。研究将正式实验分成 3 次进行，分别从 3 类情景效应：吸引效应、幻影效应及折衷效应进行实验研究。每次实验均需要进行前测、后测。

实验前测时，向被试告知研究目的，对实验的步骤和要求进行说明，希望被试能够认真阅读所分配到的实验情景描述，根据自己的真实想法进行填写，回答没有正确和错误之分；调查是记名的，被试所提供的信息仅用于学术研究之用。被试被告知将置身于如下情境中并做出符合内心真实想法的选择：目前自己将购买一款 3C 产品，并给被试相应的产品信息，同时给出该产品在当期及 3 个月后的可能价格，需要被试在当期购买或策略型购买中做出选择，并回答购买意愿及支付意愿。

3 次实验的被试为同一对象，每次前测实验后，为被试播放约 15 分钟的无关视频之后再进行后测实验，尽可能地减少后测的敏感性。第 1 周分 3 次对被试进行加入吸引效应的实验。接下来，被试每隔 1 周进行 1 次实验，尽可能地减少练习效应、疲劳效应等，以确保数据的有效性。具体的实验时间安排见表 5-6。

表 5-6　实验进度表

	第1周	第2周	第3周	第4周	第5周
吸引效应	■				
幻影效应			■		
折衷效应					■

(2) 实验样本。

研究邀请包含了本科生、研究生及 MBA 学生在内的共 280 名同学参加实验。第 1 次问卷调查 300 名被试，4 次实验之后，共获得了 260 份有效问卷。总问卷有效回应率为 86.67%，有效回应率较高。

实验样本的人口统计特质如下：男性占 47.7%，女性占 52.3%；职业以学生为主，占总人数的 49.2%，公司中层管理人员占 23.5%，普通员工及高层管理分别占比 11.5% 及 10.8%，其他占 5%；年龄从 18 岁到 50 岁，以 18~30 岁为主，占总人数的 81.5%。

(3) 实验的操纵性检验。

为检验实验设计能否成功操纵情景效应，参考以往操纵研究经验，被试在阅读材料后，将选择对"当期购买"和"策略型购买"（1 至 7 代表非常不愿意至非常愿意）的感知。配对样本 t 检验分析结果如表 5-7 所示，从表中可以看出，不同情景效应实施前后的被试消费行为类型配对样本 t 检验显著性都小于 0.005，这说明情景效应操纵成功。

表 5-7　情景效应操纵性检验

	均值	标准差	t	Sig. (双侧)
吸引效应的前-后消费行为类型	3.650	2.217	26.545	0.000
幻影效应的前-后消费行为类型	0.900	2.940	4.935	0.000
折衷效应的前-后消费行为类型	2.981	2.010	23.906	0.000

5.2.3　吸引效应对购买偏好的影响

吸引效应采用了移动硬盘产品为实验材料。实验结果如表 5-8 所示，在加入了诱引备择项 A（即在 2 个月内价格保持不变），因该备择项与即期购买偏好 X 更相似，因此根据吸引效应的作用，会凸显 X 选项的优势，提高消费者对备择项 X 的选择比例。其实验结果也是如此，加入备择项 A 后，将 X 的绝对市场份额由 33.5% 提升至 96.2%，显示出超强的正向吸引效应，且吸引效应强度系数远大于1。

表5-8 移动硬盘产品购买实验中的吸引效应

产品类型	备择项	选择集（$N=260$）			
		前测实验		后测实验	
		n	$\frac{n}{N}$（%）	n	$\frac{n}{N}$（%）
移动硬盘	当期购买偏好X	87	33.5	250	96.2
	策略型购买偏好Y	173	66.5	10	3.8
	K	50.25			

注：K为情景效应强度系数，$K=P(x,B)\times P(y,A)/P(x,A)\times P(y,B)$，$K$值大于1，则发生了正的情景效应，若$K$值小于1，则发生了负的情景效应，若$K$值为1，则无情景效应。

消费者偏好转移模式见表5-9，可以看出，在加入了诱引备择项后，有相当大一部分人，其偏好从策略型购买偏好Y转移到了即期购买偏好X（163/173×100%＝94.2%）。由此可见，H1得到了证实。

表5-9 吸引效应中消费偏好变化

		移动硬盘（X，Y，Z）（后测实验）		合计
		策略型购买Y	即期型购买X	
移动硬盘（X，Y）（前测实验）	策略型购买Y	10	163	173
	即期型购买X	0	87	87
合计		10	250	260

进一步对加入吸引效应前后的消费者购买总体意愿及支付意愿进行分析。

通过对吸引效应作用前后的即期购买意愿与策略型购买意愿进行配对样本t检验，所有配对t检验的$Sig.$值均小于0.05。因此，吸引效应作用前后的即期购买意愿与策略型购买意愿存在显著差异。

同时根据表5-10的均值分析可以看到，对比加入吸引效应备择项前后，消费者的即期购买意愿由3.78上升到5.51，而策略购买意愿则由4.91下降到2.98。这说明吸引效应对消费者的购买意愿存在显著的影响，通过加入在时间属性上劣于即期购买X而优于策略购买Y的引诱备择项A。因此可以显著提升消费者即期购买意愿，并且显著降低消费者的策略型购买意愿。

表 5-10 吸引效应下购买意愿成对样本统计量

	均值	N	标准差	均值的标准误
加入前即期购买意愿	3.78	260	1.489	0.092
加入后即期购买意愿	5.51	260	0.953	0.059
加入前策略购买意愿	4.91	260	1.311	0.081
加入后策略购买意愿	2.98	260	1.051	0.065

通过对吸引效应作用前后的即期支付意愿与策略型支付意愿进行配对样本 t 检验，所有配对 t 检验的 $Sig.$ 值均小于 0.05，由此可见，这说明吸引效应作用前后的即期购买支付意愿与策略型购买支付意愿存在显著差异。根据表 5-11 中的均值分析可以看到，对比加入吸引效应备择项前后，消费者的即期支付意愿由 552.92 上升到 569.92，而策略支付意愿则由 400.62 下降到 396.38。吸引效应对消费者的购买意愿存在显著的影响。因此，通过加入在时间属性上劣于即期购买 X 而优于策略购买 Y 的引诱备择项 A，可以显著提升消费者即期购买意愿，并且显著降低消费者的策略型购买意愿。

表 5-11 吸引效应下支付意愿成对样本统计量

	均值	N	标准差	均值的标准误
前测即期支付意愿	552.92	260	142.104	8.813
后测即期支付意愿	569.92	260	141.238	8.759
前测策略型支付意愿	400.62	260	117.856	7.309
后测策略型支付意愿	396.38	260	126.170	7.825

因此，研究假设 H1a、H1b 得证。

5.2.4 幻影效应对购买偏好的影响

幻影效应采用手机作为实验材料，加入幻影备择项 B（即前 100 名购买者可以享受九折优惠），因该备择项与当期购买 X 更相似，实验结果如表 5-12 所示，X 的绝对市场份额由 35% 提升至 57.7%，显示出较强的正向幻影效应。且幻影效应强度系数大于 1，这表明，在手机产品的购买选择集中，加入与当期购买类似的幻影备择项后，出现了较强的正向幻影效应。

第 5 章 情境效应与绿色消费行为

表 5-12 手机产品购买实验中的幻影效应

产品类型	备择项	选择集（$N=260$）			
		前测实验		后测实验	
		n	$\frac{n}{N}$（%）	n	$\frac{n}{N}$（%）
手机	当期购买偏好 X	91	35	150	57.7
	策略型购买偏好 Y	169	65	110	42.3
	K	2.52			

注：K 为情景效应强度系数，$K = P(x, B) \times P(y, A) / P(x, A) \times P(y, B)$，$K$ 值大于 1，则发生了正的情景效应，若 K 值小于 1，则发生了负的情景效应，若 K 值为 1，则无情景效应。

消费者偏好转移模式如表 5-13 所示，可以看出，在加入了幻影备择项后，有相当一部分人，其偏好从策略型购买偏好 Y 转移到了即期购买偏好 X（88/169×100% = 52.1%）。由此可见，H2 得到了证实。

表 5-13 幻影效应中消费偏好变化

		手机（X, Y, B）（后测实验）		合计
		策略型购买 Y	即期型购买 X	
手机（X, Y）（前测实验）	策略型购买 Y	81	88	169
	即期型购买 X	29	62	91
合计		110	150	260

进一步分别对加入幻影效应前后的消费者购买总体意愿及支付意愿进行分析。

通过对幻影效应作用前后的即期购买意愿与策略型购买意愿进行配对样本 t 检验，由表 5-14 可知，所有配对 t 检验的 $Sig.$ 值均小于 0.05，由此可见，幻影效应作用前后的即期购买意愿与策略型购买意愿存在显著差异。根据表 5-14 中的均值分析可以看到，对比加入幻影效应备择项前后，消费者的即期购买意愿由 3.88 上升到 4.80，而策略型购买意愿则由 3.62 下降到 3.54。这说明幻影效应对消费者的购买意愿存在显著的影响。因此，通过加入在价格属性上优于即期购买 X 而劣于策略购买 Y 的引诱备择项 B，可以显著提升消费者即期购买意愿，并且显著降低消费者的策略型购买意愿。

表 5-14 幻影效应下购买意愿成对样本统计量

	均值	N	标准差	均值的标准误
前测即期购买意愿	3.88	260	1.350	0.084
后测即期购买意愿	4.80	260	1.622	0.101
前测策略型购买意愿	3.62	260	1.283	0.080
后测策略型购买意愿	3.54	260	1.427	0.089

同时，通过对幻影效应作用前后的即期支付意愿与策略型支付意愿进行配对样本 t 检验，所有配对 t 检验的 $Sig.$ 值均小于 0.05，由此可见，幻影效应作用前后的即期购买支付意愿与策略型购买支付意愿存在显著差异。根据表 5-15 的均值分析可以看到，对比加入幻影效应备择项前后，消费者的即期支付意愿由 4005.76 下降到 3527.30，而策略型支付意愿则由 3024.22 下降到 2787.68。这说明通过加入在价格属性上优于即期购买 X 而劣于策略购买 Y 的引诱备择项 B，幻影效应对消费者的购买意愿存在显著的影响。但是，在消费者的策略型支付意愿下降的同时，消费者的即期支付意愿也下降了。这有可能是幻影效应引起了本来打算即期购买的消费者的不满所致。

表 5-15 幻影效应下支付意愿成对样本统计量

	均值	N	标准差	均值的标准误
前测即期支付意愿	4005.76	260	2672.876	165.765
后测即期支付意愿	3527.30	260	1070.882	66.413
前测策略型支付意愿	3024.22	260	756.332	46.906
后测策略型支付意愿	2787.68	260	961.458	59.627

因此，研究假设 H2a 未被证实，而 H2b 得证。

5.2.5 折衷效应对购买偏好的影响

折衷效应采用数码相机作为实验产品，加入了诱引备择项 C（即 3 个月前价格为 $1.2P$），使 X 成为折衷选项，可以增加 X 的吸引力。实验结果如表 5-16 所示，X 的绝对市场份额由 46.2% 提升至 96.2%，显示出较强的正向折衷效应。且折衷效应强度系数大于 1，这表明，在手机产品的购买选择集中，加入与 C 备择项后，出现了较强的正向折衷效应。

第5章 情境效应与绿色消费行为

表5-16 数码相机购买实验中的吸引效应

产品类型	备择项	选择集（$N=260$）			
		前测实验		后测实验	
		n	$\frac{n}{N}$（%）	n	$\frac{n}{N}$（%）
数码相机	非策略型购买偏好 X	120	46.2	250	96.2
	策略型购买偏好 Y	140	53.8	10	3.8
	K	29.49			

注：K为情景效应强度系数，$K=P(x,B)\times P(y,A)/P(x,A)\times P(y,B)$，$K$值大于1，则发生了正的情景效应，若$K$值小于1，则发生了负的情景效应，若$K$值为1，则无情景效应。

消费者偏好转移模式如表5-17所示，可以看出，在加入了折衷备择项后，有相当大一部分人，其偏好从策略型购买偏好Y转移到了非策略型购买偏好X（136/140×100%=97.1%）。由此可见，H3得到了证实。

表5-17 折衷效应中消费者选择转移模式分析

		数码相机（X,Y,C）（后测实验）		合计
		策略型购买Y	即期型购买X	
数码相机（X,Y）（前测实验）	策略型购买Y	4	136	140
	即期型购买X	6	114	120
合计		10	250	260

为了检验折衷效应对策略型消费行为的影响，进一步对加入折衷效应前后的消费者购买总体意愿及支付意愿进行分析。

通过对折衷效应作用前后的即期购买意愿与策略型购买意愿进行配对样本t检验，所有配对t检验的$Sig.$值均小于0.05。因此，折衷效应作用前后的即期购买意愿与策略型购买意愿存在显著差异。同时根据表5-18中的均值分析可以看到，对比加入折衷效应备择项前后，消费者的即期购买意愿由4.03上升到4.58，而策略型购买意愿则由5.51下降到3.08。这说明折衷效应对消费者的购买意愿存在显著的影响。因此，通过加入引诱备择项C使即期购买X成为折衷选项，可以显著提升消费者即期购买意愿，并且显著降低消费者的策略型购买意愿。

表 5-18　折衷效应下购买意愿成对样本统计量

	均值	N	标准差	均值的标准误
前测即期购买意愿	4.03	260	1.293	0.080
后测即期购买意愿	4.58	260	0.988	0.061
前测策略型购买意愿	5.51	260	1.254	0.078
后测策略型购买意愿	3.08	260	1.027	0.064

通过对折衷效应作用前后的即期支付意愿与策略型支付意愿进行配对样本 t 检验，所有配对 t 检验的 $Sig.$ 值均小于 0.05。因此，折衷效应作用前后的即期购买支付意愿与策略型购买支付意愿存在显著差异。根据表 5-19 中的均值分析可以看到，对比加入折衷效应备择项前后，消费者的即期支付意愿由 3689.62 上升到 3938.08，而策略型支付意愿则由 3156.54 下降到 2954.73。这说明通过加入引诱备择项 C，折衷效应对消费者的购买意愿存在显著的影响。

表 5-19　折衷效应下支付意愿成对样本统计量

	均值	N	标准差	均值的标准误
前测即期支付意愿	3689.62	260	845.960	52.464
后测即期支付意愿	3938.08	260	902.895	55.995
前测策略型支付意愿	3156.54	260	733.950	45.518
后测策略型支付意愿	2954.73	260	836.965	51.906

因此，研究假设 H3a、H3b 得证。

5.2.6　情境效应的启示及营销应用

通过以上的研究发现，三类情景效应均对策略型或即期型消费行为产生影响。在实验中，由于吸引效应的加入，将 X 的绝对市场份额由 33.5% 提升至了 96.2%；幻影备择项的加入，使 X 的绝对市场份额由 35% 提升至了 57.7%，显示出超强的正向吸引效应；而使 X 变为折衷选项的备择项 C 的加入，将 X 的绝对市场份额由 46.2% 提升至了 96.2%。由此可以看出，在我国 3C 行业中，三类情景效应都可以对消费者即期购买产生正面的影响；同时，根据情景效应强度系数可以发现，吸引效应的作用强于折衷效应，折衷效应的作用强于幻影效应。

在偏好反转方面的影响也是如此，吸引效应对策略型消费者选择偏好反转的影响最强烈,其次是折衷效应,再次是幻影效应。因此,在营销实践中,可以更多使用吸引效应及折衷效应,而幻影效应则要慎用。正如在本实验中,幻影效应最终对即期购买偏好也带来了负向的影响,降低了购买和支付意愿。其原因可能是幻影效应引起了消费者的不悦,但其行为选择背后深入的动机还有待进一步研究。具体应用中,商家可以在与消费者进行接触的时候,通过提供更多不对称占优的选择,引导消费者去做出更有利的选择。

使用吸引效应降低策略型购买偏好时可以遵循这样的原则:在消费者原本的选择集中,增加一个诱引项,而这个诱引项 A 必须在时间或价格这两个属性上不存在绝对占优,在消费者心目中能更快买到更便宜的商品无疑是最棒的选择。即是说,为了增加原来策略型消费者即期购买的可能,我们必须削弱价格属性在策略型消费者心目中的权重。这时,可以通过加入一个备择项 A,使它在价格上优于即期购买,但是在等待时间上远优于策略型购买,那么就可以增加时间属性的权重而削弱价格属性的权重(Huber,1982;Wedell,1996)。如本研究中,增加的选项为"在两个月内不会降价",这就是暗示消费者:或许耗费时间等待并不一定会得到价格的下降。同时,结合部分产品的季节性特征,或许会让消费者以为等待或许会面临缺货的风险,因此部分消费者甚至愿意支付更高的价格即期购买。

使用折衷效应相对就简单得多,只需要在消费者原本的选择集中,增加一个诱引项 C,使即期购买成为折衷选项即可,具体使用的方法可采用本文的诱引项,"3 个月前价格更高,现在已经降了 20%",从而增加即期购买的吸引力(Simonson,1989;Kivetz,2004;Mourali,2007)。

而幻影效应的运用,则可以加入在时间上绝对占优的诱引项(Highhouse,1996),如限量预售。此外,还可以加入在时间属性上不劣于即期购买但远优于策略型购买,而价格属性上优于即期购买而劣于策略型购买的选项,使价格属性的权重削弱,增加时间属性的权重,从而使消费者出于"相似-替代"的原则,增加即期购买概率,如本研究的诱引项"前 100 名购买享受 10%的折扣"(Pratkanis,1992;Lehmann 和 Pan,1994)。

5.3 应用情境效应促进绿色消费行为的研究

在供给侧改革中,我国政府提出了积极发挥新消费引领作用,加快培育形成新供给、新动力的建议,全面部署以消费升级引领产业升级的改革方略,并根据城乡居民消费升级的方向,提出了服务消费、绿色消费等六大重点发展领域。其中，绿色消费是推动循环经济、低碳经济发展和产业结构提升的关键。此后，党的十九大报告中又明确提出，"发展是解决我国一切问题的基础和关键，发展必须是科学发展，必须坚定不移贯彻创新、协调、绿色、开放、共享的发展理念"。可见，发展绿色消费、建设生态文明是建设我国现代化经济体系的重要内容。然而，目前绿色消费市场环境较差，资源浪费型、污染型和有害型消费都制约着我国绿色消费的发展。据调查，80%以上的欧美国家消费者把环保购物放在首位，愿为环境支付较高价格。而在中国，只有53.8%的人乐意消费绿色产品。可见，我国发展绿色消费面临着机遇，也面临着不小的挑战。

5.3.1 绿色经济与绿色消费

1989年英国经济学家Pearce在《绿色经济蓝图》中最早提出了绿色经济的概念，他指出从社会及其生态条件出发建立的"可承受"的经济发展模式即为绿色经济。2011年，联合国环境规划署在全球部长级环境论坛上发布的《绿色经济报告》中将绿色经济定义为"促成提高人类福祉和社会公平，同时显著降低环境风险，降低生态稀缺性的环境经济"，指出绿色经济的发展可以使碳排放量和污染排放减少，并提高能源和资源利用率。如图5-5所示，关于绿色经济的内涵，普遍认同绿色经济的5R：即绿色经济就是reduce（节约资源，减少污染），reevaluate（绿色生活，环保选购），reuse（重复使用，多次利用），recycle（分类回收，循环再生），rescue（保护自然，万物共存）。

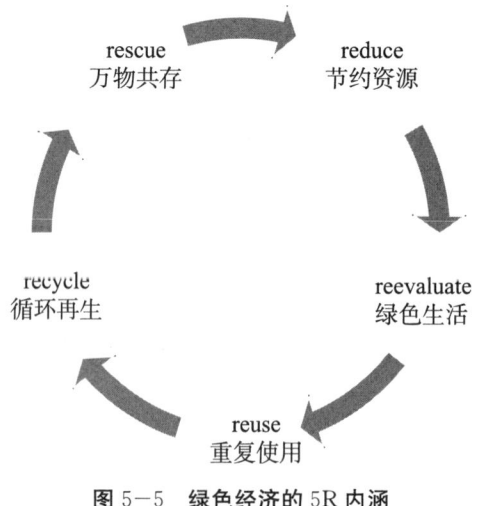

图5-5　绿色经济的5R内涵

发展绿色经济是全球经济发展的共识,对中国经济的发展尤其重要。在经历多年高耗能、高增长发展后,中国经济当前面临着严峻的资源瓶颈和环境问题。为此,在中国政府提出的"十三五"规划中,加强生态文明建设被首度写入五年规划,提出了创新、协调、绿色、开放、共享的五大发展理念。在党的十九大报告中,习近平总书记又强调了这一发展理念,指出要加快生态文明体制改革,推进绿色发展,建设美丽中国。

当前,关于绿色消费的研究主要集中于绿色消费行为影响因素、绿色消费现状及绿色消费模式等方面。其中,绿色消费行为的研究多基于理性的计划行为理论,证实了消费者对绿色消费的态度、主观规范和知觉行为控制以及意向等因素都有可能对绿色消费行为产生影响(Stern,1994;Mainieri T,1997;Tarkiaimen,2005;贺爱忠,2011)。而且,绿色消费被认为与消费者的生活方式之间存在因果关系(陈晓洁,2007),绿色消费者也被认为有一定的群体特征(Levin G,1990;何志毅,2004)。

5.3.2 我国绿色消费的特点分析

阿里研究院和阿里公益在北京联合发布了《2016年度中国绿色消费者报告》,该报告是国内首份从大数据角度发布的绿色新经济报告,通过对阿里零售平台上亿件商品的交易数据进行分析,揭示了国内绿色消费人群及市场等特征。[①]

(1) 绿色消费群体发展迅速。

阿里研究院通过对阿里中国零售平台上4亿消费者的购物行为、10亿件商品的特征、几十万量级的关键词进行分析,发现符合绿色消费者特征的在线人群达到6500万人,占淘宝活跃用户的16%,近4年增长了14倍,如图5-6所示。

报告显示,绿色渗透率在23—28岁的年轻人群中扩散速度最快,2011—2015年间,这一年龄人群的绿色渗透率提升了16.7个百分点,显著高于全年龄段12.8个百分点的提升平均值。另外值得关注的是,绿色消费理念在低线城市认同度与一二线城市基本持平,显示中国绿色消费理念在中小城市的在线人群中同样深入人心。

---

① 中国电子商务研究中心. 2016年度阿里绿色消费者报告[DB/OL]. (2016-08-04). http://www.100ec.cn.

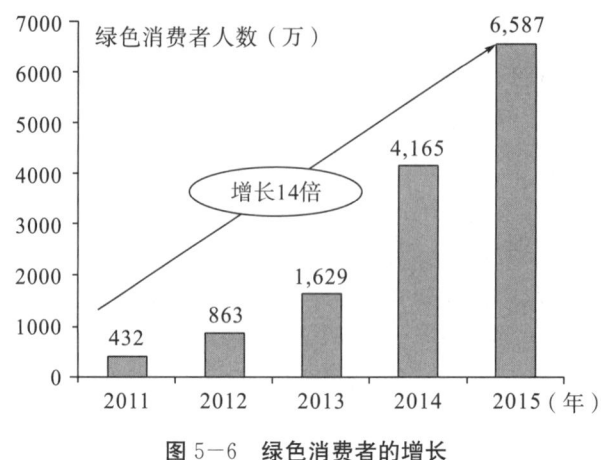

图 5-6　绿色消费者的增长

(2) 重度绿色消费群体也增长显著。

绝大部分绿色消费者均购买过环境友好或健康品质类的绿色篮子商品（绿色篮子商品指具有"节资节能、环境友好、健康品质"三大绿色属性的商品集），购买过"节资节能"产品的绿色消费者达到 45%。如图 5-7 所示，按照对绿色篮子商品消费频次的分析，过去 5 年，重度绿色消费群体（年均消费 20 次以上）显著扩大，从 2011 年的 19.4% 增长到 2015 年的 28.4%，净增了 9 个百分点（见图 5-7）。

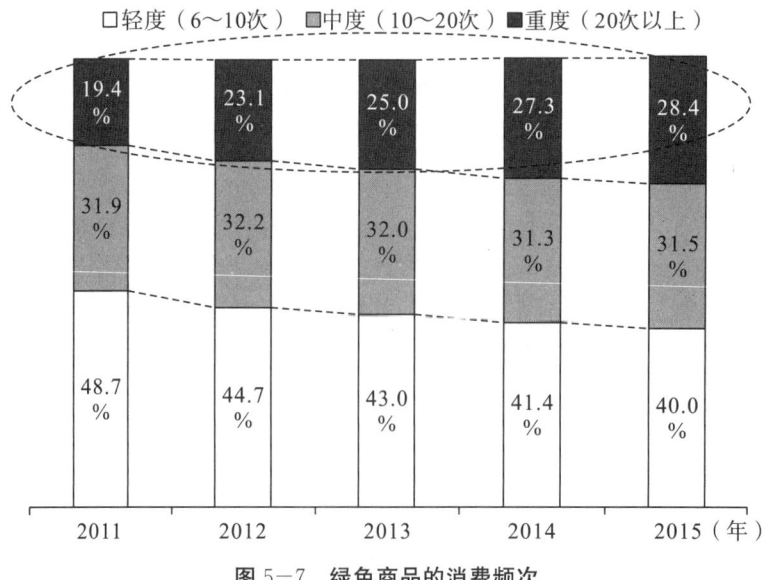

图 5-7　绿色商品的消费频次

由此可见，绿色消费行为还是有较高的渗透度，而且消费后也容易形成消费习惯。

(3) 绿色消费的产品品类分析。

阿里研究院还发现，2015年阿里网络零售平台上有50大类2亿绿色篮子商品。其中，家装用品的关注度最高，其次是家居用品（见图5-8所示）。

关注热点排名	类别名称	关注热度	代表关键词
1	家装用品 （家具、建材等）	★★★★★	无毒、手工、无甲醛、E0级、亚克力等
2	家居用品 （床上用品、厨具、收纳等）	★★★	环保、无毒、食品级、无铅等
3	家电 （大家电、生活电器等）	★★★	节能、节水、节电、环保、变频、空气净化等
4	孕婴童用品 （孕妇装、尿布、童装等）	★★★	防辐射、抑菌、天然、a级、无氟等
5	食品 （粮米油盐、零食、生鲜等）	★★	绿色、有机、原生态、无添加、无防腐、无色素等
6	服装 （男装、女装等）	★★	全棉、纯棉、亚麻、莫代尔、手工等
7	个人护理 （美容、精油、护理等）	★★	天然、环保、有机、负离子、无硅等

注：关注热度指该品类消费金额中来自于绿色篮子的比例。

图5-8 绿色消费的品类关注热度

可见，消费者所购买的绿色商品主要与人的健康息息相关。中国电子商务研究中心发布的《2016年中国消费者网络消费洞察报告与网购指南》报告也证实了这一点。数据显示，消费者对"绿色"要求最高的品类是食品、母婴、服装服饰，分别占19.2%、16.1%及15.3%。具体而言，绿色服装主要指服饰面料上的舒适、安全等，如全棉无甲醛衣服；绿色食品主要指有机、原生态的食品；绿色母婴类商品包含抑菌、天然等概念。

(4) 绿色产品获得较高溢价。

阿里研究院对绿色篮子商品的价格进行分析，发现在线绿色产品的平均溢价达到33%，而绿色住宅家具的溢价最高，达到61%（见图5-9）。这显示出市场对绿色商品的认同，但过高的溢价同时也反映出一个问题，即价格因素可能成为阻碍绿色消费进一步扩散的一个主要原因。未来，期待更多的技术创新、产品创新等来使消费者获得性价比更高的绿色产品，这应该成为社会和企业努力的方向。

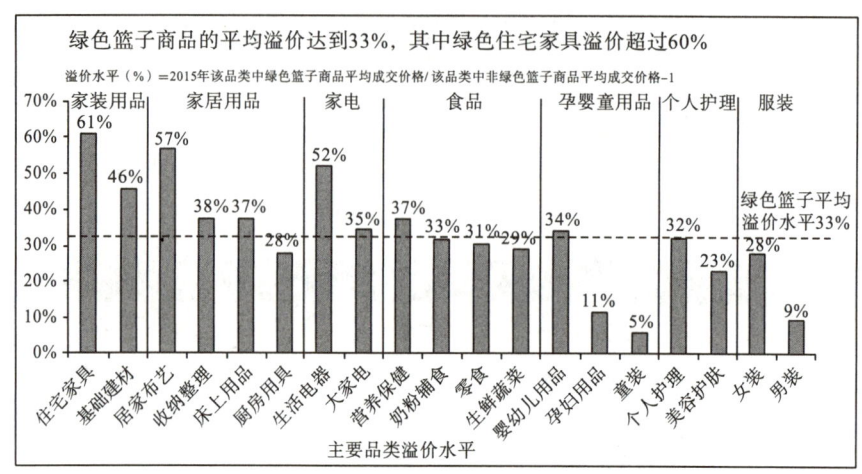

图 5—9 各类绿色商品的溢价比较

5.3.2 利用选择集促进绿色消费的实验设计

为促进绿色消费的发展，学者们从对绿色行为的影响因素、政府政策规制等各个方面都进行了非常多的研究，而鲜有从情境效应方面的相关研究成果。如前所述，选择集可以影响消费者的决策。因此，从行为科学的视角，探讨在绿色产品和非绿色产品所构成的消费选择集中，运用情境效应促进和培育绿色消费意愿有一定的理论和实践意义。

情境效应受到选择集的结构和特征的影响，选择集内方案间的相似程度、属性特征及表达方式等因素都会影响情境效应（Mishra，Umesh 和 Stem，1993；Sheng 等，2005）。因此，本研究内容主要为选择集结构对绿色消费偏好构建的影响。其中，选择集的结构主要指在消费者选择集中，备择方案和诱导方案之间在属性定位上的相互关系（见图 5—10）。研究希望讨论包含绿色消费方案和非绿色消费方案的选择集（X，Y）中，分别加入不对称占优的备择项 $Z1$（吸引效应），备择项 $Z2$（替代效应）之后，消费者对绿色消费方案（目标方案）偏好是否受到增强，甚或出现偏好逆转，从而为构建绿色消费偏好提供更为有效的诱导方案。

第 5 章 情境效应与绿色消费行为

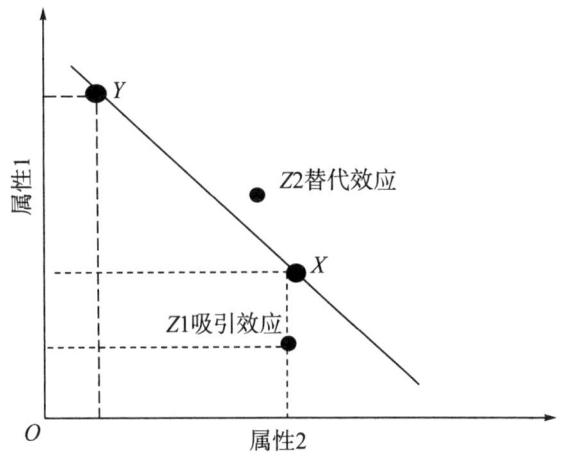

图 5-10 吸引效应与替代效应

本研究主要选择吸引效应和替代效应,设计如下两个实验。

(1) 吸引效应实验。

实验分为前测和后测。实验目的是在非绿色产品 A 和绿色产品 B 中,加入一个不对称占优的备择项 C,通过实验设计研究是否能促进绿色产品 B 的选择比例。实验中,让被试想象他(她)正打算购买淋浴器,并告诉他(她),在他(她)常逛的购物商城看到的 A 和 B 两种淋浴器,市场对它们的洗浴体感评价均是优良。其中淋浴器 B 还具有很好的节水效果,两者的属性比较如见表 5-20。接着,询问被试对这两款产品的购买意愿和购买选择。

表 5-20 A、B 两种商品属性比较

	产品介绍	产品评分 (10 分制)	价格 (元)	产品附加功能
淋浴器 A	体感舒适,无节水效果	7.0	300	无
淋浴器 B	体感舒适,有较好的节水效果,节水量约 60% 左右	8.5	700	①水中氧气含量高,可避免淋浴过程中发生缺氧; ②有按摩作用; ③富氧水对皮肤有一定的保健作用

然后,实验继续进行,告诉被试,当他(她)正在考虑时,销售人员告诉他(她),除了 A 和 B 两种淋浴器之外,还有另一种淋浴器 C 可供选择,市场对淋浴器 C 的洗浴体感评价也是优良。但该款淋浴器由于安装有沐浴专用净

水器,所以价格稍贵。它们的属性比较见表 5-21。接下来,当有了淋浴器 C 的比较之后,请被试在 A、B、C 3 款淋浴器中重新考虑,并调查其购买意愿和购买选择。

表 5-21 A、B、C 3 种商品属性比较

	产品介绍	产品评分（10 分制）	价格（元）	产品附加功能
淋浴器 A	体感舒适,无节水效果	7.0	300	无
淋浴器 B	体感舒适,有较好的节水效果,节水量约 60% 左右	8.5	700	①水中氧气含量高,可避免淋浴过程中发生缺氧;②有按摩作用;③富氧水对皮肤有一定的保健作用
淋浴器 C	体感舒适,有良好的节水效果,节水量约 40% 左右;需定期（3～6 个月）更换滤芯	8.5	900（注：定期更换滤芯,100 元/次）	除去水中细小固体颗粒和漂浮物,杀灭细菌,滤除有害化学成分;其他功能与淋浴器 B 相同

(2) 替代效应实验。

实验同样分前测和后测。先进行实验前测,让被试想象他（她）正打算购买大米,在常逛的农产品市场主要有普通大米和无公害大米出售,两者的属性比较见表 5-22。

表 5-22 两种大米属性比较

	产品介绍	价格（元/千克）
普通大米	没有品种、品质的要求;在栽培过程中不限制使用化学肥料、农药和生长调节剂等人工合成物质;生产过程中营养素大量缺失	4.00～6.00
有机大米	是种植改良场推荐的良质米品种,完全采用自然农耕法,大米中的营养价值较高;而且在栽培过程中完全不使用化学肥料、农药和生长调节剂等人工合成物质,使用的肥料是有机肥	40.00～60.00

然后,请被试对以上两种大米的购买意愿进行打分并做最终选择。

实验继续进行,告诉被试当他（她）正在考虑时,销售人员告诉他（她）（或是被试在购物过程中自己发现）,除了这两种大米之外,还有另一种无公害大米可供选择,它们的属性比较见表 5-23。现在有了无公害大米的比较,接

下来请被试重新考虑对于这3类大米的购买意愿和最终的购买选择。

表 5-23 3种大米属性比较

	产品介绍	价格（元/千克）
普通大米	没有品种、品质的要求；在栽培过程中不限制使用化学肥料、农药和生长调节剂等人工合成物质。生产过程中营养素大量缺失	4.00~6.00
有机大米	是种植改良场推荐的良质米品种，完全采用自然农耕法，大米中的营养价值较高；而且在栽培过程中完全不使用化学肥料、农药和生长调节剂等人工合成物质，使用的肥料是有机肥	40.00~60.00
无公害大米	是种植改良场推荐的良质米品种；在栽培过程中限制使用（即不会使用有毒、高残留的）化学肥料、农药和生长调节剂等人工合成物质	4.40~6.60

5.3.3 利用选择集促进绿色消费的实验结果

实验经过了预测试，邀请了共200名被试参加正式实验。对实验数据进行操纵性检验，均通过了均值的方差检验，显示实验操纵成功。实验结果的分析如下。

(1) 吸引效应的实验结果分析。

在购买淋浴器的实验中，A是非绿色产品，B是绿色产品。实验结果是：初始时，有35.33%的人选择A，而有64.67%的人选择B，此时被试对A的购买意愿是4.28，低于产品B的购买意愿5.5。而当加入另外一款和B相比不对称占优的产品C之后，A和B的选择比率并没有同步下降。其结果是A的购买意愿和比率都降低，购买意愿为4.17，购买比率为16.67%；B的购买意愿没有变化，但B的购买比率没有因为备择项C的加入而降低，反而从原有的64.67%提高到72.22%，呈现出较为明显的吸引效应，即在A和B的选择集中加入了B不对称占优的备择项C之后，反而强化了B的优势，使更多的人选择了B。

具体实验数据如表5-24所示。

表 5-24　实验前-后的选择比较

产品	实验前测		实验后测	
	购买意愿	购买选择%	购买意愿	购买选择
A	4.28	35.33%	4.17	16.67%
B	5.5	64.67%	5.5	72.22%
C	—	—	3.89	11.11%

(2) 替代效应的实验结果分析。

在以大米为实验对象的替代效应实验中,实验前测的结果是普通大米的购买比率为 42.44%,购买意愿为 4.17,均低于有机大米的购买比率 57.56%,购买意愿为 4.61。但加入在价格上和普通大米非常相似的无公害大米之后,普通大米和有机大米的购买意愿和购买比率都下降了。如表 5-25 所示,普通大米的购买意愿为 3.5,购买比率为 5.56%;有机大米的购买意愿为 4.39,购买比率为 16.67%。虽然两者都有下降,但下降的幅度是有区别的,普通大米的购买比率下降了 86.89%,而有机大米的比例下降了 71.03%;同时,对普通大米的购买意愿下降了 16.06%,而对有机大米的购买意愿仅下降了 4.7%。因此,该实验结果呈现出较为显著的替代效应,即当加入和普通大米相似的备择选项"无公害大米"之后,导致普通大米的购买比率和购买意愿以更大幅度的下降。

表 5-25　实验前-后的选择比较

产品	实验前测		实验后测	
	购买意愿	购买选择%	购买意愿	购买选择
普通大米	4.17	42.44%	3.5	5.56%
有机大米	4.61	57.56%	4.39	16.67%
无公害大米	—	—	5.61	77.78%

5.3.4　关于发展绿色消费的探讨

(1) 运用吸引效应,提供不对称占有的结构化产品促进绿色消费。

从以上购买淋浴器的实验可以看出,运用吸引效应可以促使绿色产品得到更多消费者的偏好和选择。其背后的机理是因为参照效应的存在(Simonson, Tversky, 1992),即以差的方案作为背景,就会使原方案表现得更加优越。也有学者从优势寻求角度来解释吸引效应的机理(Ariely, Wallsten, 1995),

他们认为决策者会倾向于降低任务的复杂程度,控制精力付出并简化决策。因此,决策者会寻求不同方案间的主观优势关系,对一些属性的差异会忽略,而对一些差异会重视,以出现清晰的主观偏好关系。因此,能够诱发偏好优势关系的维度会使得占有方案突出。

对企业而言,实验的启示是为突出某一绿色产品的优势,可以有针对性地开发结构化的产品。结构化产品的目的不在于销售,而在于提供参考。结构化产品可以方便消费者进行对比、选择时参考,以促使消费者更好地关注焦点绿色产品,从而增大焦点绿色产品被选择的概率。在结构化产品设计时,可以遵循不同的方向来设计结构化产品的属性。学者们的研究发现,启发吸引效应的策略主要有以下几种(见图5-11):

①R(Range Increasing)策略:沿R方向加入备择项;

②F(Frequency Increasing)策略:沿F方向加入备择项;

③R-F(Range-Frequency)策略:同时使用R-F策略;

④R-S(Range-Frequency)策略:在R-S点加入一个比X、Y都差,但程度不对称的备择选项,可以增加X的吸引力;

⑤I(Inferior)策略:沿I方向加入一个比X稍劣的备择项;

⑥C(Compromise)策略:沿C方向加入一个与X、Y不存在优劣关系但会导致它们相对位置改变的备择项。其实,C策略引发的可能是折衷效应,使得X变成折衷备择项,从而提高被选择比率。

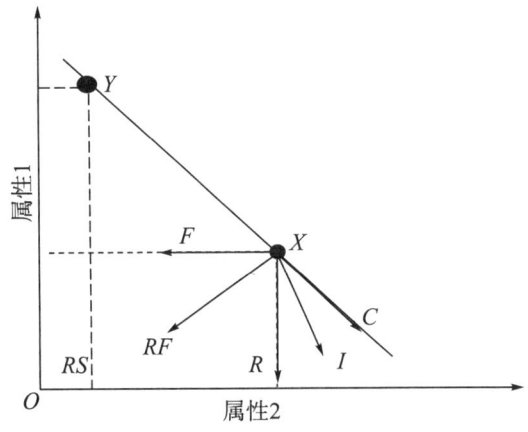

图5-11 启发吸引效应的策略

此外,在使用情景效应时,建议先运用消费者实验、真实市场实验等方式来验证结构化产品的诱导效应,在此基础上调整好产品属性的设计,并最终运用到实践中。

(2) 进行绿色产品的迭代更新,逐步淘汰非绿色产品。

替代效应的实验结果也非常有意义,它所带来的相似性替代效应对企业如何进行绿色产品的开发有一定的指导价值和重要启示:绿色产品的开发不能一蹴而就,因为市场往往还有一个培育和发展的阶段,可以通过不断迭代更新的方式来逐步淘汰旧有的、对环境不友好的产品。因此,企业的绿色产品组合策略的设计应该有一个战略化的眼光。最佳的产品组合应该包括一个领先型的绿色产品,该产品通常属于技术领先的明星类产品,能够有助于树立企业的品牌和市场形象,虽然可能因为该产品价格较高而不能获得满意的销量,但该产品在企业未来的发展和战略占位中是不可或缺的。与此同时,在企业产品组合策略中不可或缺的是和当期市场的主流产品比较接近的、绿化程度相对较低的绿色产品,该产品和市场同类产品相比应该有一定优势,能发挥替代效应。在此基础上,企业可以通过不断地迭代创新、通过绿色产品对市场主流非绿产品的替代、通过绿色产品不断升级过程中自己对自己的替代,发挥替代效应,最终实现领先型明星产品市场份额的提升(见图5-12)。

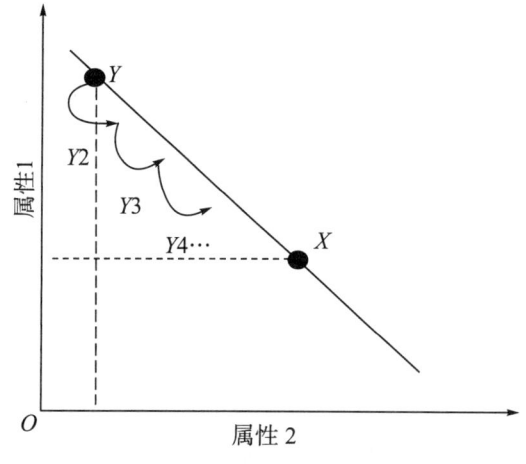

图 5-12 替代效应与迭代创新示意

5.3.5 未来:发展基于互联网的资源分享型绿色经济

一直以来,世界各国都在积极推进绿色经济的发展,传统发展绿色经济的模式主要是通过技术革新、使用环境友好型材料、改进生产工艺等生产要素投入来发展绿色经济,可称为要素投入型绿色经济,以下简称投入型绿色经济。这种传统的要素投入型绿色经济一定程度上缓解了经济发展和环境资源的矛盾，促进了社会的进步，但在发展中它同时也遇到了一些阻碍：一是绿色技术的开发、环境友好产品的研制有一定技术难度，通常前期开发成本高、投资风险大、获利不稳定，导致企业并不愿花费大量人力和财力进行绿色技术、绿色产品的开发。二是绿色产品在市场上售价相对更高，由于消费观念等因素的影响，市场对绿色产品的认同度不高，导致绿色产品的市场表现欠佳。三是目前国内市场对绿色产品审核没有完整的体系，导致绿色产品鱼龙混杂，消费者难辨真假，市场不规范等因素进一步阻碍了绿色经济的发展。面对传统绿色经济在发展中出现的困局，分享经济的出现带来了新的思路。

分享经济近年来在国内发展迅猛，但它却不是一个新兴概念。早在20世纪70年代Felson和Spaeth就在《美国行为科学》发表论文提出了"协作消费"这一术语。此后，经济学家威茨曼（Weitzman，1984）为解决当时经济滞胀下的劳资纠纷、优化分配机制而正式提出了"分享经济"的概念，但这种分享的概念主要探讨的是企业内部的利润分享。[①] 到了21世纪，基于互联网平台的新型分享经济开始出现，并引起了学界的关注。Gansky L（2010）用聚联网来形容分享经济，认为其实质是在以网络为基础的平台上构建的经济，其目的是使用而非拥有。我国的学者李文明等（2015）认为，分享经济的内核在于社会资源共享，即把闲置资源提供给真正需要的人，并由此创造新的价值。[②] 国内外学者对分享经济形成了较为一致的认识，认为分享经济是指利用互联网等现代信息技术整合、分享海量的分散化闲置资源，满足多样化需求的经济活动总和（Russel Belk，2015）。它使得所有者在不放弃物品所有权的前提下将使用权在一定时期内让渡给他人以实现资源的最大利用（吕玉福，2014；吴晓隽，沈嘉斌，2015）[③]。

因此，基于互联网平台的分享经济是一种新型的经济模式，是由闲置资源拥有者将资源（包括二手物品、使用权，甚至时间、技能等）在一定条件下让渡给他人并能获取一定收益的一种经济形态。它借助现代信息网络技术实现了供需高效的资源配置，一方面减少了人们对于商品的购买，另一方面使闲置不用的资源再度发挥其价值。换言之，通过分享，满足相同的市场需求所需要的商品供给数量更少，或者说在市场供给量一定时能够满足更大的市场需求。这种分享经济正如Botsman和Rogers（2010）所提出的，其核心特点是拥有省钱或赚钱的能力，

---

① 马丁·威茨曼. 分享经济 [M]. 林青松，译. 北京：中国经济出版社，1986.
② 李文明，吕玉福. 分享经济起源与实态考证 [J]. 改革，2015（12）：42-51.
③ 吴晓隽，沈嘉斌. 分享经济内涵及其引申 [J]. 改革，2015（12）：52-60.

提供一种新的消费体验,减少生态足迹和碳排放并加强社交联系。[1] 可见,分享经济本质上就是一种绿色经济。例如,美国有 1/5 的家庭生活用品从以前的购买转向租用,平均每年减少近 1300 吨的使用量,从而降低了 2% 的二氧化碳排放量。更为明显的是目前国内较成熟的共享出行,据《中国智能出行 2015 大数据报告》显示,通过滴滴平台进行快车拼车和顺风车,每日能为城市减少 114.3 万辆车出行,一年下来,能减少 1355 万吨碳排放量,相当于多种 11.3 亿棵树的生态补偿量。[2]

由此可见,分享经济基于互联网实现了对闲置资源高效匹配,提升了资源利用率,既满足了市场的需求又减少了过量生产、过度消费带来的浪费,既提高了产品的利用率又减少了碳排放,实现了人与自然和谐共存,其本质就是一种资源分享型绿色经济形态。相比于传统的投入型绿色经济,分享经济不是通过要素投入而是通过结构优化实现了发展绿色经济的目标,是绿色经济未来发展的重要着力点,更是适应社会发展需要的一种经济发展模式。

---

[1] Botsman R, Rogers R. What is mine is yours: How collaborative consumption is changing the way we live [M]. London: Collins, 2011: 10-15.

[2] 分享经济发展课题组. 认识分享经济:内涵特征、驱动力、影响力、认识误区与发展趋势 [J]. 电子政务, 2016 (4): 2-10.

第6章　分享经济时代的协同消费行为

故事1：

L先生接到一个电话，是客户打来的，需要L先生赶紧把一份急需的文件送过去。这位客户对L先生来说很重要，他答应客户马上把文件送过去，但他今天手里还有急需处理的事情，一时间无法脱身。正在发愁的时候，一位同事提醒他，可以试试同城的TT快递。L先生马上下载了TT快递的App，注册登录后发布了他的送件需求。不到5分钟，TT快递那边一位快递员打电话来说5分钟后就到他那里来取件。L先生立即下楼送文件，遇见的却是一个办公室文员模样的快递员。原来她是TT快递的自由快递员，有自己的固定工作，只是利用闲暇时间或顺路时帮别人捎带快递。今天正好也要顺路到L先生送货地点附近办点事，一看时间也合适，就在TT快递的平台上抢了这一单，顺便把L先生的文件带送过去，这一单可以赚15元，可以用来补贴她的打车费用。L先生觉得这种方式很方便，也很有意思。他回到办公室，40分钟后，TT快递的App提示快递已经送达，客户也打来电话表示感谢。他在想，下次他也可以尝试一下自由快递人。

故事2：

雯雯从小到大就是一个手工迷，她会做各种各样的手工，特别喜欢剪纸、折纸，还可以用很多生活中的废弃物品做出精美的手工品，认识她的人都夸她心灵手巧。而且，雯雯也喜欢把她做手工的经验、心得分享给朋友。可是，平时的工作很忙，周围的朋友也如此，哪里有时间来聊手工。一次偶然的机会，她接触到网络直播，她想为何不通过网络来分享自己的手工经验，结识更多喜欢做手工的朋友呢？于是，雯雯开始用闲暇时间做起了手工作坊的直播，专门教大家如何把一些看似不起眼的废弃物品加以利用，变成精美的手工品。刚开始关注的人还不多，也就是周围的朋友。可是雯雯的构思精巧，而且非常有新意，越来越多不认识的人也开始关注她的直播，甚至还有不少的小朋友。通过直播平台，雯雯也认识了同样喜欢做手工的朋友。她还开通了订阅号，下一步还准备在网上出售一些自己做的精美手工品……

无论是 L 先生所经历的 TT 快递，还是雯雯的手工直播，这两种看似完全不同的服务和消费方式背后却有着同样的逻辑：那就是闲置资源的分享产生了新的消费模式。闲置资源可以是 TT 快递自由快递员的闲暇时间，也可以是雯雯的手工知识和经验。这些资源通过互联网进行分享，实现供需的实时匹配——让 TT 自由快递员可以通过顺路捎带为 L 先生提供快递服务，让雯雯可以把她的手工知识分享给需要的人。这就是本章所研究的分享经济及其协同消费模式。

6.1 分享经济与协同消费

6.1.1 分享经济的诞生

自 2008 年金融危机之后，随着信息科技、网络技术及其在社会经济各个领域的创新应用，全球分享经济快速成长。其实，分享经济的概念早已有之，最早是由美国得克萨斯州立大学社会学教授费尔逊和伊利诺伊大学社会学教授斯潘思于 1978 年提出的。1984 年，美国经济学家威兹曼·魏兹曼（Martin L Weitzman）在其著作《分享经济》一书提出了分享经济理论，以应对当时美国经济的滞涨。他认为，解决当时的经济发展问题在于变革分配制度，即应该建立雇员参与利润分享的制度。可见，当时他们所研究的分享经济并非是现在基于信息化技术平台和互联网，在多边市场上进行社会资源配置的分享经济，其分享经济理论主要关注的是企业内部的员工如何参与利润分享，也即是企业组织内部的分享经济。此后，分享经济理论一直沉寂了多年。直到 2008 年金融危机之后，西方经济陷入缓慢增长，受收入变化的影响，人们的消费行为和观念也产生了巨大的变化，开始认为使用比拥有更重要，物尽其用的观点得到认同，由此才迎来了分享经济的快速发展，国内外学者关于分享经济的相关研究也开始逐渐丰富起来。分享经济成为全社会的一种生产、消费的组织模式，也成为人们的一种生活方式。因此，传统的分享经济与现代的分享经济在产生背景、经济实质、涉及领域、变革核心以及发展基础上都有着巨大的区别（见图 6-1）。

第6章 分享经济时代的协同消费行为

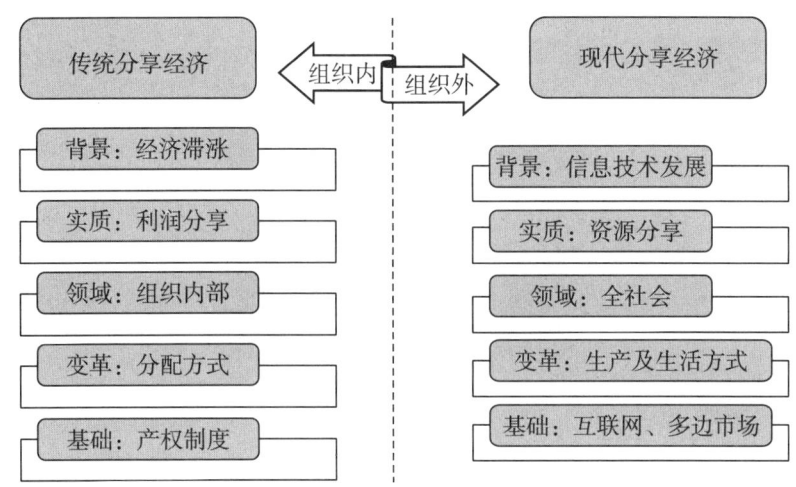

图 6-1 分享经济的比较

当前,全球分享经济已进入了一个高速发展的时期,从最开始的房屋、汽车共享到医疗、教育、空间、物流等各行业、各领域的共享;从简单的物品使用权的共享到个人时间、技能等生活方式的分享。分享经济不仅造就了大量市值超过10亿美元的"独角兽"企业,如 Uber、滴滴打车、Airbnb、Wework、Nextdoor 等,更重要的是分享经济已从欧美向亚洲、非洲等地区扩散,渗入到社会生活的方方面面,正在造就一个分享的世界。

如按分享经济的分享对象划分,可以将分享经济的类型分为如下6类(见图6-2):产品分享,如汽车、设备、服装等有形产品的分享;服务分享,如家政、物流、交通出行等无形服务的分享;空间分享,如住房、办公空间、土地、停车位等空间的分享;知识技能分享,包括以网络课程、网络直播、众包平台、知识问答平台等形式开展的知识、经验、咨询的分享;资金分享,如P2P借贷、众筹等资金的分享;生产能力分享,如共享工厂、设备等进行协作生产的方式。可以预见,分享经济正从最初的房屋、汽车的分享,不断扩展到金融、物流、教育、医疗、基础设施等领域,未来还将深入融合到农业、工业、城市建设等更多领域的发展中。①

---

① 分享经济发展报告课题组. 认识分享经济:内涵特征、驱动力、影响力、认识误区与发展趋势 [J]. 电子政务,2016(4).

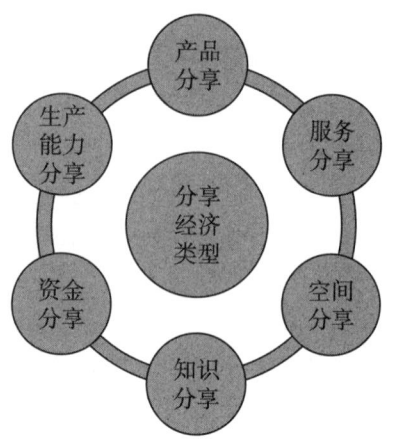

图 6-2 分享经济类型

6.1.2 中国分享经济的发展

中国也正在积极拥抱分享经济。当前中国经济的发展已经慢慢步入特殊的转型时期：人口红利的消失、资源配置的转型、消费观念的升级等，中国政府提出了新常态经济发展的新思路。在中国政府的"十三五规划"中，加强生态文明建设被首度写入五年规划中，提出了"创新、协调、绿色、开放、共享"的新发展理念。此后，在党的十九大报告中，习近平主席又强调了这一发展理念，而分享经济的出现正符合这五大新的发展理念。分享经济不仅强调开发与共享，而且在促进社会经济协调发展、培育新经济增长点、以创新驱动推进供给侧结构性改革、引导经济社会可持续发展等方面都有着重要意义。

中国分享经济的发展大体经历了萌芽、起步和快速成长 3 个阶段。[1] 2008 年之前为萌芽阶段。在这一阶段，主要受全球互联网大潮的影响，一批海归回国创业，国内互联网产业起步发展，开始出现一些基于互动式问答的知识分享网站和众包平台，如 K68、威客中国、猪八戒网等。第二阶段是 2009—2012 年，伴随国外分享经济浪潮的发展，国内众多领域的分享型企业开始大量涌现，这是中国分享经济的起步阶段，一些商业模式较为成熟、市场潜力较大的企业开始进入市场，如滴滴出行、红岭创投、人人贷、天使汇、蚂蚁短租、途家网、小猪短租、饿了么等。从 2013 年开始，伴随着信息化技术的不断发展，尤其是移动互联网的发展，我国分享经济步入了快速成长阶段，商业模式不断

---

[1] 分享经济发展报告课题组. 中国分享经济发展报告：现状、问题与挑战、发展趋势 [J]. 电子政务，2016 (4).

成熟,用户参与越来越广泛,以及大量的资金进入,分享经济领域的企业数量和市场规模都呈加速成长态势。更重要的是一些企业的体量和影响力迅速扩大,还出现了本土化创新企业,如共享单车 ofo 等,对全球分享经济的发展产生了一定的促进和影响作用。

未来,中国分享经济还会继续发展。根据国家信息中心的分享经济研究中心的报告①,2016 年中国分享经济市场交易额约为 34 520 亿元,比上年增长 103%。其中,生活服务、生产能力、交通出行、知识技能、房屋住宿、医疗分享等重点领域的分享经济交易规模共计 13 660 亿元。除生产能力领域的分享以外,其他领域的增长率都在 100% 以上,知识技能领域的分享相比 2015 年更是增长了 205%(见表 6-1)。

表 6-1 2016 年中国分享经济重点领域市场规模

领域	交易额(亿元)		
	2015 年	2016 年	增长率
知识技能	200	610	205%
房屋住宿	105	243	131%
交通出行	1000	2038	104%
生活服务	3603	7233	101%
生产能力	2000	3380	69%
医疗分享	70	155	121%
资金	10 000	2 0863	109%
总计	16 978	34 522	103%

不仅如此,分享经济还带来了就业的增长,2016 年我国参与分享经济活动的人数超过 6 亿人,比上年增加 1 亿人左右。参与提供服务者人数约为 6000 万人,比上年增加 1000 万人,其中平台员工数约 585 万人,比上年增加 85 万人。2016 年,还成为知识付费分享、单车分享和网络直播的元年。可以说,分享经济带动了各行各业的快速发展。

6.1.3 分享经济与协同消费

分享经济不仅是一种全新的商业模式,它同时也带来了一种全新的消费方式——协同消费,即消费者可以通过合作的方式与他人共同享用某项产品和服

---

① 分享经济研究中心. 中国分享经济发展现状、问题及趋势 [J]. 电子政务,2017 (3).

务，而无须持有产品与服务的所有权，使用但不拥有，分享代替私有。这样的消费方式不仅降低了消费者的成本，提高了消费的便捷性，而且带来了社会资源的极大节约，已成为发展绿色经济的重要突破口。在所有的研究中，美国学者雷切尔·波茨曼和鲁斯·罗杰斯（2010）率先在《我的就是你的："协同消费"的兴起》一书中系统全面地分析了协同消费的内涵、类型及特点等属性。波茨曼和罗杰斯研究了上千份协同消费的案例后，将协同消费模式总结为以下3种类型[1]：

（1）产品服务系统（product service systems）：有些商品使用频率低，闲置在个人手中既占用空间又没有使产品的功用充分发挥出来，网络服务提供商就会开发一个"租赁市场"，使这些闲置物品逐渐"租赁"化。

（2）再分配市场（redistribution markets）：其特点类似于现实商务世界中的跳蚤市场，由于互联网的广泛应用，以及网络购买平台的发展，二手买卖的发展也从某种程度上改变了人们的消费习惯，那些闲置的物品不再是被扔掉，而是被拿去进行二次交易。

（3）协作型生活方式（collaborative lifestyles）：拥有相同兴趣爱好的人可以对时间、技能、空间甚至可以是资金，进行分享和交换，如共享办公场地。

波茨曼和罗杰斯对协同消费的研究开始引发社会关注，美国《时代周刊》把协同消费评为改变世界的十大创意之一，协同消费也开始被西方学术界广泛重视，学者们纷纷从不同角度展开了对协同消费相关理论的研究。Belk（2014）研究了消费者为什么会选择进行协同消费的成因，并把协同消费定义为信息时代的消费2.0[2]；Thomas A Weber（2014）从分享租房的道德风险问题为例入手，运用动态博弈模型建立第三方平台对租房保险及赔损的分配管理，以促进协同消费[3]；Anna Dabrowska 等（2015）对波兰消费者对协同消费的认知进行了实证研究，并假设预估社交通信技术的数字化及开发可以促进协同消费的发展[4]。此后，学者们也开始进行实证研究，Aaron Smith 等

---

[1] 雷切尔·博茨曼，路·罗杰斯. 共享经济时代：互联网思维下的协同消费商业模式 [M]. 上海：上海交通大学出版社，2015：84-109.

[2] Belk，Russell. You are what you can access：Sharing and collaborative consumption online [J]. Journal of Business Research，2014，67（8）：1595-1600.

[3] Thomas A Weber. Intermediation in a sharing economy：Insurance, moral hazard, and rent extraction [J]. Journal of Management Information Systems，2014，31（3）：35-71.

[4] Anna Dabrowska. Collaborative consumption as a new trend of sustainable consumption [J]. Oeconomia，2015，14（2）：39-49.

(2016)从大约4800名受访者的样本中进行了实证研究,统计了有关参与共享经济行为的数据,提供了对经济发展的新洞察点以及美国人对按需分享或协同消费这类新现象的看法。①

中国政府对分享经济高度重视,"国家信息中心分享经济发展报告课题组"(2016)在《中国分享经济发展报告》中以"互联网+"为背景,从分享经济对中国社会发展中的特殊意义、有利条件、发展历程、问题与挑战等方面系统而全面地阐述了中国分享经济的发展现状和趋势②;王炳焕(2013)从发展历程、商业模式、消费者影响等方面对中美两国的协同消费进行了比较研究,得出了能促进中国协同消费发展的具体策略③;牟焕森等(2013)从商业生态系统的理论出发,运用比较法将协同消费与传统消费作比较,研究了协同消费商业模式创新中的各项要素变化,为企业提供了新的思路④;杨晓燕等(2014)从产品处置角度出发,通过实验法,得出情感依恋越强,消费者选择应用协同消费的方式处置产品的意愿越低的观点⑤;郭念东等(2016)在研究分享经济内涵及其价值的基础上,提出了政府应该通过加强社会信用建设及法律法规监管等措施来引导分享经济发展的观念⑥。

可见,协同消费不同于以往所有的消费模式,因为协同消费是一种基于分享经济的消费方式,其主要特点如图6—3所示。第一,从协同消费的产生前提来看,协同消费产生于市场主体(企业或个人)所拥有的闲置资源,无论是企业的闲置厂房还是个人的闲置时间,把闲置的资源物尽其用,挖掘出其市场价值,就产生了协同消费。第二,从协同消费的技术支撑来看,协同消费离不开互联网,尤其是移动互联网等信息技术的飞速发展,互联网平台整合了供求两个方面的长尾,实现了供给对个性化需求精确、及时、敏捷的对接。第三,从协同消费参与主体来看,除了传统的B2C以外,C2C是协同消费的主流模式。在这种背景下,个人既是消费者也可能同时是生产者、服务的提供者,如

---

① Aaron Smith. Awareness and usage of the sharing economy. [J], Monthly Labor Review, 2016, (8): 1.
② 分享经济发展报告课题组. 中国分享经济发展报告:现状、问题与挑战、发展趋势 [J]. 电子政务, 2016, 160 (4): 2—10.
③ 王炳焕. 协同消费:中美两国的比较分析 [J]. 对外经贸实务, 2013, (1): 34—37.
④ 肖雪. 协同消费的商业模式创新研究 [D]. 北京:北京邮电大学, 2012: 37—44.
⑤ 杨晓燕, 邓珏坤. 情感依恋对消费者参与协同消费的影响方式——基于产品处置的视角 [J]. 消费经济, 2014, (5): 56—60.
⑥ 郭念东, 赵筱菊. 分享经济的基本理论及政策建议 [J]. 中共成都市委党校学报, 2016, (2): 63—68.

在拼车模式中。因此，社会化参与是协同消费的重要特点。第四，从协同消费的驱动力量来看，除了消费文化的转变以外，协同消费多产生于传统消费中的痛点和低效点，产生于消费升级的拉动。比如消费者对更便捷的出行方式的渴求，对更个性化的知识获取的期望等。第五，从协同消费的实现方式来看，协同消费不是传统消费的简单升级，而是通过重构生产与服务流程、重构商业模式、创新产品与服务的解决方案，创造性地解决消费痛点并提高了社会资源的利用效率。第六，从协同消费的交易基础来看，互相的信任，尤其是陌生人之间的信任也是协同消费不可或缺的支撑力量。协同消费通过平台规制、第三方支付、口碑影响、评价机制等各种制度，逐步构建起这种陌生人之间的信任与交易机制，从而使得大量的闲置资源可以被分享、被利用、被消费。

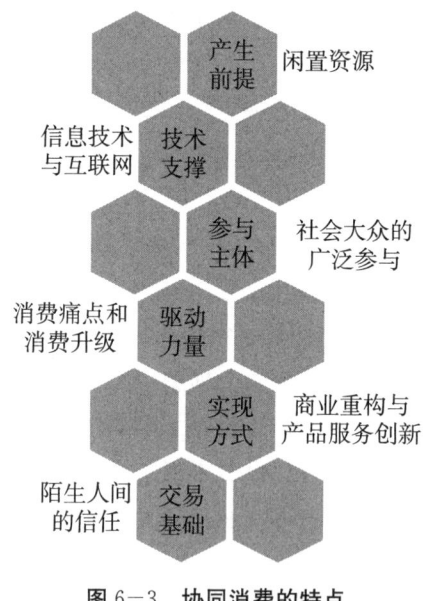

图 6-3 协同消费的特点

6.2 基于 TPB 的协同消费行为研究

6.2.1 计划行为理论

计划行为理论起源于菲什拜恩的多属性态度理论（Theory of Multiattribute Attitude，Fishbein，1963）。该理论认为行为态度决定行为意向，预期的行为结果及结果评估又决定行为态度。后来，菲什拜因和艾森发展了多属性态度理论，提出理性行为理论（Theory of Reasoned Action，Fishbein 和 Ajzen，1975）。理性行为理论认为行为意向是决定行为的直接因素，它受行为态度和主观规范的影响。由于理性行为理论假定个体行为受意志控制，严重制约了理论的广泛应用，因此为扩大理论的适用范围，艾森（1985）在理性行为理论的基础上，增加了感知行为控制变量，初步提出计划行为理论（Theory of Planned Behavior，TPB）。1991 年艾森发表的《计划行为理论》[①] 一文，标志着计划行为理论的成熟。

计划行为理论假设了一套态度、主观规范、感知行为控制和行为意向之间的关系，其基本范式如下：如果人们认为一种行为会使他们获得重要的结果，其重要的参考对象重视并赞成这种行为，并且他们拥有必需的资源、能力和机会去实现这种行为，那么他们就可能实现这种特殊的行为（Ajzen，1985；Conner 等，1999）。计划行为理论在提出后得到广泛应用，大多数研究结果支持计划行为理论，证明计划行为理论具有良好的预测能力和解释能力。其适用行为领域包括：临床医疗与筛检行为、运动行为、饮食行为、药物成瘾行为、社会行为，等等。

而仅就消费行为本身而言，协同消费和传统消费行为的显著区别在于：传统消费中个体可以独立完成消费，而协同消费过程中却存在着两个或多个消费者之间的交互和影响。在对协同消费的研究中，基于社会网络的个体之间的自愿合作被认为是协同消费的前提，正如 Schor J B（2014）提出：在分享经济 3 种重要属性，即陌生人之间的共享意愿和能力、对数字技术的高度依赖以及人们积极参与中，陌生人间的协作是决定分享经济成功的决定因素。而根据行为经济学在自愿合作方面的文献，大量的研究成果显示基于社会性偏好的自愿合作效率受到社会距离的影响，而社会距离影响互利均衡的协调，并通过影响社会认可的供给和需求，进而影响社会规范的执行（李英蕾，夏纪军，2009）。鉴于此，以下研究在计划行为理论模型中，加入社会距离来衡量和表征协同消费者之间的交互关系，并从社会距离角度对协同消费行为及其社会促进机制进行研究。

6.2.2 协同消费行为的模型构建

综上所述，TPB 理论解读的是单个消费者的行为意向，而协同消费情景

[①] Ajzen I. The theory of planned behavior [J]. Organizational behavior and human decision processes，1991.

下行为人还要考虑与其他参与者之间的合作与互动。据此，本研究在 TPB 模型中加入社会距离变量，以使该理论更符合协同消费行为的实际应用情境。

根据文献研究，社会距离会影响风险感知（Chandran，2004），而风险感知会影响知觉行为控制。因此，社会距离也可能会影响知觉行为控制，调节知觉行为控制对协同消费行为意向有影响：社会距离感知越近，消费者会认为对风险控制的能力越强，因而知觉行为控制对协同消费行为意向的正向影响越强；反之越小。同时，研究也发现社会距离影响社会认同（Gachter，Fehr，1999；Garpenter，Matthews，2002），而社会认同会影响个体的主观规范。据此，可以认为社会距离也会影响主观规范，调节主观规范对协同消费行为意向的影响。其调节作用可能是社会距离感知越近，个体可能认为该行为受到主观规范的约束越少，因此主观规范对协同消费意愿的影响就减弱，反之增强。此外，表征社会距离的相似度和熟悉度已被证实对消费行为产生了影响（Edwards，2009），因此可以认为个体与协同者的社会距离感知会影响他对协同消费行为的态度。社会距离感知越近，对协同消费行为的态度越积极。

同时，基于前人的研究成果，本文认为，协同消费行为意向影响协同消费行为。本文的研究假设如下：

H1：态度、主观规范、知觉行为控制和社会距离共同对协同消费行为意向产生显著正向影响；

H2：行为意向对行为有显著正向影响；

H3：在主观规范对行为意向的影响中，社会距离起到了调节作用；

H4：在知觉行为控制对行为意向的影响中，社会距离起到了调节作用；

H5：在社会距离对行为意向的影响中，态度起到了中介作用。

研究模型如图 6-4 所示：

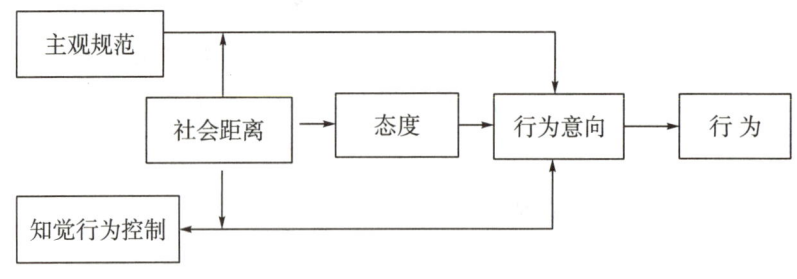

图 6-4　基于 TPB 的协同消费行为研究模型

因共享出行是大众比较熟悉的协同消费方式，本研究拟以网约车服务作为研究对象，网约车用户作为研究样本，基于以上研究模型展开研究。

6.2.3 模型研究中的变量定义与测量

根据计划行为理论（Ajzen，1991）的相关研究，具体的变量定义及测量如下。

（1）态度的定义及测量。

当网约车用户认为此次行为会产生正面过程或结果，那么网约车用户对该行为持积极态度，则很可能进行此次网约车行为；相反，当网约车用户认为进行此次行为会产生反面过程或结果，那么网约车用户对该行为持消极态度，进行此次网约车行为的可能性就小。例如，如果网约车用户认为，进行此次网约车行为会有一个愉快的过程，并且可以满足自己的需求，那么他进行网约车行为的态度将会非常积极，就可能进行此次网约车行为。态度测量使用李克特五分量表，问项包括两个："通过打车软件使用私家车提供的出行服务是有益的"和"通过打车软件使用私家车提供的出行服务是令人愉悦的"。

（2）主观规范的定义及测量。

主观规范是指个体所感知到的社会压力对某一行为的支持或反对。个体所感知的社会压力往往来自于"重要的他者"[1]，如家人和朋友等。主观规范测量试用李克特五分量表，问项包括"我的家人认同通过打车软件叫私家车服务这种出行方式"和"多数人认同通过打车软件叫私家车服务这种出行方式"。

（3）知觉行为控制的定义及测量。

知觉行为控制是指网约车用户感知到的在其意志控制下，执行或不执行网约车行为的程度。知觉行为控制测量使用李克特五分量表，问项包括："我可以通过打车软件叫私家车来满足出行需求"和"是否通过打车软件叫私家车出行取决于我自己"。

（4）行为意向的定义及测量。

行为意向被认为是行动发生的可能性（Fishbein 和 Ajzen，1975）。一般来说，人们对某一行为的态度越正面，主观规范越有利，知觉行为控制越强，其行为意向就越大，转化成直接行为的可能性也就越大（Ajzen，1991）。行为意向的测量采用李克特五分量表。问项包括：我愿意通过滴滴打车/Uber等打车软件乘坐陌生人的私家车出行。

---

[1] 闫岩. 计划行为理论的产生、发展和评述[J]. 国际新闻界，2014，（7）.

(5) 协同消费行为的测量。

协同消费行为的测量是指消费者进行协同消费行为的频率，也采用量表的形式请被试者选择消费频率。

(6) 社会距离的定义与测量。

社会距离是"存在于行动者心理空间中的行动者与其他行动者之间的心理距离"(Bogardus, 1925)。本研究中，社会距离测量主要侧重于网约车用户和私家车司机之间心理感知距离（亲密度），所以社会距离的测量方法采用 Aron 等的人际关系亲密度量表（Inclusion of Other in the Self Scale, Aron 和 Smollan, 1992），测量被调查者知觉到的自我与司机的亲密度。该量表采用两个圆圈的重叠程度反映自我与司机的亲密度（见图 6-5），被调查者的选择从 1（完全不重叠）到 7（几乎完全重叠）计分，分数越高，代表被调查者知觉到的与司机的亲密度越高。此量表广泛应用于对被调查者与他人关系亲密度评定的调研中（Aron 和 Smollan, 1992；Aron 和 Fraley, 1999；Aronetal, 2004；Gardner 和 Ga-briel, 2002）。①

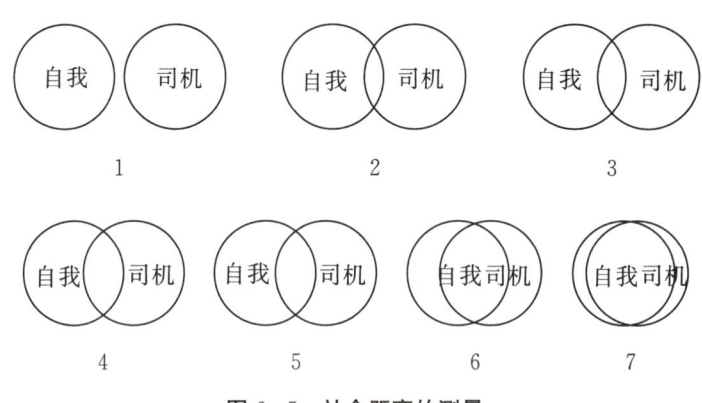

图 6-5　社会距离的测量

6.2.4　数据收集与信度效度检验

(1) 数据收集及样本分析。

问卷设计完成后首先进行了预调研，对四川大学校内 30 名学生进行随机调查。项目小组根据预调研的结果，经过效度分析和信度分析后，修改不适当、语义模糊、引导作答等类型的问题，删除信度较低的问题项。之后在专业

---

① 牛忠辉，蒋赛，邱俊杰，申之美，张锋. 社会距离对他人行为表征的影响：评价内容效价的作用 [J]. 应用心理学，2010，(4).

第 6 章 分享经济时代的协同消费行为

的网络问卷调研平台上进行正式的问卷调研,最终对北京、上海、广州、深圳、成都、武汉等一、二线城市的多个年龄段的消费者进行了调研,共收集有效问卷 315 份。根据分析可知,问卷分布覆盖了经济发展较好和网约车使用率较高的省份和直辖市(见图 6-6)。

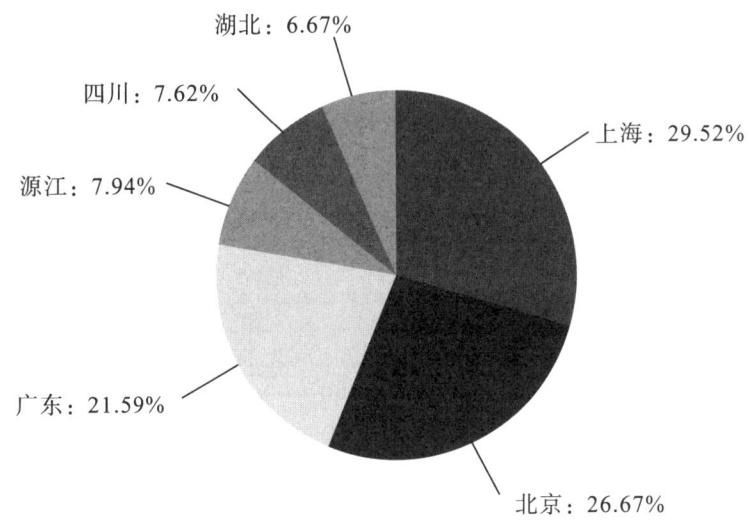

图 6-6 调查样本的地区分布

同时,由表 6-2 可知,调查样本中男性占 45.4%,女性占 54.6%。而且,被调查样本使用过私家车出行服务的比例达到 88.9%。其中使用过 Uber 的被调查者占 23.5%,使用过滴滴打车的被调查者占 61.9%,使用过神州专车和易到用车的被调查过分别占 1.9% 和 1.6%,样本数据呈现的结果和现实中各软件的市场份额占比是一致的,说明此样本具有较好的代表性。

表 6-2 调查样本的人口统计特征

人口统计变量		频率	百分比(%)
性别	男	143	45.4
	女	172	54.6
	全样本	315	100.0

续表6-2

人口统计变量		频率	百分比（%）
年龄	19 岁以下	75	23.8
	20—29 岁	93	29.5
	30—39 岁	74	23.5
	40 岁以上	73	23.2
	全样本	315	100.0
教育水平	初中及以下	1	0.3
	高中/中专/技校	36	11.4
	大专	48	15.2
	本科	208	66.0
	硕士/博士	22	7.0
	全样本	315	100.0

（2）信度与效度检验。

对样本数据进行信度检验，计算问项的克朗巴哈 α 系数值。量表克朗巴哈 α 系数为 0.815，高于普遍认为的 0.70 的标准。同时，对问项进行效度分析。效度分析首先进行 KMO 和巴特利特球度检验。结果显示，KMO 值为 0.859，呈现性质为"良好的"标准，表示变量间具有共同因素存在，变量适合进行因素分析。Bartlett 球形检验的 χ^2 值为 876.181，此处的显著性概率值 $p=0.000<0.01$，代表总体的相关矩阵间有共同因素存在，适合进行因子分析。

对调研数据进一步进行因子分析。因子分析采用主成分分析方法，提取出 5 个因子，且这 5 个因子对总方差的解释累积达到了 84.482%。而且，每个变量的因子载荷均高于 0.5，超过了建议的 0.5 的因素载荷量（Bagozzi 和 Yi，1988）。因此，本次问卷调研是有效度的（见表 6-3 和表 6-4）。

表 6-3　总方差解释

因素	提取载荷平方和			旋转载荷平方和		
	总计	方差百分比（%）	累积（%）	总计	方差百分比	累积（%）
1	3.972	49.645	49.645	1.986	24.829	24.829
2	0.924	11.556	61.201	1.313	16.417	41.246
3	0.710	8.877	70.078	1.258	15.727	56.974
4	0.644	8.045	78.122	1.149	14.357	71.331

续表6-3

因素	提取载荷平方和			旋转载荷平方和		
	总计	方差百分比（%）	累积（%）	总计	方差百分比	累积（%）
5	0.509	6.360	84.482	1.052	13.151	84.482

注：提取方法为主成分分析法。

表6-4 旋转后的成分矩阵

	组件				
	1	2	3	4	5
与私家车司机之间的关系亲密度			0.945		
我愿意通过打车软件乘坐陌生人的私家车出行		0.541			
通过打车软件使用私家车提供的出行服务是有益的	0.643				
通过打车软件使用私家车提供的出行服务是令人愉悦的	0.562				
我的家人认同通过打车软件叫私家车服务这种出行方式				0.895	
多数人认同通过打车软件叫私家车服务这种出行方式				0.898	
我可以通过打车软件叫私家车来满足出行需求					0.872
是否通过打车软件叫私家车出行取决于我自己					0.937

注：a. 提取方法为主成分分析法；b. 旋转方法为Kaiser标准化最大方差法；c. 旋转在5次迭代后已收敛。

6.2.5 总体模型的验证与分析

（1）社会距离、态度、主观规范、知觉行为控制与行为意向的回归分析。

对社会距离、态度、知觉行为控制、主观规范、行为意向进行相关分析，结果是在0.01水平上呈现显著正相关，因此可进一步进行回归分析。运用逐步回归方法进行回归分析。预测变量为社会距离、态度、主观规范、知觉行为控制，因变量为行为意向。

回归分析的结果见表6-5和表6-6。

表 6-5 回归方程检验

模型		平方和	df	均方	F	Sig.
1	回归	78.657	1	78.657	187.464	0.000[a]
	残差	131.330	313	0.420		
	总计	209.987	314			
2	回归	89.543	2	44.771	115.976	0.000[b]
	残差	120.444	312	0.386		
	总计	209.987	314			
3	回归	94.563	3	31.521	84.930	0.000[c]
	残差	115.424	311	0.371		
	总计	209.987	314			
4	回归	96.882	4	24.221	66.384	0.000[d]
	残差	113.105	310	0.365		
	总计	209.987	314			

注：a. 预测变量：(常量)，态度；b. 预测变量：(常量)，态度，主观规范；c. 预测变量：(常量)，态度，主观规范，知觉行为控制；d. 预测变量：(常量)，态度，主观规范，知觉行为控制，社会距离；e. 因变量：行为意向。

表 6-6 回归系数检验

模型		非标准化系数		标准系数	t	Sig.	共线性统计量	
		B	标准误差	试用版			容差	VIF
1	(常量)	0.985	0.212		4.638	0.000		
	态度	0.737	0.054	0.612	13.692	0.000	1.000	1.000
2	(常量)	0.476	0.225		2.114	0.035		
	态度	0.497	0.069	0.413	7.251	0.000	0.567	1.764
	主观规范	0.366	0.069	0.302	5.310	0.000	0.567	1.764
3	(常量)	0.282	0.227		1.241	0.216		
	态度	0.358	0.077	0.297	4.639	0.000	0.430	2.324
	主观规范	0.343	0.068	0.283	5.053	0.000	0.562	1.780
	知觉行为控制	0.206	0.056	0.201	3.678	0.000	0.590	1.696

续表6-6

模型		非标准化系数		标准系数	t	$Sig.$	共线性统计量	
		B	标准误差	试用版			容差	VIF
4	（常量）	0.288	0.225		1.280	0.202		
	态度	0.306	0.079	0.254	3.858	0.000	0.401	2.494
	主观规范	0.325	0.068	0.269	4.803	0.000	0.556	1.799
	知觉行为控制	0.215	0.056	0.210	3.868	0.000	0.587	1.703
	社会距离	0.089	0.035	0.116	2.521	0.012	0.821	1.217

注：因变量为行为意向。

结果显示，4个预测变量社会距离、态度、主观规范、知觉行为控制最后都进入方程，回归模型整体性检验的 F 值为66.194，其显著性值为0.000，小于0.01，说明方程拟合效果良好，回归方程显著。回归系数的检验同时显示，4个预测变量都进入模型，态度、主观规范和知觉行为控制的回归系数检验在0.01的水平上显著，社会距离的回归系数检验在0.05的水平上显著。同时，共线性统计量，4个变量的容差均小于1，而方差膨胀因子 VIF 远小于10，说明4个变量之间的多重共线性较弱。因此，可以得出的回归方程如下：

$$行为意向 = 0.288 + 0.306 \times 态度 + 0.325 \times 主观规范 \\ + 0.215 \times 知觉行为控制 + 0.089 \times 社会距离 \quad (6-1)$$

由此，假设H1得到验证。

(2) 协同消费行为与行为意向的回归分析。

以行为意向为预测变量，协同消费行为为因变量进行一元一次回归分析。回归方程检验结果为 F 为18.358，在0.001水平上回归方程显著（见表6-7）。回归系数检验显示，回归系数在0.001的水平上不显著，为0（见表6-8）。

表6-7 回归方程检验

模型		平方和	df	均方	F	$Sig.$
1	回归	19.723	1	19.723	18.358	0.000[a]
	残差	298.673	278	1.074		
	总计	318.396	279			

注：a. 预测变量：（常量），行为意向（打车）；b. 因变量：网约车行为。

表6-8 回归系数检验

模型		非标准化系数		标准系数	t	$Sig.$
		B	标准误差	试用版		
1	（常量）	3.025	0.397		7.627	0.000
	行为意向（打车）	0.420	0.098	0.249	4.285	0.000

注：因变量：网约车行为。

因此，得到回归方程如下：

$$协同消费行为 = 3.025 + 0.42 \times 协同消费意向 \tag{6-2}$$

研究假设 H2 得到验证。

（3）社会距离对主观规范与行为意向之间关系的调节效应检验。

调节效应的检验非常重要的是构造一个乘积项，即将中心化处理后的自变量和调节变量相乘后，再把自变量、因变量和乘积项放到多元层级回归方程中即可以检验交互作用。只要乘积项的系数是显著的，就可以说明调节作用的存在。

根据以上的分析思路，以行为意向为因变量，社会距离、主观规范以及社会距离和主观规范的乘积项为自变量，进行回归分析，其结果如见表6-9和表6-10。

表6-9 回归方程检验

模型		平方和	df	均方	F	$Sig.$
1	回归	69.245	1	69.245	153.996	0.000[a]
	残差	140.742	313	0.450		
	总计	209.987	314			
2	回归	75.536	2	37.768	87.643	0.000[b]
	残差	134.451	312	0.431		
	总计	209.987	314			
3	回归	78.925	3	26.308	62.427	0.000[c]
	残差	131.063	311	0.421		
	总计	209.987	314			

注：a. 预测变量：（常量），主观规范；b. 预测变量：（常量），主观规范，社会距离；c. 预测变量：（常量），主观规范，社会距离，社会距离主观规范乘积项；d. 因变量：行为意向。

表 6-10 回归系数检验

模型		非标准化系数		标准系数	t	$Sig.$
		B	标准误差	试用版		
1	（常量）	1.115	0.224		4.982	0.000
	主观规范	0.694	0.056	0.574	12.410	0.000
2	（常量）	1.045	0.220		4.755	0.000
	主观规范	0.619	0.058	0.512	10.648	0.000
	社会距离	0.141	0.037	0.184	3.821	0.000
3	（常量）	1.185	0.223		5.317	0.000
	主观规范	0.594	0.058	0.491	10.197	0.000
	社会距离	0.138	0.036	0.181	3.798	0.000
	社会距离、主观规范乘积项	-0.135	0.048	-0.129	-2.835	0.005

注：因变量为行为意向。

从回归分析的结果可知，乘积项的偏回归系数不显著为 0，因此，社会距离在主观规范对行为意向之间起到了调节作用。其回归方程为：

$$协同消费行为意向 = 1.185 + 0.594 \times 主观规范 + 0.138 \times 社会距离 - 0.135 \times 乘积项 \quad (6-3)$$

根据调节效应绘图方法①绘制图 6-7。由图可知，社会距离产生了增强型交互作用。具体而言，当网约车用户感知到与陌生的网约车司机间的社会距离越远时，主观规范对于行为意向的正向影响就越来越强，说明随着社会距离感知变远，主观规范（对自己重要的人的意见）对于行为意向（是否采取此次网约车行为）的影响更为重要。相反，当网约车用户感知到与网约车司机间社会距离越近时，主观规范对于行为意向的影响减弱。

由此，研究假设 H3 得到验证。

---

① 刘军. 管理研究方法——原理与应用 [M]. 北京：中国人民大学出版社，2008：348-352.

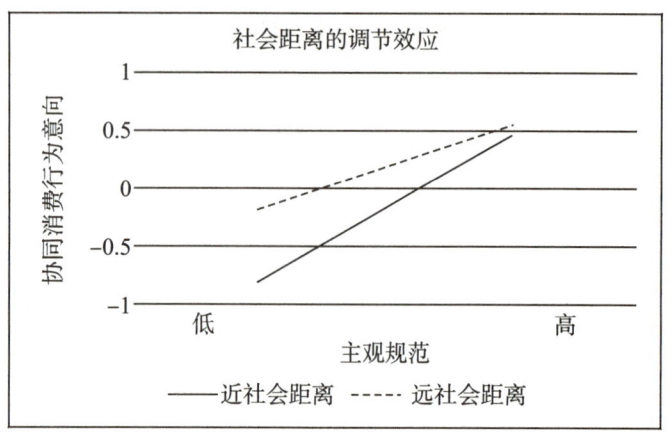

图 6-7 社会距离在主观规范与行为意向之间的调节效应

（4）社会距离对知觉行为控制与行为意向之间关系的调节效应检验。

同样，根据以上的分析思路，以行为意向为因变量，社会距离、知觉行为控制以及社会距离和知觉行为控制的乘积项为自变量，进行回归分析的结果见表 6-11 和表 6-12。

表 6-11　回归方程检验

模型		平方和	df	均方	F	Sig.
1	回归	57.780	1	57.780	118.819	0.000[a]
	残差	152.207	313	0.486		
	总计	209.987	314			
2	回归	75.266	2	37.633	87.154	0.000[b]
	残差	134.721	312	0.432		
	总计	209.987	314			
3	回归	87.478	3	29.159	74.023	0.000[c]
	残差	122.510	311	0.394		
	总计	209.987	314			

注：a. 预测变量：（常量），知觉行为控制；b. 预测变量：（常量），知觉行为控制，社会距离知觉控制乘积项；c. 预测变量：（常量），知觉行为控制，社会距离知觉行为控制乘积项，社会距离；d. 因变量：行为意向（打车）。

表 6-12 回归系数检验

模型		非标准化系数		标准系数	t	Sig.
		B	标准误差	试用版		
1	（常量）	1.697	0.201		8.426	0.000
	知觉行为控制（打车）	0.536	0.049	0.525	10.900	0.000
2	（常量）	2.118	0.201		10.537	0.000
	知觉行为控制（打车）	0.445	0.049	0.435	9.165	0.000
	社会距离、知觉行为控制乘积项	−0.284	0.045	−0.302	−6.364	0.000
3	（常量）	1.844	0.198		9.302	0.000
	知觉行为控制（打车）	0.391	0.047	0.382	8.250	0.000
	社会距离、知觉知觉控制乘积项	−0.279	0.043	−0.297	−6.547	0.000
	社会距离（打车）	0.189	0.034	0.247	5.568	0.000

注：因变量为行为意向（打车）。

从回归分析的结果可知，乘积项的偏回归系数显著，为 0.189，因此，社会距离在知觉行为控制与行为意向之间起到了调节作用。其回归方程为：

$$协同消费行为意向 = 1.844 + 0.391 \times 知觉行为控制 + 0.189 \times 社会距离 - 0.279 \times 乘积项 \quad (6-4)$$

其交互效应如图 6-8 所示。社会距离在知觉行为控制与行为意向之间也产生了显著的调节效应，但不同的是，社会距离产生的是干扰型交互作用。具体而言，当社会距离越远时，知觉行为控制对协同消费行为意愿的正向影响逐渐减弱；而在当社会距离越近时，知觉行为控制对协同消费行为意愿的正向影响却越来越强。由此，研究假设 H4 得到验证。

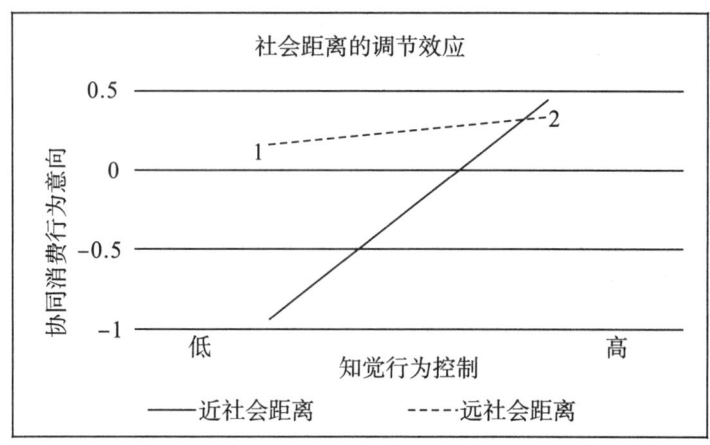

图 6-8 社会距离在知觉行为控制与行为意向之间的调节效应

(5) 态度在社会距离与行为意向之间的中介效应检验。

首先,进行社会距离对行为意向的回归分析(见表 6-13)。回归分析结果显示:R^2 为 0.127,回归方程检验中 F 为 45.554,显著性值为 0.000,小于 0.01。说明回归方程显著,即自变量社会距离对于因变量行为意向具有显著的解释力。

表 6-13 社会距离对行为意向的回归分析

模型		非标准化系数		标准系数	t	Sig.
		B	标准误差	试用版		
1	(常量)	3.144	0.113		27.753	0.000
	社会距离	0.273	0.040	0.356	6.749	0.000

注:因变量为行为意向。

由此得到回归方程 1 为:

$$行为意向 = 3.144 + 0.273 \times 社会距离 \tag{6-5}$$

其次,进行社会距离对态度的回归分析(见表 6-14)。回归分析结果显示:R^2 为 0.167,回归模型检验的 F 值为 62.609,回归方程在 0.001 的水平上显著。

表6-14 社会距离对态度的回归分析

模型		非标准化系数		标准系数	t	$Sig.$
		B	标准误差	试用版		
1	（常量）	3.215	0.092		34.987	0.000
	社会距离	0.260	0.033	0.408	7.913	0.000

注：因变量为态度。

由此得到回归方程2为：

$$态度 = 3.215 + 0.260 \times 社会距离 \tag{6-6}$$

最后，以社会距离和态度作为自变量，行为意向作为因变量，进行回归分析。回归分析结果显示：调整后的 R^2 为 0.384。回归方程检验和回归系数检验均显著（见表6-15和表6-16）。容差为 0.833，小于1；VIF 为 1.2，小于10，说明变量之间并不存在较强的共线性问题。因此，可以得到回归方程3为：

$$行为意向 = 0.976 + 0.674 \times 态度 + 0.098 \times 社会距离$$

表6-15 态度、社会距离对行为意向的回归方程检验

模型		平方和	df	均方	F	$Sig.$
1	回归	78.657	1	78.657	187.464	0.000[a]
	残差	131.330	313	0.420		
	总计	209.987	314			
2	回归	81.519	2	40.759	98.989	0.000[b]
	残差	128.469	312	0.412		
	总计	209.987	314			

注：a. 预测变量：（常量），态度；b. 预测变量：（常量），态度，社会距离；c. 因变量：行为意向（打车）。

表6-16 态度、社会距离对行为意向的回归系数检验

模型		非标准化系数		标准系数	t	$Sig.$	共线性统计量	
		B	标准误差	试用版			容差	VIF
1		0.985	0.212		4.638	0.000		
		0.737	0.054	0.612	13.692	0.000	1.000	1.000

续表6—16

模型		非标准化系数		标准系数	t	$Sig.$	共线性统计量	
		B	标准误差	试用版			容差	VIF
2	（常量）	0.976	0.210		4.637	0.000		
	态度	0.674	0.058	0.560	11.541	0.000	0.833	1.200
	社会距离	0.098	0.037	0.128	2.636	0.009	0.833	1.200

注：因变量为行为意向。

对以上回归分析的结果进行分析：方程1中，行为意向＝3.144＋0.273×社会距离，社会距离的回归系数为0.273，当控制了中介变量的影响后，在方程3中社会距离的回归系数变为0.098，说明当控制了中介变量后，自变量对因变量的影响显著降低（0.098＜0.273），态度在社会距离和协同消费行为意向之间起到了部分中介作用。

因此，研究假设H5得到证实。

6.2.6 研究结论及建议

前文在对计划行为理论、社会距离、协同消费进行文献分析的基础上，对计划行为理论进行了拓展，构建了协同消费的影响模型，并对模型进行实证研究，所做假设均得到验证。

研究发现，态度、主观规范、知觉行为控制、社会距离作为自变量对于协同消费行为的影响是显著的，且社会距离作为调节变量，在主观规范与协同消费行为意向之间、知觉行为控制与协同消费行为意向之间都具有显著的调节作用。同时，社会距离还通过态度影响协同消费行为意向。该研究对政策方面的启示包括以下三方面。

（1）健全市场监管制度，培育积极的消费态度。

共享经济和协同消费都是新生事物，对其的管理监督、政策法规等正处于建立和不断完善的过程中。为让更多的消费者加入到协同消费中来，就需要加快完善各种制度保障。因为只有在健全的制度保障下，消费者才能以更积极的态度参与其中。在政府层面，不仅应对协同消费表现出鼓励和支持的态度，支持协同消费模式的创新和发展；更重要的是通过市场准入、消费者保护、市场监管等一系列有效的管理制度，建立推行安全、质量、环保等方面的硬指标，积极引导、规范各类协同消费参与方的市场行为。在企业层面，则应不断完善商业模式设计，实行严格的从业制度、过程监管制度等，为协同消费参与者提供更优质的消费体验,从而培育大众对协同消费的积极态度。

(2) 完善社会声誉评价体系,形成积极的主观规范。

对于协同消费参与者而言,其参考对象的意见是影响他们协同消费意向的重要因素。而参考对象的意见往往来自于自身的体验,如果有了较好的消费体验,他们就会鼓励朋友参与其中,从而促进协同消费的发展。因此,企业应关注并优化参与协同消费各方的体验。与此同时,在信息经济时代,消费者更信任的信息往往来自于口碑而不是大众传媒。因此,政府应发挥主导作用,企业发挥主体作用,建立健全真实可信的社会声誉评价机制,促进真实可靠的口碑传播,推动协同消费行为在社会群体中的良性扩散。此外,还可以通过信息平台的公开化、透明化来增进多方沟通,避免偏见或存有刻板印象的形成,从而带来消极的主观规范影响。

(3) 培育安全消费环境,提升知觉行为的控制感。

由于协同消费离不开陌生人间的相互信任,因此,降低人们对风险的感知、提升人们对知觉行为的控制感,将能促进协同消费行为。其中,协同消费参与者对于协同消费行为的便捷和安全状况的感知最为敏感。因此,协同消费市场主体应该首先完善基础服务的标准,创造更统一、更具标准化的安全服务体系。其次,重视信息服务,包括客服咨询中心、标识系统、自助服务手册、声誉评价系统等,通过这些服务帮助协同消费参与者更方便、更全面地认知协同消费行为,并形成对协同消费的合理预期。最后,协同消费企业在面向用户的客户端中,还应特别提供安全服务模块,如向企业或公开信息平台上传消费信息,提升协同消费用户的安全感知。同时,政府可以与企业合作建立相关消费危机的应急响应机制,并在宣传方面加强安全科普工作,加强消费者的自我保护意识。

6.3 协同消费的博弈均衡——基于合作博弈论的视角

6.3.1 协同消费中的收益均衡

分享经济当前仍然面临着很多挑战,比如在分享经济中,由于创业门槛较低,分享型企业凭借显著的成本优势,往往能获得快速成长的用户规模和市场份额,引发了社会财富的重新分配和行业变革,对传统企业造成了巨大的竞争压力,对原有的商业逻辑和市场秩序带来了巨大的冲击。同时,分享经济、协同消费的发展是以参与协同各方实现合理的联盟收益分配为基础和前提,而分享经济的市场规制等尚在形成中。因此,研究分享经济的各个参与方如何优化其成本、收益以及效用的分配具有非常重要的现实意义。目前,国内外学者对分享经济进行了很多研究,但相关研究对分享经济的宏观发展关注较多,对微观的协同消费研究较少;对定性化的理论研究较多,而定量化的逻辑推演较少;对分享经济目前的问题及对策研究较多,对如何通过优化收益配置、激励分享的长期合作研究较少。在此背景下,本研究从合作博弈理论的视角,通过构建协同消费活动中的收益分配模型,以期让合作联盟达到最合理稳定的平衡状态,从而通过利益机制促进协同消费、分享经济的可持续发展。

纵观国内外的研究,对协同消费的内涵、特征、发展现状及趋势等概念方面的定性研究较多,形成了较多共识。同时,少数的实证研究也通过数据验证了一些协同消费行为中的现象和观点。但从协同消费参与者的视角出发,探讨协同消费联盟中参与者之间博弈关系的相关研究并不丰富。从合作博弈的角度来看,协同消费要能够持续发展,其前提是以合作联盟各方实现共同收益的最优分配,从而使联盟达到稳定的均衡状态。正是基于此思路,本研究运用合作博弈理论,探讨在协同消费参与者之间构建合作博弈模型,并通过引入夏普利值,探讨协同消费中各方收益分配的最优解。

6.3.2 协同消费中的合作联盟

合作博弈通常也称为联盟博弈。其中的合作(cooperation)是指"大家为了共同的目标而一起行动",即若干行为人达成协议、组成一个团队配合行动,并以一个分配方案来分配团体合作时所带来的总收益。[①] 而协同消费正是这样一种合作,参与协同消费的若干行为人为了共同的消费目标而一起行动,其合作的核心是行为人对资源利用、成本分担、效用分享等各方面的合作。同时,作为协同消费的各方参与者,都期望自己的总收益能最大化。因此,合作博弈理论的应用,可以使协同消费本着分享合作的精神,追求合作联盟及其各成员收益分配的合理化,实现整体收益最大化的帕累托最优,让"大家为了共同的目标而一起行动"。

协同消费情景下,合作联盟的局中人主要由3种角色所构成:一是有相同或相似消费需求的消费者,他们不拥有能满足需求的资源所有权;二是拥有能够满足这些需求的资源所有者(他们同时也是消费者);三是为前两种消费者提供供求匹配信息和相关服务的信息化平台。为便于分析,假设协同消费中的

---

① 李军林,李岩. 合作博弈理论及其发展 [J]. 经济学动态,2004,(9):79-85.

每位消费者都可单独或与他人合作进行消费行为，信息化平台也可以独立提供服务，也即是每位参与者既可选择不合作，单独消费、单独使用私有资源或单独经营；也可选择与其他参与者合作共享联盟资源，进行协同消费。

因此，假设参加协同消费的人数为 N，则 $N=\{1,2,\cdots,n\}$ 称为局中人集合，$i\in N$ 表示第 i 个局中人。对于局中人集合中的任意非空子集 $S\in N$，称 S 为联盟。联盟 S 中的局中人数用 $|S|$ 表示。

需要特别指出的是，协同消费的各参与者，若是不考虑收益与成本的问题，各参与者都拥有独自消费或经营的能力。他们之所以会参与到协同消费活动中去，主要是因为采用合作方式时，各方均可以获得比独自消费或经营时更大的效用或收益，比如固定资产投入减少、消费成本降低等。因此，协同消费合作博弈存在的条件是：对联盟内部而言，每个参与者都能获得比不加入联盟时更多的收益，否则各参与者就没有了形成联盟的动机，这是形成合作博弈的基础。因此，协同消费合作博弈存在的条件之一是个体理性；对整个联盟而言，应满足超可加性，即联盟一起行动至少可以做得与各参与者分别单独行动时一样好，也即联盟的整体收益应该大于其每个参与者单独行动的收益之和，这即是协同消费合作博弈存在的第二个条件——集体理性。

在合作博弈的过程中，还需要假定联盟中的局中人都能在达成一致认同的策略后，认真履行合作协议，保障各局中人都能实施约定好的集体行动，使联盟在博弈中的总收益最大化，即假定联盟的形成在合作过程中具有稳定性。

6.3.3 协同消费的联盟收益及其特征函数

协同消费的合作博弈联盟要达到平衡稳定状态，一方面需要寻求联盟收益的最大化，另一方面也要找到最合理的收益分配模式。为此，对于合作联盟的3类局中人——没有资源所有权的消费者、拥有资源所有权的消费者和信息化平台而言，必须首先描述出他们的收益函数。在协同消费情景下，3类局中人所获得的收益类型是不一样的，具体如下：

（1）没有资源所有权的消费者通过协同消费，以成本节约的方式获得的收益。协同消费中，没有资源的消费者不用付出购买资源的巨大成本，而只需要支付使用资源的费用，就可以以更少的货币成本获得等价的效用。比如在汽车共享中，消费者以更少的出行费用实现了同样的出行需求。

（2）拥有资源所有权的消费者通过提供资源，以共享收入的方式获得的收益。在协同消费中，提供共享资源的消费者通过共享消费这一方式获得了收益，用以补贴他购置资源的花费或者他单独消费时的消费成本，从而节约了资源所有者的持有成本和消费成本。比如,汽车所有者通过共享汽车获得收益,不仅补贴了原有的汽车购置成本,同时降低了他的出行费用。

(3) 信息化共享平台以平台收益的方式获得的收益。当有资源和没有资源的消费者之间缺乏信息沟通时,要想实现共享、进行合作的交易成本是非常高的,而且甚至是不现实的。信息化平台的出现通过提供实时的协同消费供需匹配信息和相关服务,包括沟通服务、支付服务、信用服务等,使协同消费的合作成为可能,并由此获得相应的平台收益。

在合作博弈中,上述协作消费联盟中局中人的收益可以用特征函数来表示。特征函数是表示合作联盟通过协调其局中人的策略,保证合作博弈中联盟各方获得的最大收益。在参与者人数为 N 的局中人集合中,任一子集 $S \subseteq N$,定义一个实值函数 $U(S)$,将 $[S,U]$ 称为一个 N 人合作博弈,$U(S)$ 就是 N 人合作博弈的特征函数。该特征函数满足以下条件:

① $U(\emptyset)=0$,$\emptyset$ 为空集;
② $U(\{S1,S2\}) \geqslant U(\{S1\})+U(\{S2\})$。

条件①表示没有任何一方局中人参与的合作,其合作总收益为 0;条件②称为超加性条件,它表示协同消费联盟的最大总收益 $U(\{S1,S2\})$ 不能少于各局中人不合作即单独消费或经营时所得的最大收益之和。如前所述,必须满足这些条件,合作联盟才能达成,否则,局中人不会选择联盟合作。

6.3.4 协同消费总收益分配模型

协同消费情景下,合作联盟内部的参与者之间允许用支付货币的方式弥补参与者放弃其他联盟(包括单人联盟)的损失,因此协作消费博弈是允许旁支付的合作博弈。求解协同消费合作博弈即是寻求一个合理的联盟合作博弈的分配方案,将协同消费所获得的总收益分配给各局中人。同时,该分配方案还必须同时满足前面所述的合作博弈的两个基本条件:集体理性和个体理性。

因此,如前面所假设的,协同消费联盟中的局中人个数为 N,该联盟的总收益为 $U(N)$,对某一局中人 $i(i \in N)$ 而言,其不参与联盟获得的收益为 γ_i,加入联盟后,局中人 i 从该联盟获得的收益为 $\varphi_i[U(N)]$。协同消费合作博弈的总收益分配模型可以描述为:

$$\text{s.t} \begin{cases} \sum_{i=1}^{n} \varphi_i[U(N)] = U(N) \\ \sum_{i \in S} \varphi_i[U(N)] \geqslant U(S), \quad \forall S \subset N \text{ 且 } |S|>1 \\ \varphi_i[U(N)] \geqslant \gamma_i \geqslant 0, \quad \forall i \in N \end{cases}$$

在协作消费过程中,参与合作的消费者通过信息化平台实现资源共享和协作消费,极大地减少了消费成本。[①] 因此,与许多合作联盟博弈分配新增收益不同,协同消费联盟的收益主要源于成本的节约。在研究中可以把节约的成本作为获得的收益来看,通过计算联盟总收益(即节约的总成本)的分配,来寻求最优的收益分配方式。具体步骤为:

(1) 列出 n 人参与协同消费时,局中人及各联盟的成本值。

(2) 根据各个合作联盟的成本值,计算组成联盟所带来的成本节约,将节约的成本视为收益,从而形成联盟的特征值函数。

(3) 构建协同消费的总收益分配模型,并利用相应的算法计算每个局中人的总收益分配值,该值即为最优的联盟收益。

6.3.5 协同消费的合作博弈求解

(1) 合作博弈的夏普利值。

夏普利值是由 L S Shapley 于 1953 年提出作为合作博弈的解。

首先,他归纳出了对称性原则、有效性原则和可加性原则 3 条合理分配的原则,而满足上述 3 条分配原则的 $\varphi_i(v)$ 称为夏普利值。

其次,夏普利值的特点优势在于将成本或者收益按照所有的边际贡献进行分摊,即参与者 i 所应承担的成本或所应获得的收益等于该参与者对每一个他所参与联盟的边际贡献平均值。它可以被认为是一种出于对概率的解释,假设将 n 个参与人随机排序 $(i_1, i_i, \cdots, i_n)$,每一种排序出现的可能性相同。

对于一个多人合作博弈,假定集合 I 中有 n 人,S 是集合 I 中包含成员 i 的所有子集,$|S|$ 是子集 S 中的局中人人数。$w(s)$ 可看成是加权因子。$v(s)$ 为子集 S 的收益,$v(s/i)$ 是子集 S 中除去参与者 i 后可取得的联盟行动收益。将合作 I 下的各成员所得总收益分配值称为夏普利值[②],并记作:

$$\varphi_i(v) = (\varphi_1(v), \varphi_2(v), \cdots, \varphi_n(v)) \qquad (6-8)$$

其中 $\varphi_i(v)$ 表示在合作 I 下第 i 个成员所得的收益分配,由此可求得:

$$w(s) = \frac{(n-s)!(s-1)!}{n!} \qquad (6-9)$$

$$\varphi_i(v) = \sum_{S(i \in s)} w(s)[v(s) - v(s/i)], \quad i = 1, 2, \cdots, n \qquad (6-10)$$

[①] Nica, Elvira, Ana-Madalina Potcovaru. The social sustainability of the sharing economy [J]. Economics, Management and Financial Markets, 2015, 10 (4): 69–75.

[②] 鲍新中,刘澄,张建斌. 合作博弈理论在产学研合作收益分配中的应用 [J]. 科学管理研究,2008, 26 (5): 21–24.

(2) 算例。

现以汽车分享为例（如 Uber、滴滴），运用夏普利法来求解协同消费中的合作博弈最优解。其中，协同消费参与者包括一位有汽车资源的消费者 A、一位无汽车资源的消费者 B 以及第三方提供汽车分享信息服务的平台 P，假设此时 A 和 B 正计划进行同一项出行活动。

首先，在合作联盟中，参与者并无排列位置的先后顺序，即收益分享或成本分担与此无关，满足对称性原则；参与者在任一合作集合中节约的成本分配（也即收益分配），是由其贡献有效决定的，同时是完全分配的，即满足有效性原则；当合作者在互不影响的合作时，其合作分配也互不影响，即满足可加性原则。

综上所述，可运用夏普利值进行协同消费问题的合作博弈求解。

第一步，列出 n 人参与协同消费时，局中人及各联盟的成本值。

假定，在单独出行情况下，消费者 A 拥有汽车资源，其单独开车出行的成本为 50 元；个体 B 无汽车资源，其单独乘坐其他社会化交通工具的成本为 60 元（如传统出租车）。同时，第三方信息化平台存在固定资本投资、人员工资等费用，在一定的网络效应基础上，其平均为每单协同消费提供服务时的运营成本为 5 元。因此 A、B、P 三者在单独情况下的成本分担分别为 50 元、60 元、5 元。

继续讨论有两人加入合作联盟的情况，A+B 表示有汽车资源与无汽车资源的消费者共同合作出行，因为资源共享节约了时间成本和出行成本，但由于缺乏信息化的服务，导致两者交易成本很大，该联盟的成本为 100 元。A+P 表示第三方平台新加入一位有汽车资源的服务提供者。对平台 P 而言，由于规模效应和网络效应，平均运营成本得到降低；而对 A 而言，A 加入平台后可以获得平台资源甚或是补贴，A 的信息成本、交易成本等降低，双方合作总成本为 50 元。B+P 表示第三方平台新加入一位无汽车资源的服务使用者，P 的市场规模扩大，并且由于网络效应的存在，平台 P 为 B 提供服务的边际成本几乎为零，因此双方合作的成本为 65 元。

在三者共同参与联盟、协同出行的情况下，平台 P 提供了信息化服务，使 A 和 B 能以更少的交易成本实现消费目的、获得等价的消费效用。联盟总体的交易成本大幅度降低，成本为 70 元。

第二步，根据上述各个合作联盟的成本值，计算组成联盟所带来的成本节约。在协同出行中，将节约的成本视为收益，从而形成联盟的特征值函数。如下所示：

$$V(A) = V(B) = V(P) = 0$$
$$V(AB) = 50 + 60 - 100 = 10$$
$$V(AP) = 50 + 5 - 50 = 5$$
$$V(BP) = 60 + 5 - 65 = 0$$
$$V(ABP) = 50 + 60 + 5 - 70 = 45$$

因此，不同的联盟模式下成本及特征值如表 6-17 所示。

表 6-17 联盟及其成本与特征值

单独/联盟模式	成本（元）	特征值
A	50	0
B	60	0
P	5	0
A+B	100	10
A+P	50	5
B+P	65	0
A+B+P	70	45

第三步，利用夏普利值算法计算每个协同消费参与方的总收益分配值，即 A、B、P 三方如何分配节约的总成本，该值即为最优的联盟收益分配方式。计算过程如下：

$$\varphi_A = \frac{0 \times 2!}{3!} + \frac{(10-0) + (5-0)}{3!} + \frac{(45-0) \times 2!}{3!} = 17.5$$

$$\varphi_B = \frac{0 \times 2!}{3!} + \frac{(10-0) + (0-0)}{3!} + \frac{(45-5) - \times 2!}{3!} = 15$$

$$\varphi_P = \frac{0 \times 2!}{3!} + \frac{(5-0) + (0-0)}{3!} + \frac{(45-10) \times 2!}{3!} = 12.5$$

由夏普利算法可以得出，在 A、B、P 三者协同消费的过程中收益的分配，也即总节约成本 45 元的分配应该为：A 分配 17.5 元，这是 A 提供资源进行协同消费应该获得的共享收益，用以弥补其资源的使用和消费成本；B 分配 15 元，这是 B 通过共享消费节约的消费成本；平台 P 分配 12.5 元，这是 P 为双方提供协同消费服务获得的平台收益。在这样的分配结构下，合作联盟更加稳定，更有利于协同消费的发展。

进一步，还可以根据每个局中人的成本值和节约成本的分配值，得到每个参与者最合理的成本投入值或收益值。其中，A、B 的消费成本投入方案为：

A 的消费成本投入为：50－17.5＝32.5（元）

B 的消费成本投入为：60－15＝45（元）

平台 P 获得节约的 12.5 元收益减去成本投入，其收益方案为：

P 的投入收益为：12.5－5＝7.5（元）

本研究运用合作博弈理论，分析了协同消费的联盟及其收益，建立了协同消费的合作博弈模型，并将节约的成本视为收益，引入夏普利值算法，研究了协同消费联盟的总收益分配方式。研究以汽车共享为例，最后根据各方参与者的边际贡献计算得出各自相应的节约成本的分配值。为合理解决协同消费中各方如何分担节约成本、如何分配收益提供了可供借鉴的思路，而合理的收益分配方式将对协同消费参与各方提供有效激励，确保协同消费的联盟保持相对稳定。这对促进协同消费的发展、加速新常态下的经济转型、促进分享经济和可持续发展有着一定意义。

该研究的局限性在于，研究并没有实际采用协同消费中的真实数据，未来还应该在实证研究的基础上探索协同消费的分配机制。同时，本研究是基于参与者各方诚信守约的假定，即一旦达成一致协议策略后，就会一直遵守不产生变动情况的静态合作博弈思考，没有考虑在合作过程中协议策略若是发生变动情况下的动态思考，未来应该进一步展开协同消费的动态合作博弈的研究。

后 记

此书最终成稿时，已经临近新年。于我而言，虽然书稿一年而成，但这一研究其实经历了很长的时间。2003年时，我的博士论文就选题为《网络经济平台上的企业竞争战略研究》，但当时全球以及中国的网络经济尚处于发展的初期，网络消费的实现面临着非常多的现实障碍，关于网络消费的研究相对滞后。直到后来，由于网络支付平台的出现，信息技术、移动互联网、物流配套等技术和设施的完善，网络经济才开始步入飞速发展阶段。消费行为学的研究由此迎来了新的机会，我也开始了对策略型消费、在线冲动消费等网络消费行为的研究。

在本书的相关研究中，我所指导的硕士研究生们对研究成果做出了有益的贡献，他们是何璨、刘余魏、魏静、张恒、刘莫言、刘莉、王佳。感谢他们和我一起讨论研究方案、一起进行实证研究，一起分享研究的乐趣和收获。同时，我的研究也从学术同仁们的研究成果中受益良多，在研究方法、研究思路上得到了启迪和帮助。

最后，特别要感谢我的家人对我研究工作的理解和支持，你们永远是我前进的动力和温暖的港湾。